COLLECTION « BIOGRAPHIE »

VIRGILE

PIERRE GRIMAL

VIRGILE

ou la seconde naissance de Rome

ARTHAUD

ISBN 2-7003-0473-X. Imprimé en France.

INTRODUCTION

Proposer un *Virgile* dans une collection de « biographies » est évidemment une gageure. Ce que nous savons de certain sur la vie du poète est fort mince. Même si l'on ajoute les légendes et les commentaires qui se sont accumulés autour de son œuvre et de sa personne au cours des siècles, et dès l'Antiquité, quelques pages suffiraient – qui ne nous apprendraient guère. Mais la difficulté de la tâche, réputée parfois impossible, ne doit pas nous réduire au silence. Si les documents et les témoignages résistent à l'analyse, ou se dérobent, il reste l'œuvre.

Et c'est elle que nous devons interroger, car elle représente et exprime l'histoire d'une pensée – une histoire à la fois intérieure et extérieure au poète, où se rencontrent et se composent des forces diverses, les unes venues des régions les plus profondes de la sensibilité, les autres issues des influences inséparables de toute création littéraire, d'autres, enfin, qui sont la résultante des pressions exercées par un monde en évolution rapide, dans lequel les rapports entre les hommes connurent des transformations radicales, la fin d'une société fermée sur elle-même, incertaine encore de sa place véritable dans le devenir universel, et les prémices d'un Empire qui retrouve peu à peu la foi en lui-même, à mesure qu'il s'ouvre à des peuples de plus en plus nombreux.

La vie de Virgile s'étend sur un demi-siècle seulement. Elle commence avec l'année qui vit une tentative pour rétablir les jeux politiques interrompus par les lois du dictateur Sulla, cette année 70 av. J.-C., au cours de laquelle fut jugé et dut s'exiler le préteur Verrès, pour avoir administré la Sicile selon les méthodes rudes des gouverneurs républicains, plus soucieux de faire fortune que d'exercer la justice et d'assurer aux habitants de la province la prospérité et la paix, comme l'eussent exigé les devoirs de leur charge. Verrès était attaqué par les Siciliens, devant la justice de Rome; ils avaient pour porte-parole Cicéron, encore jeune, leur ancien questeur, dont ils avaient pu apprécier l'équité et l'activité, peut-être déjà l'éloquence. Verrès s'était volontairement enfui et vivait en exil, depuis le début du mois d'août, et chacun savait que cette « cause célèbre » allait permettre une réforme des tribunaux, arracher aux sénateurs leur monopole judiciaire, permettre, du moins on l'espérait, que les gouverneurs fussent quelque peu retenus dans leurs exactions par la menace d'avoir à rendre compte de leur gestion à d'autres que les membres d'un Sénat auquel ils appartenaient eux-mêmes. Le 15 octobre de cette même année, Virgile naissait, en un pays qui était encore une province soumise à un gouverneur, la Gaule Cisalpine, et ne faisait point partie de l'Italie, au regard de l'administration romaine.

Lorsque Virgile mourut, à Brindes, le 20 septembre de l'année 19, le monde avait changé. Deux ans plus tard, des Jeux séculaires (que l'on ne célébrait qu'une fois disparus tous les humains qui étaient nés avant la célébration des jeux précédents, une fois que le monde qu'ils concernaient s'était donc totalement renouvelé) affirmaient la réalité mystique de ce passage, au cours duquel toutes les vieilles souillures, tous les crimes et tous les malheurs étaient définitivement surmontés, oubliés, rejetés dans le passé. Il y avait alors plus de vingt ans que la patrie de Virgile, ce canton de la Gaule Cisalpine qui formait le territoire de sa ville, Mantoue, était intégrée dans l'Italie. La vie politique de Rome débordait les limites de la vieille cité latine. Les Romains avaient inventé, sous la conduite de celui que, depuis huit ans, on appelait Auguste – c'est-à-dire « consacré », comme pouvaient l'être un temple, un autel, où les augures avaient reconnu la présence d'une essence divine –, une nouvelle forme de société, qui n'était ni l'antique royauté d'essence magique, de Romulus ou de Numa, ni la tyrannie des rois hellénistiques, fondée sur la force militaire, ni, surtout, la république oligarchique qu'une longue suite de guerres civiles avait réduite à l'impuissance. Elle était un peu de tout cela. La pensée politique romaine avait imaginé ainsi une structure – destinée à n'être que transitoire, il est vrai, mais extraordinairement féconde – profondément originale et dont on pouvait attendre, alors, le salut. On aurait pu croire, pourtant, que, depuis des siècles, en Occident comme en Orient, tout avait été essayé, que les formes de gouvernement s'étaient succédé, avaient péri d'usure ou par la violence, et que le déclin des États et des cités n'était pas évitable. Certains s'en étaient persuadés; aussi, la Rome républicaine s'était-elle éteinte dans une atmosphère morose. Et puis, le miracle s'était produit, dans la dernière partie de ce demi-siècle que vécut le poète : Rome renaissait, réaffirmait sa puissance, retrouvait une âme. De ce miracle Virgile fut plus que le témoin, il en fut l'artisan, avec Octave et les politiques, et l'on voit, aujourd'hui encore, émerger de sa poésie ce qui fut d'abord un espoir, puis, après la victoire qui avait laissé Octave seul à la tête de l'Empire, devint une certitude.

En dépit de son engagement de plus en plus total dans le devenir de l'immense Rome, Virgile resta toujours, en esprit, fidèle à sa « petite patrie ». Nous verrons, après beaucoup d'autres, que le paysage de Mantoue demeure présent à son esprit, des *Bucoliques* à l'*Enéide;* mais, plus profondément encore que les images de la petite ville, entourée par le cours et les marais du Mincio, le passé de Mantoue ne cessa jamais de lui être sensible. Ce passé plongeait dans la communauté légendaire qui était le trésor de toutes les cités italiennes, et les faisait participer à l'ensemble de la civilisation qui avait essaimé sur les rives de la Méditerranée et dans l'arrière-pays. Lorsque, dans la *IXe Eglogue,* le poète montre deux de ses personnages, deux bergers, qui se dirigent vers Mantoue, avec les produits de leur ferme, il nomme un repère, qui marque le milieu de leur route, le tombeau de Bianor. Les campagnes de toutes les régions, dans l'Antiquité, étaient peuplées de tombeaux, qui en composaient le paysage. C'est déjà l'ébauche de ces estampes romantiques, qui ont montré, à satiété, les routes de la campagne romaine, ou ce que nous voyons encore autour de Pompéi. Mais, tandis que les tombes qui ont subsisté jusqu'à nos jours sont presque toutes anonymes (Caecilia Metella doit de nous être familière à ce que son mausolée a été couronné de tours en devenant forteresse), celle de Bianor avait conservé son nom pour Virgile et les gens de Mantoue. Et c'était un nom chargé pour eux de sens.

Les commentateurs du poète affirment, presque unanimement, que ce Bianor n'est autre que le héros Aucnus, fondateur de Mantoue. Bianor aurait été un surnom, qui, en grec, eût exprimé son énergie et sa force. Et la tradition ajoutait des précisions : cet Aucnus aurait été le fils ou le frère d'Aulestes, le fondateur de Pérouse; afin d'éviter toute querelle avec Aulestes, il s'était condamné à un exil volontaire, sur le versant nord de l'Apennin, et avait fondé une autre ville, Felsina, appelée plus tard Bologne; puis il avait incité ses compagnons à s'installer dans des lieux forts, disséminés un peu partout à travers le pays. Mantoue aurait été l'un de ces châteaux, protégé naturellement par le Mincio et ses marais.

Mais la tradition ne s'en tenait pas là. Elle croyait savoir que cet Aucnus était le fils d'une certaine Mantus, dont on disait qu'elle était fille du devin thébain Tirésias, ou encore d'Hercule, et qu'elle avait été l'épouse du dieu Tibre. Ce qui lui créait tout un arrière-plan mythique. Les « antiquaires » qui commentaient Virgile nous assurent que Mantus était le nom d'un dieu étrusque identique à Pluton, le maître des Enfers. Ces constructions supposent que l'on considérait Mantoue comme une fondation des Etrusques, ce qui est tout à fait admissible. Virgile partageait cette opinion. Il se considère comme l'héritier (partiel, tout au moins) de ces Etrusques. Lorsque, au dixième livre de l'*Enéide,* il énumère les alliés qui se rangent du côté des Troyens, il cite expressément Aucnus, et ajoute que Mantoue, la ville du héros, « était riche en aïeux », et que l'essentiel de ses forces était constitué par sa composante étrusque.

L'origine étrusque (au moins partielle) de Mantoue est encore affirmée par une autre tradition qui en attribuait la fondation à l'Etrusque Tarchon, frère du héros Tyrrhénos qui avait, disait-on, donné son nom au peuple « tyrrhénien » (c'est-à-dire le peuple étrusque). Et l'archéologie paraît bien confirmer les données de la tradition. Il est tout à fait concevable que des éléments étrusques, venus (peut-être) des bords de la mer Tyrrhénienne, se soient avancés jusqu'aux premières hauteurs des régions alpestres. Puis était arrivée l'invasion des Celtes, descendant par les cols alpestres, mais cela n'avait pas détruit la civilisation plus ancienne, les « Gaulois » s'étant, semble-t-il, intégrés assez facilement dans la population existante.

Quoi qu'il en soit, ce sentiment, éprouvé par Virgile, d'être rattaché, par les origines de sa patrie, aux Etrusques, explique peut-être, au moins en partie, qu'il les ait montrés parmi les troupes qui luttent, auprès d'Enée, pour le destin de la Rome future. Il serait insuffisant pour en rendre compte de rappeler que Mécène, l'ami d'Auguste et de Virgile, était un Etrusque, dont la famille avait jadis régné sur la cité d'Arretium (Arezzo) : les raisons du poète sont plus sérieuses et plus profondes. Elles tiennent à sa propre vision du monde italique.

Donc, le tombeau de Bianor, que les deux bergers rencontrent sur leur route, ne peut manquer, aujourd'hui, après les découvertes des archéologues, à Prattica di Mare sur la côte du Latium (la ville « virgilienne » de Lavinium), de rappeler ce mausolée d'Enée que l'on y a reconnu : le souvenir du héros troyen s'est sans doute accroché à un tombeau plus ancien qui a contribué à le fixer en ce lieu. Il apparaissait de la sorte au poète que, dans des régions différentes, même éloignées les unes des autres, de l'Italie, avaient surgi des traditions semblables : unité profonde, antérieure aux divergences historiques. Il y avait ainsi, aux origines de Mantoue, la tombe d'Aucnus Bianor, comme il y avait celle d'Enée aux origines de Rome.

Mais, dans la mémoire des hommes, la plus haute Antiquité qu'ils pouvaient imaginer se teintait d'hellénisme. Les monuments de l'art étrusque, que l'on connaissait, ou dont on avait gardé le souvenir (par l'intermédiaire de l'art archaïque du Latium), présentaient des aspects orientaux indéniables, et un historien grec, un peu plus jeune que Virgile, Denys d'Halicarnasse, développa ce thème de la présence hellène dans l'Italie ancienne – peut-être avec plus de raison qu'on ne le disait autrefois. Partout, des traditions rattachaient les cités à des héros nommés dans les poèmes homériques ou à d'autres, qui étaient leurs contemporains ou leurs parents. Il n'est donc pas étonnant que l'on présentât Mantus, mère d'Aucnus, comme une fille du devin Tirésias (les Grecs connaissaient, de celui-ci, une fille nommée Manto ce qui signifiait dans leur langue « celle qui devine »), ou d'Héraclès, grand voyageur et amateur de filles. Dans l'*Enéide* aussi, nous rencontrerons Héraclès, que les Romains appelaient Hercule, et encore le vieux roi Evandre, venu de Grèce, avec ses Arcadiens. Il y a, dans les légendes qui auréolaient la fondation et les premiers temps de Mantoue, un parallélisme évident avec celles qui entourent les premiers siècles de la Ville par excellence.

Une autre coïncidence remarquable faisait que, non loin de Mantoue, se trouvait, disait-on, un peuple qui était venu de Troie, sous la conduite d'Anténor, le héros qui, toujours partisan de la paix, aurait, comme Enée, bénéficié de la bienveillance des Grecs au moment où la ville avait été prise. Selon une version de sa légende, adoptée par les Romains, Anténor et les siens se seraient installés dans le delta du Pô et auraient fondé Padoue. Ainsi la petite cité du Mincio se sentait entourée par toutes les civilisations des temps héroïques. Virgile était parfaitement conscient du caractère composite de sa patrie : les aïeux de la ville sont multiples, dit-il, et si, comme nous l'avons rappelé, il pense qu'elle devait l'essentiel de sa vigueur aux Etrusques, il n'en ajoute pas moins que trois « races » s'étaient fondues ensemble pour la former. Mantoue est un point de rencontre et, comme la Rome archaïque, un creuset.

On ne saurait donc penser que Virgile, lorsqu'il exaltera la mission de Rome, considérera celle-ci comme la ville d'une race élue, chargée par le Destin de dominer le monde. Il sait trop bien, depuis son enfance, qu'il n'est pas de race pure, immuable, biologiquement définie. Il a pu constater que chaque peuple est le résultat – nous dirions aujourd'hui la synthèse – d'alliances entre des cultures et des traditions rapprochées par le hasard et vivant en symbiose pendant des générations. Familier des éleveurs de son terroir, il sait comment se créent des sujets possédant les caractères que l'on souhaite. Il dira, dans les *Géorgiques,* les précautions à prendre pour obtenir des brebis à la laine immaculée : la qualité de la nourriture (il ne faut pas de pâturages trop riches), les « gènes » du bélier reproducteur (un bélier, serait-il parfaitement blanc, engendrera des agneaux tachetés s'il porte lui-même une tache noire sous la langue), tout cela compte, caractères acquis et caractères héréditaires s'allient ou se contrarient en chaque animal et, aussi, en chacun de nous. Nous verrons comment ces idées interviendront dans la manière dont Virgile se représentera le peuple romain, ses origines, ses relations avec le terroir italien dont il est sorti, et les éléments divers qui, après une longue évolution, ont conflué pour le former.

Que Virgile ait profondément ressenti le paysage de Mantoue ne se traduira pas seulement dans les traits pittoresques qui figurent dans les *Eglogues.* Cela apparaîtra aussi dans la manière qu'il aura de penser les rapports des hommes avec la terre, les harmonies durables qui se sont établies entre elle et eux. Un Grec de Sicile (on pensera à Théocrite) conservera, au fond de son regard, des images qui l'accompagneront : les vastes plateaux ondulés de l'intérieur, les vallées creuses, où se réfugie toute la fraîcheur, ou encore les plages étroites, prises entre des escarpements rocheux. Mystérieusement, la Sicile n'est pas une terre qui invite le voyageur à se donner une demeure; elle suscite le voyage, à perte de vue, le parcours des bergers, et l'impression devait être encore plus forte dans l'Antiquité, où les villes étaient plus rares et plus éloignées entre elles que les villages d'aujourd'hui. Plus encore que dans aucune région de l'Italie, les groupements humains s'y présentent comme des refuges, juchés au sommet des collines, le reste du paysage est vide.

Rien de semblable en Transpadane, et autour de Mantoue : là existe un immense réservoir, le lac de Garde (qui s'appelait, au temps de Virgile, le *Benacus*), dont les eaux, agitées par le vent, frémissent et grondent comme celles de la mer. Ainsi en parlera Virgile au second livre des *Géorgiques*. Château d'eau de l'Italie du Nord, plus vaste que le lac de Côme et le lac Majeur, qui irriguent la plaine lombarde, il s'allonge sur plus de cinquante kilomètres, se termine par une sorte de bassin élargi, que pénètre la presqu'île de Sirmio, et se déverse dans le Mincio. La longue vallée, autrefois creusée par les glaciers, forme un couloir qui conduit le voyageur venu du Nord (le col du Brenner n'est qu'à quelque cent cinquante kilomètres) vers la plaine. Là, tout l'invite à s'arrêter : la fertilité du sol, que n'épuisent pas les labours les plus profonds, un ciel plus clément, plus longuement ensoleillé et moins capricieux que celui des régions alpestres, une végétation abondante font naître le sentiment que là se trouve la Terre promise. Il n'est guère étonnant que les Celtes venus du centre de l'Europe y aient appris à cultiver la terre, et s'y soient fixés durablement. C'est là qu'ils rencontrèrent cette population composite que nous avons évoquée, à la suite de Virgile, et qu'ils cessèrent d'être des errants. Ils y furent accueillis (de quelle manière, nous ne le savons pas au juste, mais, semble-t-il, sans luttes violentes), et se fondirent parmi les habitants qui avaient apporté jusque-là, du Sud tyrrhénien comme de l'Est et des routes de l'Adriatique, la civilisation de la grande communauté méditerranéenne. Les bergers de Mantoue ne pouvaient ressembler à ceux de la Sicile grecque. Ils ont d'autres racines, ils entretiennent d'autres rapports avec leur pays; ce sont des bergers de pâturage, et non de transhumance. Ce sont, aussi, plutôt et plus volontiers des laboureurs – ce que les Siciliens n'étaient devenus, en plus grand nombre, qu'au IIe siècle avant notre ère, et sous la pression de Rome.

Au temps de Virgile, ces populations avaient formé des villes, entre lesquelles se situait Mantoue : Brixia (aujourd'hui Brescia), à l'ouest, où avaient longtemps dominé les Celtes, Verona (Vérone) à l'est, plus proche que Mantoue du lac de Garde et peuplée d'éléments italiques apparentés aux gens de Padoue, ceux que l'on appelait les Euganéens. Plus au sud, il y avait Crémone et, sur le rivage changeant de l'Adriatique, Spina, par où étaient importées de Grèce tant de céramiques semblables à celles que l'on voit aujourd'hui rassemblées au musée de Ferrare. Enfin, au loin, s'étirait la voie Aemilia, depuis le début du IIe siècle avant notre ère, qui reliait le chapelet des villes destinées à maintenir dans l'obéissance les populations gauloises installées dans le pays : Plaisance, Parme, Bologne. Mantoue se trouvait ainsi au cœur de la Cisalpine romanisée, et cela depuis plus d'un siècle lorsque naquit Virgile. Ce n'était qu'une petite ville, beaucoup moins importante que ses voisines. Mais elle n'était pas ignorée des Romains de Rome : en 214 av. J.-C., un prodige qui s'y était produit (un étang formé par le Mincio avait pris la couleur du sang) avait inquiété les magistrats, et les historiens officiels avaient noté le fait dans les *Annales* de l'Etat, si bien que la mention en a été conservée par Tite-Live! La guerre contre les Celtes, en 197, n'avait été qu'un épisode rapidement achevé. Une bataille avait eu lieu sur les bords du Mincio, mais les tribus gauloises, divisées, avaient été écrasées, sans que la ville de Mantoue eût été touchée. A la suite de cette guerre, séquelle de la lutte contre Hannibal et les Carthaginois, Rome mit définitivement son emprise sur tout le territoire de la « Cisalpine au-delà du Pô » (la Transpadane); désormais, l'horizon des Mantouans était la ville de Rome, à la fois leur alliée et leur maîtresse.

Lorsque le berger Tityre, dans la première *Eglogue,* évoque le voyage qu'il fit dans ce qui était devenu la capitale du monde, pour obtenir son affranchissement, il s'écrie : " *La ville que l'on appelle Rome, Mélibée, je pensais dans ma sottise qu'elle était pareille à la nôtre, celle où nous allons souvent, nous autres bergers, conduire les tendres petits de nos brebis. Comme je savais que les petits chiens ressemblent aux gros chiens, les chevreaux à leurs mères, je comparais ce qui est grand et ce qui est petit. Mais cette ville-là élève autant sa tête parmi toutes les autres que le font les cyprès au-dessus des buissons.* "

Au-delà de ces vers naïfs, teintés volontairement de couleurs villageoises, c'est toute la découverte d'un monde nouveau. Longtemps, Rome n'avait été qu'une « cité », un ensemble d'hommes liés par cette parenté juridique qu'est l'appartenance à un même corps social. Ces hommes avaient leurs assemblées, leurs magistrats; on votait des lois, on rendait des jugements, on prenait des décisions qui ne pouvaient valoir qu'à l'intérieur de leur peuple; et les dieux que l'on priait ne regardaient et ne protégeaient que les membres de la cité. Et il existait d'autres cités, sur la surface de la terre, qui, de la même manière, étaient maîtresses chez elles. Puis tout avait changé, et les cités avaient cessé d'être égales. Rome avait grandi, elle avait étendu son empire – sa protection et ses lois, celles de ses dieux et de ses armes – sur d'autres villes. Au-delà d'une certaine grandeur, il n'y avait plus de commune mesure entre elle et ses « alliés ». Rome avait changé de nature. Cela, les hommes d'Etat, à la fin de la république, ne l'avaient pas encore parfaitement compris. Ils pensaient que les vieilles institutions, à peine modifiées, suffisaient pour administrer le monde. Mais, qu'elle le voulût ou non, Rome n'était plus une « cité-Etat », elle ne pouvait empêcher que son être même eût changé, et qu'il fallût inventer autre chose, si l'on voulait qu'elle survécût.

Cela, le poète le comprenait, le sentait, à travers son expérience de la petite ville provinciale, aux marches de l'Italie, où s'arrêtait alors le monde romain. Rome est la source des lois – de la liberté, pour l'esclave qui cultive le domaine qui lui est confié – de la liberté aussi, en un autre sens, moins précis mais plus large, pour les citoyens de Mantoue, qui devront à César de devenir citoyens romains de plein droit, alors que Virgile était dans sa vingt et unième année. Sept ans plus tard, la Cisalpine cesserait d'être une province et serait intégrée dans l'Italie romaine.

Ce que nous voudrions saisir, en écrivant ce livre, c'est, grâce à l'œuvre de Virgile, et en elle, l'histoire spirituelle de ce monde en formation, dont elle marque les étapes. Histoire orientée vers un sommet, qui est l'*Enéide,* et qui monte par degrés, à mesure que le poète gravit la hiérarchie des genres, depuis l'humble bucolique jusqu'au sublime de l'épopée. Au début, après les premiers essais, que nous tenterons d'entrevoir, Apollon, le dieu du Cynthe, lui avait déconseillé d'entreprendre une épopée, disant :

" Un berger, Tityre, doit paître ses brebis et les engraisser, mais ne chanter que de simples chansons. " Si le dieu avait dû intervenir, c'est que la tentation naissait. Dans l'*Eglogue* même (la sixième) où nous lisons cette mise en garde

d'Apollon, Virgile y cède presque; les germes de ce qui devait être un poème immense, où il étreindrait le monde, étaient dès lors présents en lui; finalement, les avertissements divins n'y pourront rien. Les divinités, parfois, se trompent.

PREMIÈRE PARTIE

De Mantoue à Rome et à Naples

CHAPITRE I

Les années d'apprentissage

Comment se déroula la vie du poète, au cours de ce demi-siècle qui transforma le monde? Nous aimerions en connaître, dans le détail le plus menu, tous les épisodes, toutes les aventures. Malheureusement, ce que nous en savons n'est jamais absolument certain, et, lorsque l'on peut penser que nos sources ne nous trompent pas, ce qu'elles nous apprennent n'est jamais que partiel, imprécis et loin de satisfaire nos curiosités.

Celles-ci ne sont pas propres aux historiens modernes. Dès l'Antiquité, les commentateurs de Virgile et les écrivains qui s'intéressaient à la biographie des poètes (dans la tradition des érudits alexandrins) ont essayé de retracer les étapes qui marquèrent son existence, ainsi que ses particularités personnelles, ses habitudes, ses relations avec ses amis, avec Auguste, Mécène, et les autres. Les philologues modernes ont fait subir, à ce qu'ils nous en disent, une critique sévère, si bien que tous les témoignages antiques relatifs à Virgile, ceux qui, par diverses voies, nous sont parvenus ont été jugés, par l'un ou par l'autre, comme autant d'invraisemblances, d'hypothèses peu fondées et de faits douteux. Ici comme en d'autres domaines, les hypercritiques se sont donné carrière, accordant plus de confiance à leur propre raisonnement qu'aux affirmations de la tradition et heureux de parvenir, par la seule force de leur esprit, sinon à résoudre tous les problèmes, du moins à imaginer des arguments capables de ruiner toute certitude.

Ce qui permet, finalement, de substituer aux données des commentateurs antiques les combinaisons les plus audacieuses. La méthode consiste à mettre systématiquement en doute le caractère objectif des renseignements contenus dans la tradition, à penser que tout le contenu des *« Vies »* de Virgile a été extrait, plus ou moins habilement, des œuvres du poète, non seulement de celles qui sont certainement authentiques, mais aussi de celles qui sont considérées, à bon droit, comme « douteuses », ce que l'on appelle l'*Appendice à Virgile,* dont certaines pièces se présentent comme autobiographiques.

Cette méthode, essentiellement négative (car on ne peut considérer comme des acquis positifs les constructions arbitraires de tel ou tel moderne), repose sur un postulat assez peu vraisemblable. Il faudrait que Virgile, dont l'œuvre paraissait si importante à ses contemporains, et dont l'influence s'exerça pendant des siècles sur les lettres latines, n'ait fait l'objet d'aucune biographie sérieuse dès le Ier siècle av. J.-C. (alors que le genre biographique était largement pratiqué), que le silence fût immédiatement retombé sur sa vie (alors que, de très bonne heure, ses poèmes étaient lus et expliqués dans les écoles) et que l'on dût recourir à l'imagination pour la reconstituer. En fait nous savons qu'il n'en fut rien, que les amis de Virgile écrivirent, peu après sa mort, un ouvrage où ils traitaient « du caractère et des façons de vivre » de Virgile. Nous savons aussi que, un siècle et demi environ après la mort de Virgile, Suétone avait composé sa biographie, insérée dans son ouvrage sur la *Vie des poètes.* Malheureusement, le livre de Suétone est perdu et nous ne pouvons le reconstituer avec certitude d'après les emprunts qui lui ont été faits par les commentateurs dont les œuvres nous ont été conservées. D'ailleurs, il est certain que, autour du noyau solide que formait cette *Vie,* se sont déposées des strates de diverses origines, tantôt des renseignements authentiques, provenant de traditions indépendantes de Suétone, tantôt, malheureusement, des faits douteux et des extrapolations gratuites, à partir des poèmes. Pourtant, à travers toutes ces discordances, on peut entrevoir un certain nombre d'éléments, les uns tout à fait assurés, les autres vraisemblables ou hautement probables.

Ce que nous croyons savoir, ainsi, de la vie de Virgile est le résultat d'une reconstitution, semblable à celles que tentent les archéologues mis en présence de fragments ou de vestiges lacunaires. Ce qui nous importe ici, c'est moins de suivre, dans le détail, le fil des jours que vécut Virgile – entreprise impossible – que d'en définir les différentes périodes, en les replaçant dans le déroulement des grands événements qui marquent alors la vie de Rome.

Virgile s'appelait P. Vergilius Maro (sur cela, aucun doute). Le nom de sa *gens,* Vergilius, semble bien indiquer que sa famille paternelle appartenait à la composante étrusque des Mantouans, ce qui s'accorde avec le surnom, le *cognomen,* Maro, terme qui, chez les Etrusques, désignait une magistrature. Le nom de sa mère, Magia Polla, semble marquer son appartenance à une famille d'origine romaine. Les biographes antiques insistent sur la condition modeste de Vergilius Maro, le père du poète; les uns en font un potier, les autres un employé appointé d'un fonctionnaire subalterne (un *viator*), qui devint son beau-père. Ce Magius aurait été tellement satisfait de l'énergie et du sérieux de son employé qu'il lui aurait donné sa fille et aurait assuré la vie matérielle du jeune ménage en leur accordant la jouissance d'une propriété, située dans le bourg d'Andes, « non loin de Mantoue ». Ces divers renseignements ne se contredisent pas. Il n'est pas invraisemblable qu'un jeune homme sans ressources se soit d'abord livré à une industrie, la poterie, fort répandue dans la région, puis qu'il ait cherché une autre occupation plus lucrative, et finalement, soit parvenu à une situation moins précaire. Quoi qu'il en soit, c'est sur le domaine d'Andes que naquit Virgile, le jour des ides d'octobre (le 15), sous le premier consulat de Licinius Crassus et de Cn. Pompeius Magnus (le grand Pompée), en 70 av. J.-C.

L'origine modeste de Vergilius le père n'implique pas qu'il ait cultivé de ses mains le domaine d'Andes. Le travail matériel est alors exécuté par des esclaves, et la famille du *dominus,* comme celui-ci, échappe aux contraintes qu'imposent les différentes tâches de la vie agricole. Mais il en reste proche. Il est un *agricola,* un « habitant de l'*ager* », du « platpays », hors de la ville. Il vit au contact de la terre, et il en connaît les servitudes. Tandis que l'année d'un Romain de Rome, un *urbanus,* un homme de la ville, est marquée par le calendrier de la vie politique et sociale : les entrées en charge des magistrats à date fixe, les comices qui les élisent (généralement au début de l'été), les jours où l'on peut tenir les assemblées, les sessions des tribunaux, les fêtes de chaque divinité, et, surtout, les jeux, qui reviennent à date fixe, le temps vécu d'un homme de la campagne est réglé sur le déroulement des saisons et le cours des astres.

C'est un temps *réel,* tandis que le temps urbain, à Rome, est *artificiel,* la correspondance de l'année avec les saisons n'étant assurée que d'une manière approximative, par l'addition, tous les deux ans, d'un mois intercalaire, alternativement de 22 jours et de 23. Mais cette année, déjà boiteuse par elle-même, le devenait encore bien davantage lorsque, pour quelque raison, l'intercalation n'était pas effectuée. Plus courte de dix ou douze jours que l'année solaire, elle ne tardait pas, alors, à être tout à fait en désaccord avec les saisons. Ce désordre ne cessera qu'avec la réforme de César, qui entre en vigueur au mois de mars 46, alors que Virgile a vingt-quatre ans. Mais, toute son enfance, il avait vécu le « temps des paysans », et l'on ne s'étonnera pas que, commençant les *Géorgiques,* il ait situé les travaux de la terre par rapport à la position des constellations, et invoqué les deux grands « luminaires » de notre ciel, le soleil et la lune, coryphées du cortège des mois.

La propriété de la famille, à Andes, n'était pas éloignée de Mantoue. Un témoignage, malheureusement incertain, permet de croire qu'elle se trouvait à quelque trois mille pas (environ quatre kilomètres et demi) de la ville, en un endroit appelé, depuis le Moyen Age, Pietole Vecchia, sur les rives du Mincio, au sud-est. Cette localisation, toutefois, n'a rien d'évident; aussi a-t-on proposé de chercher la propriété de Virgile plus au nord, au sud-ouest de Valeggio du Mincio, plus près du lac de Garde et, par conséquent, des collines qui descendent des Alpes et bornent l'horizon vers le nord : ce seraient ces collines dont les « ombres s'allongent » au crépuscule, à la fin de la première *Eglogue* – si toutefois des collines situées au nord pouvaient allonger visiblement leur ombre lorsque se couche le soleil et qu'il envoie ses rayons depuis l'horizon occidental. En réalité Valeggio offre au regard trois ou quatre tours médiévales. On n'y aperçoit aucune montagne à l'horizon. Le sol est riche et plat. Le plus sage est peut-être de penser que le paysage de la première *Eglogue* est composite, et qu'il fait une large part à l'imagination.

Une anecdote, semblable à celles que l'on racontait à propos des grands poètes et des hommes illustres, aussi bien en Grèce qu'en Italie, et sans doute ailleurs, était attachée à la naissance de Virgile. Sa mère était sur le point de le mettre au monde lorsqu'elle rêva qu'elle avait donné le jour à un rameau de laurier, qui, en touchant la terre, prit racine, se développa et, sur-le-champ, devint un arbre en pleine vigueur, couvert de fruits et de fleurs. Le lendemain, accompagnée de son mari, elle se rendait en leur propriété de campagne lorsqu'elle dut interrompre le voyage et, dans le fossé voisin, fut délivrée. Or la coutume voulait que l'on plantât une bouture de peuplier lorsque naissait un enfant. La branche que l'on mit en terre à l'endroit où Magia s'était arrêtée poussa très vite, au point d'égaler en taille des peupliers plantés longtemps auparavant. Cet arbre miraculeux prit le nom du poète et fut le lieu d'une dévotion populaire; les femmes enceintes prirent l'habitude de s'y rendre et de former des vœux pour leur heureuse délivrance. On imagine ce peuplier semblable aux arbres sacrés que l'on voit sur les paysages antiques, ornés de guirlandes et de tableaux votifs.

Il y aurait quelque naïveté à s'interroger sur le caractère historique du récit, comme sur celui de l'essaim d'abeilles qui se posa sur les lèvres du jeune Pindare, ou des colombes qui recouvrirent de feuilles Horace endormi dans la montagne, pour le protéger contre les serpents. Mais il est difficile de douter que le souvenir du poète n'ait, de très bonne heure, hanté les esprits dans cette Mantoue dont il fut l'orgueil et la gloire. Le peuplier, surtout en cette région d'Italie, croît rapidement. Il est pleinement développé à peu près dans le temps qu'il faut à un être humain pour parvenir au terme de son adolescence, et l'on s'explique bien que le sort de l'enfant qui vient de naître soit lié à celui de l'arbre, au moins jusqu'à ce que l'un et l'autre aient atteint leur pleine maturité. Les hommes, comme les plantes, sont issus de la Terre maternelle. Virgile, nous le verrons, est profondément pénétré de cette idée, déjà répandue autour de lui, et qu'il tentera de justifier scientifiquement.

L'année 70 avant notre ère, où furent consuls Pompée et Crassus, vit des événements politiques qui, nous l'avons rappelé, mirent fin, en pratique, à la législation de Sulla et à la toute-puissance du Sénat. Les deux consuls ne s'aiment pas. Ils ne sont unis que par la force des choses, ou plutôt des armes que leurs victoires, celle de Pompée en Espagne, celle de Crassus sur les esclaves révoltés de Spartacus, ont mises entre leurs mains et devant laquelle les lois doivent s'incliner. Pompée est fait consul alors qu'il n'a pas été préteur, et Crassus, alors qu'entre sa préture et ce consulat ne s'est pas étendu l'intervalle nécessaire. Pompée est porté au pouvoir par une coalition populaire, qui lui impose d'emblée d'obtenir le rétablissement du pouvoir des tribuns, leur droit de *veto*. Cela revenait à permettre les pires manœuvres et le jeu des factions, qui, finalement, frapperaient de paralysie toute la vie de l'Etat. Chaque fois que Rome aurait à faire face, militairement, à des menaces venant de quelque côté que ce soit de son Empire, les hommes que l'on chargerait de conduire la guerre seraient désignés moins en raison de leurs talents que grâce aux appuis que leurs intrigues leur ménageaient à Rome. Le salon d'une grande dame, comme cette Praecia dont nous parle Plutarque, pouvait faire et défaire les généraux.

Dix ans plus tôt, Rome avait été sous la dépendance totale de Sulla, dictateur grâce à une guerre civile. Et Sulla, instruit par sa propre expérience, s'était efforcé, par des lois qu'il imposa, d'éviter le retour de la même aventure. Mais voici que l'on abrogeait ces lois salutaires et que Rome revenait à ses anciens errements. Inéluctablement, des hommes allaient s'élever au-dessus de la légalité, portés par les mêmes forces que jadis, et s'affronteraient jusqu'au triomphe d'un seul. La dictature de Sulla portait en elle le germe de la monarchie; elle était une monarchie; les réformes qui la mirent en pièces rendaient inévitables la reprise et la poursuite des guerres civiles. Le vieux cycle maudit se remettait en marche, tel que le décrivaient les historiens anciens, et, notamment, Polybe. A la monarchie, disaient-ils, succédait le gouvernement d'un petit nombre de « grands » qui, poussés par la jalousie, avaient chassé le roi; puis, ces mêmes détenteurs du pouvoir étaient à leur tour dépossédés par une révolution populaire, qui portait le peuple, le « grand nombre », à la tête de l'Etat, si bien que, au bout de peu de temps, c'était l'anarchie générale. On n'y mettait fin qu'en rétablissant un monarque, et le cycle recommençait. Lorsque naquit Virgile, le monarque avait quitté le pouvoir depuis une dizaine d'années, apparemment chassé par la « jalousie » des nobles, parmi lesquels les Caecilii Metelli, et l'on s'acheminait déjà vers l'anarchie d'un gouvernement populaire, puisque les principaux instruments du pouvoir avaient été arrachés aux « nobles », et que renaissait la puissance, incontrôlée, des tribuns. Il faudra une vingtaine d'années pour que le cycle se ferme, après beaucoup de sang versé, avec la victoire de César, et il y en aura un autre encore qui recommencera après l'assassinat du dictateur, aux ides de mars 44. On observe tout cela, depuis Mantoue, qui a le privilège de n'être concernée que d'assez loin par les révolutions de Rome. On n'en est que plus libre pour juger ce qui se passe. Et l'on se félicitera d'échapper aux passions que font naître dans les cœurs le désir du pouvoir et surtout la faim sans mesure des richesses.

Cette immunité, les gens de Mantoue la doivent à leur genre de vie, qui exclut les démesures. Dans un passage célèbre des *Géorgiques,* Virgile a exprimé ce qui devait être le sentiment général, à Mantoue, pendant les années de son enfance, lorsqu'il évoque le bonheur des hommes qui « éprouvent » la vérité symbolisée par les dieux agrestes, vivant en communion avec les esprits de la terre, des bois et des eaux : " *Celui-là, ni les faisceaux de la République, ni la pourpre des rois ne l'ont jamais ému, ni la discorde qui tourmente des frères et les fait se trahir, ni le Dace descendant des bords du Danube en révolte, ni les affaires de Rome et les royautés appelées à périr. Jamais non plus il n'a éprouvé de la peine en plaignant un indigent ni éprouvé de l'envie à l'égard d'un nanti...* " (*Géorgiques,* II, v. 493-499). De tels vers reposent, assurément, sur une conception de la vie spirituelle proche de celle des épicuriens, et nous aurons l'occasion d'y revenir; mais on est en droit de penser aussi que la réflexion des provinciaux, des « paysans », que sont les Mantouans, ajoute à ces propos le poids d'une expérience vécue, celle de la petite ville, où l'on raisonne sur les affaires de la grande Ville, avec le sentiment, épicurien lui aussi, « *qu'il est doux, depuis le rivage, de contempler de loin la tempête* »! Les exemples allégués par Virgile dans le passage que nous venons de citer ne sont pas imaginaires. On pouvait aisément les rapporter à la réalité. Si l'allusion aux Daces nous ramène au temps où le poète compose les *Géorgiques,* celle qui est faite aux frères qui se trahissent rappelle une histoire criminelle célèbre, qui s'était déroulée avant la naissance de Virgile : l'assassinat par Catilina, le futur conjuré de 63, de son propre frère pendant la guerre civile. Catilina, pour éviter les poursuites, fit inscrire, par Sulla, son frère sur la liste des proscrits, ce qui éteignait du même coup toute action en justice. Un tel crime, suggère Virgile, ne pouvait se produire dans sa petite patrie, où les intérêts (laisse-t-il entendre) ne sont pas assez puissants pour entraîner pareil forfait. Le temps de son adolescence lui apparaît comme un âge d'or; le sentiment du bonheur rustique confirme les attendrissements du souvenir. Quelques années plus tard, les gens de Mantoue auront, eux aussi, leur part de souci, lorsque leurs champs seront menacés par le partage des terres entre les vétérans d'Octave, d'Antoine et de Lépide. Mais Virgile, alors, sera âgé de presque trente ans.

Le domaine de Mantoue ne semble pas avoir été la résidence ordinaire de Virgile, le père, et de Magia Polla. Ils avaient, fort probablement, leur « maison de ville » à Crémone. Du moins peut-on le conclure de l'épigramme, presque certainement authentique, que composa plus tard le poète, où il dit que le domaine dont il vient lui-même d'hériter, près de Naples, sera, pour son père *« ce que lui furent autrefois et Mantoue et Crémone ».* C'est sans doute à Crémone, dans une ville plus importante, que Magius, le *viator,* exerçait son office, tandis que le domaine se trouvait sur le territoire de Mantoue. C'est donc à Crémone que Virgile fit ses premières études, chez le grammairien, où il apprit, comme le voulait alors le programme, les notions élémentaires de la langue et, plus généralement, des lettres grecques et latines. Naturellement, nous ignorons tout de cette période, qui dura jusqu'à ce que Virgile eût atteint sa seizième année, sous le second consulat de Crassus et de Pompée, les deux rivaux qu'un Destin malicieux se plaisait à unir dans les honneurs. Cela se passait en 55 avant notre ère.

Cette année 55 est, elle aussi, grosse de bien des tempêtes. Au cours des quinze années précédentes, la roue a tourné dans le sens que prévoyait la réflexion des politiques. Les « nobles » ont perdu peu à peu la direction des affaires. Des hommes nouveaux se sont glissés dans les magistratures. Un orateur issu d'une petite ville d'Italie centrale, Cicéron d'Arpinum, est parvenu au consulat, il s'est illustré d'une manière éclatante en faisant avorter une conjuration menée par un patricien déçu dans ses ambitions, Sergius Catilina. Mais la rigueur avec laquelle il a châtié les conjurés lui a valu l'hostilité des hommes du parti « populaire ». Isolé, il a été abandonné par les aristocrates, et une loi votée par l'assemblée populaire l'a condamné à l'exil. Peu à peu, on discerne que l'aristocratie recule devant la montée des hommes qui s'appuient sur les masses. Pompée se fait voter des commandements extraordinaires par le peuple. Il s'allie avec César et Crassus pour confisquer à leur profit commun les magistratures et les provinces. César utilise les services d'un démagogue, P. Clodius, transfuge de la plus haute aristocratie, qui travaille peut-être pour lui-même mais dispose, au service de son allié, de bandes recrutées parmi les esclaves, les affranchis, toute la plèbe urbaine, qu'il paie et qui, sur son ordre, envahissent le forum et l'occupent à coups de pierres et de matraques. Les trois hommes qui forment (en secret – mais personne n'est dupe) le « premier triumvirat » s'élèvent, en silhouettes trois fois monarchiques, au-dessus du tumulte, et, de 59 (consulat de César, et formation du triumvirat) jusqu'à la bataille de Pharsale où, onze ans plus tard, s'effondre la puissance de Pompée, toute la vie politique est orientée vers la conquête du pouvoir par un seul, et l'élimination des deux autres. Ainsi, une fois de plus, la monarchie naissait de l'anarchie.

En 55, lorsque Virgile prit la toge virile et donc sortit

de l'enfance pour entrer dans l'âge d'homme, le processus n'en était encore qu'à la moitié de son cours. Les trois personnages qui tenaient le monde entre leurs mains, avaient, l'année précédente, renouvelé à Lucques le pacte qui les unissait. César, confirmé dans son commandement en Gaule, venait d'étonner Rome en franchissant le Rhin avec son armée (c'était la première fois que des légions se montraient en Germanie), puis, cette opération à peine terminée, il effectuait un débarquement en Bretagne.

Pendant ce temps, Pompée inaugurait son théâtre sur le Champ-de-Mars et y donnait des jeux dont la magnificence n'excitait pas toujours l'admiration parmi les aristocrates. On y voyait plutôt le dernier éclat d'une gloire passée que la marque d'une grandeur présente. Le petit peuple de Rome était étonné, curieux des spectacles qu'on lui offrait, mais la popularité de Pompée ne dépassait pas les limites de la Ville tandis que les exploits de César avaient une autre portée : il semblait que la conquête de l'Occident tout entier fût sur le point de se réaliser.

L'homme qui entreprenait cette tâche immense paraissait tout près d'être un dieu. Cicéron lui-même l'avait proclamé dans un discours *Sur les provinces consulaires,* l'année précédente, et, avant cela, le Sénat avait décrété que l'on devait offrir aux dieux des remerciements solennels pour les résultats obtenus par César dans ses opérations en Gaule. Mais les gens de Crémone et de Mantoue ne pouvaient manquer d'être encore plus sensibles que ceux de Rome à ces victoires. Ils étaient plus près des frontières italiennes, et toute invasion venant du nord ou de l'ouest ne pouvait manquer d'être pour eux une catastrophe. Les interventions de César en Gaule et en Germanie les rassuraient.

L'astre de César (ainsi parlera Virgile en sa neuvième *Bucolique*) se lève et brille plus haut que nul autre pour les hommes de Cisalpine : cet astre doit assurer la paix, charger les blés de lourds épis, donner aux grappes, sur les collines ensoleillées, la couleur du raisin mûr; grâce à lui, on peut " *greffer les poiriers, les petits-enfants en cueilleront les fruits* " (*Bucoliques,* IX, v. 47-50). Ce qui est dit, dans ces vers, est peut-être suggéré par l'apparition de l'astre julien, au mois de juillet 43, mais l'image elle-même était déjà vraie douze ans plus tôt, lorsque César revenait vainqueur des rivages de l'Océan.

En cette même année 55, Cicéron, mal guéri de son exil, contraint dans l'intérêt de l'État de « faire sa palinodie », de se rapprocher officiellement de César et de pardonner à Pompée la manière dont celui-ci l'avait abandonné, sans intervenir, à la vengeance de P. Clodius, trois ans plus tôt, essaie, politiquement, de réconcilier César et le Sénat, pour éviter, s'il le peut, que leur hostilité réciproque ne dégénère en guerre civile. En même temps il poursuit une réflexion, plus théorique, sur la nature du pouvoir et le destin des Etats : c'est le début de son ouvrage *Sur la république,* qui tire les leçons de la situation présente, et, sous la forme d'un dialogue entre les grands hommes du passé, analyse le jeu des forces qui dominent la vie des cités. Il y reprenait la théorie polybienne et concevait, comme ses devanciers, que la meilleure forme de gouvernement, celle qui avait le plus de chances de résister aux germes de mort inhérents à tout ce qui vit, n'était ni la monarchie, ni l'oligarchie, ni la démocratie, mais une synthèse de ces trois régimes.

Le plus nouveau, peut-être, dans le traité *Sur la république,* est le rôle que Cicéron reconnaît à la composante monarchique de l'Etat. Si les Romains ont expulsé leurs rois, et s'ils ont en abomination le nom même de royauté, c'est, dit Cicéron, non pas en raison des vices inhérents à ce régime, mais à cause des crimes commis par les rois eux-mêmes. Il voit la survie de la monarchie dans l'institution de deux consuls, qui détiennent entre eux l'*imperium* royal, et limitent, par leur dualité, les abus que chacun pourrait être tenté d'en faire. Mais Cicéron tient compte aussi d'une forme « officieuse » de monarchie, l'influence acquise dans l'Etat par un grand personnage, prestigieux, en raison de sa personnalité ou de ses exploits : un tel homme est qualifié de *princeps,* « le premier », à la fois exemple et guide, *auctor,* à la fois initiateur et garant – un mot qui annonce déjà le terme d'*Augustus.* L'Etat romain est véritablement, dès lors, engagé sur le chemin qui va le conduire à l'Empire. Et il est probable que les Cisalpins, en voie d'être intégrés plus étroitement à la cité romaine, ressentaient les mêmes courants, encore malaisément discernables, qui la parcouraient, et que Cicéron s'efforçait de saisir avec une grande clairvoyance. Un homme, César, une idée, le rôle prééminent que pouvait jouer cet homme dans l'Etat : voilà ce que Virgile découvrait au moment où, sorti de l'adolescence, il allait aborder – et d'abord choisir – une carrière.

Après avoir revêtu la toge virile, le jeune Virgile fut envoyé par son père à Milan, qui était la ville la plus importante de la province, celle où enseignaient les meilleurs maîtres. Il était temps pour lui d'entendre les rhéteurs et, s'il le désirait, les philosophes. Ce séjour à Milan ne prouve en aucune façon que le père de Virgile fût riche. Il est traditionnel de rappeler à ce propos, le soin que mit le père d'Horace (pourtant de condition modeste) à envoyer son fils auprès des professeurs les plus en renom, comme si, nous dit-on, il eût possédé de gros revenus. Apprendre à penser à s'exprimer, à convaincre autrui était alors le but des études que Virgile allait entreprendre, à Milan. Quelle que fût la condition sociale du jeune homme, qu'il possédât le « droit latin » ou le droit de cité complet, il se devait d'entreprendre une carrière qui le mettrait en vue parmi ses concitoyens, sinon, tout de suite, à Rome. Il plaiderait au forum, se ferait une « clientèle », sans doute serait-il élu à quelque magistrature. Il deviendrait « quelqu'un », dans sa petite patrie, peut-être dans Rome! Telle était, fort probablement, l'ambition que le père de Virgile nourrissait pour son fils. C'était une ambition raisonnable, à la mesure du siècle.

La nature et le génie de Virgile, et les événements, en décidèrent autrement.

A ce moment, la tradition veut que l'on esquisse le portrait physique du jeune homme qui se trouvait ainsi au seuil d'une vie encore intacte. On nous dit qu'il était très grand, brun de teint, que son visage avait l'expression et les traits que l'on prête aux paysans. Sa santé était loin d'être parfaite, il souffrait de maux d'estomac, de troubles de la gorge et il avait de fréquents maux de tête; on ajoute qu'il lui arrivait assez souvent de cracher du sang. Tous ces détails, assurément, ne sont pas des données certaines. Mais on ne voit pas pourquoi ils auraient été inventés par les premiers biographes, car rien, dans les œuvres de Virgile ne permettait de les imaginer. Il existait dans l'Antiquité des portraits de Virgile, comme il y en avait de tous les « grands hommes », écrivains, poètes, philosophes, hommes d'Etat. Mais ceux qui nous sont parvenus sous le nom de Virgile sont tardifs, et leur style témoigne de l'influence exercée sur l'artiste par les goûts de son temps, si bien qu'il est impossible de discerner, sans céder aux tentations de l'imagination, la vérité de la fiction. En matière de portrait, l'art antique n'apporte pas toujours l'exactitude nécessaire, même si les portraitistes romains ont la réputation d'avoir, autant qu'ils le pouvaient, reproduit les traits de leur modèle. Mais ce qui est vrai pour les bustes que l'on plaçait sur les tombeaux l'est moins quand il s'agissait d'interpréter l'image d'un philosophe ou d'un poète : l'idée que l'on se faisait de son œuvre et de son caractère venait troubler le dessein réaliste. Il existait un type idéal du poète, qui se superposait au réel. Nous possédons deux mosaïques, sur lesquelles se voit un portrait, identifié par une inscription comme étant celui de Virgile.

L'une provient d'Hadrumète (Sousse); elle représente un poète, assis, entre deux Muses debout. Le poète tient, sur ses genoux, un rouleau sur lequel sont inscrits les premiers mots du vers 8 emprunté au premier livre de l'*Enéide*. Les éditions scolaires reproduisent à l'envi les traits que le mosaïste a prêtés à Virgile : cheveux rasés, front large, pommettes saillantes, visage long et osseux; les yeux sont immenses, enfoncés sous l'arc des sourcils. Ne pensons pas que tel ait été forcément le regard de Virgile; il se peut que le style du temps (fin du IIIe siècle ap. J.-C.) ait imprimé là sa marque.

Cependant, nous avons eu la surprise, un dimanche, de découvrir à Pietola, devant le café du bourg, des hommes du village, des paysans, dont plusieurs – vision surprenante – ressemblaient trait pour trait au portrait de Sousse. Constance d'un type humain, depuis vingt siècles? Cela n'est pas invraisemblable. Une soixantaine de générations seulement séparent les hommes qui vivent aujourd'hui à Pietola, sur les bords du Mincio large comme un bras de mer, et les contemporains du poète.

Une autre mosaïque, actuellement au musée de Trèves, présente aussi un Virgile, proche dans le temps de celui de

Sousse, peut-être antérieur de quelques dizaines d'années : un visage plus jeune, dont l'ovale n'offre pas la rudesse que l'on remarque sur le Virgile de Sousse, et qui, par conséquent ne répond pas aussi exactement à la description, que nous avons rappelée, d'un Virgile « à l'air rustique ». Aussi admet-on généralement que le « portrait » de Trèves est imaginaire et symbolique – il nous livre seulement l'image que l'on pouvait se faire, plus de deux siècles et demi après la mort du poète, de celui qui avait composé l'*Enéide*.

C'est donc un jeune homme de santé incertaine, à l'air gauche et rustique, qui, si l'on en croit les biographies antiques (confirmées peut-être, par le portrait d'Hadrumète, voire ce que nous révèle tel visage aperçu de nos jours), poursuivait ses études à Milan, et bientôt à Rome. Mais, lorsque vint le moment de prononcer un premier discours au Forum (évidemment à Rome, devant quelque tribunal), ce fut un tel échec que Virgile ne voulut jamais recommencer l'expérience. Il ne possédait aucune des qualités de l'orateur; sa parole était lente, ce qui le faisait paraître presque illettré. En un temps où les orateurs, excellents ou passables, étaient légion, il sentit que sa place n'était pas là. Naturellement ami du silence, l'esprit méditatif, curieux des causes plutôt que des choses, il conçut, semble-t-il, une aversion violente à l'égard du Forum, qu'il qualifiera plus tard d'*insanum* (de « dément ») (*Géorgiques,* II, v. 502), parce que tout y repose sur les entraînements de la parole et non sur les certitudes méditées de la raison ou les intuitions de la poésie.

Pendant les années qu'il passa à Milan puis à Rome, Virgile négligea quelque peu la rhétorique, qui ne l'intéressait guère, semble-t-il, et préféra s'initier à deux sciences qui ne faisaient point partie, alors, des programmes habituels, la « mathématique » et la médecine.

Par la première, il faut certainement entendre l'astronomie ou, d'une manière plus générale, l'étude du mouvement des astres et de leur influence sur les choses de la terre. Nous n'avons pas l'habitude de lier le nom de Virgile et les spéculations des astronomes et des astrologues, aussi les modernes sont-ils surpris par cette affirmation des biographes antiques. Pourtant, il n'est pas difficile de découvrir, dans l'œuvre du poète, quelques indices qui la justifient. Ainsi, lorsqu'il décrit la coupe de hêtre, ciselée par le sculpteur Alcimédon, il montre, parmi les rinceaux de vigne et les corymbes de lierre, deux bustes, deux portraits, celui de l'astronome Conon de Samos, et celui d'un autre savant dans la même science, qu'il ne nomme pas, mais dont il dit qu'il a *" de sa baguette divisé pour les nations le cycle entier, dit quelles époques appartenaient au moissonneur, et lesquelles au laboureur courbé "* (*Eglogue,* III, v. 41-42). Peu importe à qui pense le poète, qu'il s'agisse de Ptolémée, ou d'Eudoxe de Cnide. Le berger qui parle, Ménalque, s'élève, par la science dont il fait preuve, au-dessus de sa condition. C'est évidemment Virgile qui parle ici, et qui évoque des connaissances qui lui sont familières. Il nous a semblé, déjà, que, pendant son enfance sur la terre de Mantoue, en présence, directement, des grands mouvements de la vie paysanne, il avait découvert les harmonies établies entre les travaux des hommes et le voyage du soleil le long du grand cycle qui déroule les saisons. Beaucoup plus tard, au premier livre de l'*Enéide,* l'aède Iopas, aux longs cheveux, chante sur sa lyre l'enseignement qu'il a reçu du premier, du plus grand et du plus ancien des astronomes, le géant Atlas : celui-ci, dressé de toute son immense hauteur à l'extrémité occidentale de l'Afrique, passait pour avoir observé les astres et défini de la sorte une science inconnue jusqu'à lui.

Ce que chante Iopas, c'est d'abord le double cours de la lune et du soleil, qui sont les deux « luminaires » les plus proches de la terre et pour cette raison exercent une action directe sur les phénomènes de la vie. Puis c'est l'origine des animaux et des hommes et celle de la pluie et de la chaleur, qui, sous la dépendance des astres (la chaleur vient du soleil, la pluie et en général l'humidité atmosphérique sont attribuées à la lune), permettent aux êtres ainsi créés de subsister. Enfin, Iopas évoque les constellations dont le lever ou le coucher règlent les activités humaines, ouvrent la saison de la navigation, marquent le début de l'été, ou déterminent les grandes directions de l'univers. Allant plus loin, et ne se contentant pas d'une simple description, le chant d'Iopas explique *" pourquoi les soleils d'hiver ont tant de hâte à se plonger dans l'Océan, ou ce qui retarde les nuits lorsqu'elles se font attendre"* (*Enéide,* I, v. 742-746).

Il est remarquable que ce chant d'Iopas reprenne les termes d'un programme poétique que Virgile s'était fixé à lui-même au moins au temps où il composait les *Géorgiques,* peut-être plus tôt encore, et qu'il avait désespéré de réaliser (*Géorgiques,* II, v. 475 et suiv.). Mais l'idée que les astres sont des forces qui font sentir leur action dans la nature entière, aussi bien dans le déroulement des phénomènes physiques ou physiologiques que dans la succession des « âges » que traverse le monde – une idée souvent présente à l'esprit des hommes de ce temps – est partagée par Virgile. L'étude du mécanisme cosmique est une ambition commune à toutes les écoles philosophiques; on la retrouve aussi bien chez les stoïciens que chez les épicuriens, avec des significations différentes, sans doute, mais personne ne doute de son importance, pour qui ambitionne de parvenir à la sagesse. Ainsi, des *Eglogues* à l'*Enéide,* en passant par la « confession » des *Géorgiques,* nous constatons la continuité des préoccupations scientifiques, qui remontent, chez le poète, à la jeunesse de sa pensée et que viendra, peut-être, réanimer et rendre plus pressante la lecture de Lucrèce. Mais cette lecture n'interviendra, sans doute, que plusieurs années plus tard. Elle trouvera un terrain bien préparé!

Plus étonnant encore que le goût du jeune Virgile pour l'étude des astres, l'intérêt qu'il porte à la médecine. Celle-ci n'était pas alors considérée comme l'un des « arts libéraux », les activités qui font partie de l'éducation que doit recevoir un homme « libre », ou qu'il peut exercer. La médecine est chose grecque, aussi bien dans sa partie théorique que dans sa partie pratique. Ce qui n'empêche pas les Romains d'honorer et de protéger les médecins grecs, d'en recevoir dans leur maison, et, naturellement, de recourir à leurs services. Parfois, ils se font initier à leur savoir.

Vers le début du siècle, un médecin venu d'Orient, Asclépiade de Pruse (en Bithynie), avait introduit en médecine une véritable révolution : s'éloignant du pur empirisme, il s'était efforcé de rattacher la théorie médicale à la réflexion des philosophes, et d'en justifier les méthodes en en faisant une partie de la « physique », à l'intérieur d'un système plus général de la nature et de la vie [1] *. Nous connaissons assez mal cet Asclépiade, sur lequel ses rivaux se sont acharnés. Si l'on en croit les traditions diverses qui le concernent, il aurait commencé par être rhéteur, puis, jugeant que cette profession n'était pas suffisamment lucrative, et sans rien connaître à la médecine, il se serait fait médecin. Apparemment toutefois, les succès de son art furent jugés suffisants pour que le roi Mithridate voulût se l'attacher. Asclépiade refusa. C'est à Rome, auprès de grands personnages, qu'il exerça. Il fut l'ami et le médecin de l'orateur L. Crassus, le consul de 95 av. J.-C., qui devait mourir quatre ans plus tard. Grâce à sa formation de rhéteur, Asclépiade était capable de parler avec éloquence et, par conséquent, de se faire écouter et entendre d'un large public, ce qui n'était guère possible pour les médecins de la tradition empiriste, enfermés dans leur technique. Il s'intéressait moins aux maladies elles-mêmes qu'à leurs causes, et il s'appuyait sur une conception très particulière de la physiologie. Pour lui, la vie résidait dans le mouvement, à l'intérieur du corps humain (et sans doute celui des animaux), de particules de matière, qui circulaient dans des canaux, ou passages. Lorsque ce mouvement se produisait d'une manière normale, tout allait bien. Mais que l'équilibre entre les particules et les canaux soit rompu, et les maladies se produisaient. Pour agir sur l'organisme, Asclépiade n'usait point de drogues, minérales ou extraites de plantes; il refusait aussi les médications violentes, comme les sudations forcées. Il préférait recourir à des traitements « naturels », comme les bains, ou l'exercice; il employait aussi beaucoup le vin, pour dilater ou resserrer les « pores » (les passages où circulaient les particules de matière).

Cette conception de la physiologie est sans aucun doute dérivée de la physique épicurienne, qui repose sur l'atomisme : la matière est formée de petits « grains », infiniment solides, insécables, et totalement dépourvus de qualités sensibles. Ces grains de matière, poussière invisible, trop ténue pour avoir une action quelconque sur nos sens, s'assemblent, selon les règles imposées par leur forme. Ces premières

* Les notes se trouvent en fin de volume, p. 241.

combinaisons constituent les éléments de la matière, tels que nous les connaissons; il y en a de liquides, d'autres qui sont solides, d'autres qui sont de nature ignée, d'autres, enfin, de nature gazeuse (particules de vent ou d'air). Ce sont ces corpuscules, déjà reconnus par Epicure, qui circulent dans les « passages » du corps, et qui peuvent s'y transformer, par perte ou par acquisition d'atomes.

Ces théories et l'enseignement d'Asclépiade sembleraient sans rapport avec les études et la formation de Virgile, si nous ne rencontrions pas, dans les *Géorgiques,* une conception analogue, à propos de la terre et de la physiologie des plantes. Au procédé qui consiste à mettre le feu aux éteules, une fois la moisson enlevée, pour rendre à un champ sa fécondité, Virgile donne une explication mécaniste et atomiste. Il admet que la terre est parcourue par des « passages » et des conduits dans lesquels circulent des sucs nourriciers. La chaleur, dit-il, ou bien provoque la formation ou la montée de ces sucs, qui résident, en puissance, dans le sol, ou bien expulse les particules liquides superflues; ou bien encore la chaleur du feu élargit les conduits et facilite la circulation de cette nourriture, au profit des jeunes plantes; dernière hypothèse, enfin, cette chaleur resserre les conduits de la terre et empêche que des pluies excessives, ou les rayons torrides du soleil, ou le froid de l'hiver ne pénètrent trop profondément et ne brûlent la végétation, au moment où elle se forme (*Géorgiques,* I, v. 84-93). Ailleurs, Virgile évoque cette circulation des humeurs à l'intérieur du sol : lorsque cette circulation se fait aisément – ce qui se marque par des vapeurs légères exhalées par celui-ci –, on est en présence d'un terrain favorable à la vigne et à l'olivier, et qui se prête aussi bien au labour qu'aux pâturages (*Géorgiques,* II, v. 217-223).

La terre ressemble donc, si l'on en croit Virgile, à un organisme vivant; elle est un organisme comparable aux animaux et aux humains, qui possède ses mouvements intérieurs et crée les plantes, comme les animaux créent leurs poils, leurs cheveux, leurs ongles. Ainsi se trouvent justifiées et expliquées des pratiques traditionnelles des paysans : jachère, emploi du fumier, de la cendre, incendie des éteules, hersage (qui brise les mottes inertes – *glaebae inertes,* dit-il

– et libère les principes nourriciers qu'elles enferment), tout ce qui sert à favoriser l'équilibre des divers éléments, des diverses puissances (*robora,* les « forces ») indispensables à une croissance harmonieuse des plantes.

Ces études médicales de Virgile, dont nous parle le biographe, se trouvent ici mises en lumière et, en même temps, la mention qui en est faite, dans cette source si discutée, prend toute sa valeur puisqu'il n'est guère possible qu'elle ait été déduite de l'œuvre. Les commentateurs anciens avaient bien oublié, ou négligé, les conceptions d'Asclépiade, qui semblent être à l'origine de la science virgilienne. En tout cas, ils ne les ont pas reconnues, et s'ils nous disent que le poète s'intéressa, dans sa jeunesse, à la médecine, nous ne pouvons que les croire. La chronologie ne s'oppose pas à ce que Virgile ait entendu les leçons d'Asclépiade en son grand âge. Lors de sa venue à Rome, Asclépiade avait été le médecin de Crassus. Cela nous conduit à le faire naître, au plus tard, vers 120 av. J.-C. Il pouvait donc avoir environ soixante-dix ans en 50. Pline nous apprend qu'il mourut “ *au terme extrême de la vieillesse* ” d'une chute qu'il fit dans un escalier. Rien n'empêche donc qu'il se soit trouvé à Rome vers 53 av. J.-C., en même temps que Virgile : il avait, alors, au moins soixante-sept ans, mais il pouvait facilement en avoir davantage, sans invraisemblance pour nous.

Nous ignorons si Asclépiade avait développé le parallèle établi par Virgile entre la vie de la terre et celle des organismes vivants. Il se peut que cette idée ne se soit formée que lentement chez le poète, qu'elle ne se soit précisée qu'après la lecture de Lucrèce, ou encore au temps où il était l'élève de l'épicurien Siron (que nous allons bientôt rencontrer). Il n'en reste pas moins que le jeune Virgile était devenu sensible à ces analogies, grâce à l'élaboration médicale par Asclépiade de la physique atomiste, ce qui fut de grande conséquence pour sa poésie : assimilant les phénomènes de la vie végétale, il rencontre, comme le faisait Lucrèce et, par l'intermédiaire du mécanisme matérialiste, un véritable animisme. Si les épicuriens pouvaient considérer que la vie se réduit à un jeu d'atomes et de « molécules », le poète, lui, découvrira, à l'inverse, que la vie surgit de la matière. Les deux langages, le matérialiste et le vitaliste, se révèlent équivalents, et la vie ne perd rien de sa valeur, de sa beauté, ni de son caractère émouvant parce que l'on sait ce qui se passe derrière les apparences. On découvrira alors que le printemps est amour, que la croissance des jeunes plantes se fait dans la joie, que les arbres fruitiers ont conscience de leur vigueur (*Géorgiques,* II, v. 363, 372, 426 et suiv.). Finalement, c'est l'expérience que nous pouvons avoir de notre propre vie, corporelle et spirituelle, les deux sont indissolubles, qui devient le « modèle de référence », grâce auquel nous comprenons le monde, nous le saisissons comme s'il nous était consubstantiel.

Telles étaient, sans doute, les idées qui commençaient de surgir, vers 53 av. J.-C., dans l'esprit de Virgile transplanté à Rome, en un milieu dont il ne partageait ni les goûts ni les espérances.

Cependant, autour de lui, la vie politique poursuivait ses intrigues, et la marche vers la monarchie se précisait. Des trois hommes qui se partageaient le pouvoir de fait, l'un d'eux venait d'être éliminé : Crassus, qui s'était fait confier une guerre contre les Parthes, était tombé sur le champ de bataille, en Syrie, à Carrhes. César et Pompée restaient donc seuls en présence. Le lien qui, pendant plusieurs années, les avait unis, le mariage de Pompée et de Julie, la fille de César, s'était rompu l'année précédente avec la mort de la jeune femme. César poursuivait, en Gaule, des opérations rendues nécessaires par le soulèvement de plusieurs nations. Et, s'il affectait de croire que le calme était rétabli, vers la fin de l'année, il n'en sentait pas moins la nécessité de demeurer vigilant. Pompée, chargé des provinces d'Espagne, s'y faisait représenter par des lieutenants, lui-même restant à Rome, où il tenait le rôle d'arbitre, entre les « conservateurs » et les « populaires », qui se combattaient au cours d'émeutes de plus en plus fréquentes, et de plus en plus violentes. Milon, « champion » du Sénat, conduisait des bandes armées, qui s'opposaient à celles de P. Clodius, le « populaire », ennemi de Cicéron. Finalement, P. Clodius était tué, sur la voie Appienne, au début de l'année 52, tandis qu'éclatait en Gaule la grande insurrection de Vercingétorix. La brèche s'élargissait entre les deux triumvirs survivants, et Rome vivait dans un état de troubles permanents. Les institutions, faussées par les intrigues des triumvirs autant que par les abus nombreux qui les dénaturaient, avaient, tant bien que mal, conservé jusque-là les apparences de la légalité. Désormais, cette apparence elle-même n'est plus, et c'est une monarchie de fait qui est consentie à Pompée. Monarchie transitoire, puisqu'il faut compter avec César. Mais, précisément, Pompée et les sénateurs hostiles à César s'emploient à briser celui-ci. Une épreuve de force entre les deux hommes, inévitable, se dessine.

Pendant cette période, la vie de Virgile ne nous est pas connue par des témoignages directs et irréfutables. Mais il est possible d'en reconstituer au moins certains aspects. Certains biographes antiques nous disent qu'il fut l'élève d'un rhéteur nommé Epidius, à Rome, et qu'il eut comme condisciples certains grands personnages, et en particulier Octavius, le futur Auguste. Le fait a semblé improbable, en raison de leur différence d'âge, Virgile ayant atteint, en 50, sa vingt-deuxième année, alors qu'Octavius, né en 63, n'avait encore que treize ans. Mais les biographes du futur Auguste nous apprennent qu'il fut un enfant prodige : à l'âge de neuf ans, il prononça en public l'oraison funèbre de sa tante Julia et, à douze ans, celle de sa grand-mère. Il est donc possible que Virgile l'ait connu, peu avant l'année 50, précisément chez le rhéteur qui avait enseigné l'éloquence au jeune homme, un art dans lequel Virgile se refusait à exceller.

Pendant cette même période, Virgile fit probablement la connaissance d'un autre personnage appelé à une grande fortune, Valerius Messalla, son cadet de six ans seulement. Cette amitié des deux hommes est suggérée par le fait que Virgile lui a dédié son poème de la *Ciris* (sur lequel nous reviendrons, pour en apprécier l'authenticité), et aussi par une glose de Servius, au huitième chant de l'*Enéide,* qui conserve le souvenir d'un dîner mémorable, où Horace, Virgile et Messalla auraient, après boire, discuté sur le vin!

Quoi qu'il en soit, on retiendra l'idée que, dans ce milieu d'intellectuels romains, entre les leçons d'Epidius, les conférences d'Asclépiade et celles des philosophes, Virgile dut, pendant les années qui précédèrent la guerre civile, côtoyer et connaître beaucoup des jeunes hommes qui allaient par la suite, jouer un rôle important. Peu à peu, il aurait pu cesser d'être un « provincial » déraciné, pour s'intégrer dans quelque *cohors* de jeunes attachés ambitieux, vivant dans l'ombre d'un grand personnage, en attendant de faire eux-mêmes carrière, comme c'était alors la coutume. Il aurait pu suivre la même voie que Catulle, même si son origine était moins illustre. On sait en effet, par l'exemple d'Horace, et d'autres, moins célèbres, que l'origine sociale n'était pas déterminante; pourvu que l'on fût de naissance libre, on pouvait aspirer aux plus hautes charges. Mais il aurait fallu pour cela que Virgile eût une autre nature et que sa sensibilité ne l'entraînât pas dans une autre voie. Il avait refusé les succès de l'orateur, pour lesquels il n'était point fait; il ne songeait pas non plus à être soldat, passage indispensable pour qui voulait se faire élire aux magistratures. Il ne se sentait de goût que pour la vie de l'esprit : l'étude des lois qui gouvernent l'univers, la découverte du spectacle offert par le monde, la recherche de la sérénité intérieure, et, tout au fond de lui-même, un amour irrésistible de la poésie, qu'il affirmera tout au long de sa vie.

Ces années qui précédèrent la guerre civile sont celles où fut publié le poème de Lucrèce *Sur la nature,* qui montre comment le Souverain Bien, c'est-à-dire, dans la doctrine d'Epicure, la sérénité et le plaisir, peut être atteint par une ascèse intérieure, et non par l'accumulation des prétendus « biens » extérieurs, qui peuvent procurer du plaisir, mais qui ont pour rançon bien des tourments, et d'abord l'inquiétude de les perdre. Virgile, lui, ne désirait pas plus la richesse que les honneurs. On nous dit qu'il mangeait frugalement, qu'il buvait peu de vin. Apparemment, il se contentait d'un train de vie modeste. Même avant d'avoir entendu les leçons de l'épicurien Siron, il menait spontanément l'existence de la secte, mis à part son goût pour la poésie, que les épicuriens, on le sait, réprouvaient, au moins en principe, car ils pensaient qu'elle était de nature à troubler les âmes, à renforcer la crainte de la mort, avec les fables relatives aux Enfers, à nourrir les passions, en chantant l'amour, en donnant des exemples de colère, même chez les dieux, en exaltant la gloire, qui s'achète au prix de soucis et d'efforts sans nombre. Pour toutes ces raisons, les épicuriens estimaient que la poésie risquait de compromettre l'*ataraxie,* ce calme intérieur qui était l'essentiel du Bien.

Donc, peu tenté par les engagements de la vie politique, incité, par nature, à chercher la tranquillité de l'esprit et du cœur (on nous dit que, dans ses amours, il préférait les jeunes garçons à la compagnie des femmes, ce qui était considéré comme moins périlleux pour le calme intérieur, moins tumultueux, plus « philosophique », au moins depuis Platon), Virgile quitta Rome pour se rendre à Naples, auprès du philosophe épicurien Siron, qui tenait école dans Parthénopé (nom grec de la Néapolis, que nous appelons Naples, qui était restée hellénique et continuait, au sein de l'Empire romain, d'être comme par le passé une colonie grecque, à la limite extrême de la Grande-Grèce, et qui avait conservé sa langue, ses lois et ses mœurs).

De ce changement d'existence (ce que l'on pourrait appeler, non sans quelque inexactitude, sa « conversion à l'épicurisme »), Virgile nous laisse un témoignage avec une épigramme de quatorze vers (la pièce V du *Catalepton,* le recueil de *Pièces légères*), généralement considérée comme authentique, en dépit de quelques voix discordantes. Cette épigramme est un adieu à la rhétorique, à son vain fracas, bruit de cymbales qui étourdit la jeunesse. C'est aussi un adieu à ses compagnons d'études, parmi lesquels un certain Sextus Sabinus, qui serait, disent certains modernes, dont Mommsen, ce P. Ventidius qui devait exercer, en 43, un consulat suffect et qui était originaire de Cisalpine. Quant à lui, loin de ses maîtres (il les nomme, mais nous ne les connaissons pas autrement), il " *hisse ses voiles pour gagner le port du bonheur* ". Il dirige son navire vers " *les doctes propos du grand Siron* ", et se flatte d'avoir libéré sa propre vie de toute passion. Pas tout à fait, cependant, car il éprouve un regret – il n'y a pas de « conversion » sans sacrifice. Il dit adieu aux Muses, elles aussi, mais il ne peut s'empêcher de conserver pour elles quelque tendresse : " *Partez, Camènes, partez, eh oui, vous aussi, Camènes aimées – car je dois la vérité; je vous ai aimées – pourtant, revenez visiter ce que j'écris; mais avec discrétion et rarement.* "

Virgile, donc, partit pour Naples. Nous ne savons pas à quelle date. Peut-être (mais cela est peu probable) avant le début de la guerre civile (janvier 49), peut-être seulement lorsque, devant l'avance de César, une grande partie de la population chercha refuge loin de la Ville, que semblaient menacer les armées de César, formées en leur majorité de « barbares », Gaulois et Germains. Même si les sympathies du jeune Virgile allaient au conquérant des Gaules, ses aspirations à l'ataraxie – et la simple prudence – lui conseillaient de s'éloigner. Mais tout cela n'est guère que conjecture. Ce que nous savons seulement, c'est que Virgile se rendit, vers ce moment, auprès du « docte » Siron, qui enseignait la doctrine d'Epicure dans un petit domaine, hors de la ville, sur la baie de Naples, à l'endroit appelé, aujourd'hui, « Pausilype », c'est-à-dire « la fin du chagrin ». Là, sur une avancée du rivage, dans un paysage plus proche du climat et de la végétation de la Grèce que de ceux de la Cisalpine, Virgile allait vivre plusieurs années.

Siron n'était pas un personnage de mince importance dans les milieux philosophiques de Rome. Cicéron avait de l'estime pour lui. Dans une lettre, adressée en 45 au pompéien Trebianus, que César vient de gracier et d'autoriser à revenir d'exil, il l'appelle « son ami » et le qualifie de *prudentissimus,* c'est-à-dire à la fois plein de sagesse et d'expérience. Avec un autre épicurien, Philodème de Gadara, que nous rencontrerons bientôt, Siron apparaît, en ce milieu du siècle, comme le docteur par excellence de l'Ecole. C'est à leur autorité que se référera Torquatus, l'épicurien, champion de la doctrine, dans le dialogue de Cicéron, *Sur les termes extrêmes des biens et des maux,* composé lui aussi en 45.

Si l'on admet que Virgile rejoignit Siron en 49, il avait alors atteint sa vingt et unième année, et le choix qu'il avait fait du mode de vie philosophique semblait bien l'engager définitivement. En ce temps-là, suivre l'enseignement d'un philosophe ressemblait assez à un noviciat religieux. Cela occupait tous les instants de la vie et, dans le cas des épicuriens, impliquait une existence en commun, autour du Maître. Bien souvent, cela durait de longues années, jusqu'à la mort de celui-ci. Car il ne s'agissait pas seulement d'assimiler intellectuellement une doctrine, de s'initier aux théories élaborées par le fondateur, toujours vénéré, bien qu'il eût disparu depuis deux siècles et demi, mais surtout de former son être intérieur à la pratique de la sagesse, d'éteindre les passions (le goût de la richesse, si on l'éprouvait, celui des amours, l'ambition politique, et, surtout, la crainte de la mort et la passion incoercible de vivre, à n'importe quelle condition!). Un maître était un maître de vie, avant de l'être dans l'ordre de la connaissance. Il était un modèle. C'est ainsi que, plus d'un siècle plus tard, lorsque Sénèque essaiera de montrer à son ami Lucilius les chemins de la sagesse, il regrettera que les exigences de la vie les séparent. Et il évoque des exemples célèbres : Socrate, qui exerça son action sur Platon et Aristote par sa présence et sa « conversation » quotidienne, Cléanthe, qui vécut dans l'intimité de son maître Zénon, et put ainsi faire passer le stoïcisme de la théorie à la pratique, les disciples d'Epicure, enfin, qui « devinrent grands non pas à cause des leçons de leur maître, mais parce qu'ils partagèrent sa vie ». On voit que le principe s'applique à toutes les écoles. Mais il prenait, à l'intérieur de l'épicurisme, une importance toute particulière. La vie commune, pratiquée dans ces « jardins » (telle la petite villa de Siron, à Naples), l'était à l'imitation du Fondateur, qui ne dédaignait pas d'entretenir ses amis, par lettre, des menus de son dîner : les repas étaient frugaux; on ne leur accordait que ce qui était indispensable pour satisfaire aux besoins du corps; on avait une fois pour toutes banni tout luxe inutile; on considérait qu'une pauvreté joyeuse était la plus grande des richesses et que, pour se trouver dans l'abondance, il suffisait de restreindre ses désirs. A ce prix, on goûtait les plus grands bonheurs du monde, une satisfaction paisible, qui s'épanouissait avec les plaisirs de l'esprit, la pleine possession de chaque instant, sans crainte ni espoir (que peut-on attendre de l'avenir, lorsqu'on jouit de la plénitude?), le sentiment, enfin, que l'on était maître de revivre, en esprit, chaque moment du passé et, par conséquent, que l'on disposait continûment de son être, en sa totalité. On se trouvait, de la sorte, pleinement libéré du temps et, par conséquent, de la crainte que ce temps, coulant sans cesse, échappe comme sable entre les mains et n'entraîne dans la mort.

Telle était la vie à laquelle aspirait (ou feignait d'aspirer) Virgile vers sa vingtième année. Il convient d'ajouter que l'un des « plaisirs » promis par Epicure à ceux qui le suivraient était l'amitié qui régnait parmi ses disciples. Une amitié que la doctrine justifiait par l'utilité qu'elle présentait à des hommes qui refusaient le mariage et se contentaient d'aventures passagères, fuyant tout engagement susceptible d'apporter le trouble dans l'âme. Mais cette amitié épicurienne va bien au-delà de l'utile. Elle repose sur la communauté des aspirations, le partage d'une même foi et d'un idéal; elle permet aux « amis » de s'encourager mutuellement et de s'aider sur le chemin de la sagesse; elle satisfait, enfin, l'un des instincts les plus profonds de l'âme humaine, la sociabilité. Disciple d'Aristote, Epicure avait appris de son maître que l'homme est un « animal sociable », qu'il se réalise pleinement dans la société, et elle seule. Le poète comique Ménandre, élève de Théophraste, lui-même disciple d'Aristote, avait ridiculisé, dans son théâtre, ceux qui refusaient les liens sociaux, ces « misanthropes », qui faisaient leur malheur et celui de leur famille. Les groupes d'amis rassemblés autour d'un docteur épicurien contribuaient donc à donner un objet à cette sociabilité qui est, pour les Grecs, l'un des caractères fondamentaux, en même temps qu'une exigence imprescriptible, de notre nature.

Nous aimerions connaître au moins les noms des hommes qui furent, autour de Siron, les « amis » de Virgile. Un témoignage isolé parle du juriste P. Alfenus Varus, qui semble avoir joué, plus tard, un rôle dans la vie du poète, et auquel il dédia sa sixième *Bucolique*. Il peut avoir rencontré, pendant cette période de sa vie, Quintilius Varus, de Crémone, qui aurait, lui aussi, fréquenté le cercle épicurien de Naples. Un fragment de papyrus malheureusement fort mutilé, semble en apporter le témoignage. Ce Quintilius Varus nous est surtout connu comme ami d'Horace, et il est possible que ce soit par son intermédiaire que les deux poètes se soient connus. Enfin, un autre personnage, plus célèbre, peut avoir fait partie des « amis » de Siron : le poète Varius Rufus, s'il est vrai que son nom, mutilé, apparaît sur le même papyrus – ce que vient sans doute confirmer le fait que ce Varius avait composé un poème *Sur la mort,* dans lequel il semble avoir tenté de combattre la peur de mourir, comme le fait Lucrèce et comme s'attachait à le faire Epicure dans l'âme de ses disciples. Tels sont, ou ont pu être, les amis rassemblés avec Virgile autour de Siron. Quelles que soient les incertitudes et la part de l'hypothèse, il apparaît que le jeune poète, au cours de ce que l'on pourrait appeler ses années de retraite ou, en un autre sens, plus goethéen, ses « années d'apprentissage », s'est trouvé mêlé à l'un des courants spirituels les plus vivants et les plus féconds de cette période.

En cette fin de la République, l'épicurisme semble, plus que le stoïcisme, séduire les esprits. Nous savons, par exemple, qu'un bon nombre des jeunes gens qui composaient l'entourage de César, pendant sa campagne des Gaules, avaient des sympathies pour lui; mais nous avons vu aussi qu'un des partisans de Pompée, Trebianus, était en relation avec Siron. L'épicurisme n'impliquait aucun engagement politique, et on ne peut penser qu'il ait jamais constitué un « parti ». Cela eût été, d'ailleurs, contraire à l'esprit de la doctrine, qui, à la différence du stoïcisme, conseillait de ne pas participer à la vie de la cité, car, disait Epicure, si l'on se mêle à la compétition politique, si l'on brigue les magistratures, ou, plus généralement, si l'on s'occupe des affaires publiques, on ne manquera pas d'encourir des haines à la fois de la part des rivaux que l'on rencontrera et des citoyens dont on ne favorisera pas les intérêts. Ajoutons que les affaires engagent ceux qui s'en mêlent dans le temps, avec les espoirs et les craintes que cela entraîne; il vaut donc mieux s'en abstenir, si l'on souhaite conserver le calme de l'esprit et vivre pleinement. Mais ce n'était là qu'un conseil, et non une obligation. S'il arrivait que certains esprits ne puissent s'empêcher de regarder la vie publique comme un lieu souhaitable pour leurs activités, alors, plutôt que de les contraindre à une inaction qui leur pèserait, on leur permettait de suivre leur vocation, tout en leur recommandant de ne point y placer leur cœur ni d'y perdre leur âme.

Mais, de toute manière, si la pratique de la vie politique était déconseillée, il n'en était pas de même pour la réflexion théorique. Epicure avait écrit un traité *Sur la royauté* (c'était le régime dominant dans le monde hellénique, au moment où il vivait) et, au cours des années qui allaient suivre la guerre civile, l'autre docteur de l'épicurisme, Philodème, allait composer un ouvrage où il traiterait *Du bon roi selon Homère* en offrant un modèle idéal de monarchie, s'inspirant à la fois de l'épicurisme et d'une exégèse symbolique de l'*Iliade* et de l'*Odyssée.* Et il est évident que Philodème pensait à une royauté qui serait mise en place par César et à son profit. Philodème était depuis longtemps un familier de Calpurnius Pison, le beau-père de César, à qui il avait enseigné l'épicurisme. Il était né à Gadara, en Palestine; venu en Italie, à l'âge de quarante ans environ, vers le temps où naissait Virgile, il avait noué une amitié profonde avec ce Pison, qui le prit chez lui et, en sa compagnie, vécut une vie épicurienne. Philodème et Pison nous offrent deux exemples de la manière dont pouvait être comprise et pratiquée la vie philosophique selon Epicure. Tandis que le Romain devait à sa naissance et à sa patrie d'aborder et de parcourir la carrière des honneurs, le Grec ne se contenta pas d'écrire des traités de caractère philosophique, il composa aussi un grand nombre de poésies, des épigrammes souvent de caractère amoureux. C'est tout au moins ce que nous en dit Cicéron, dans le discours qu'il prononça contre Pison. Mais ce que nous possédons de Philodème, dans l'*Anthologie palatine,* montre que sa poésie n'était pas inconciliable avec l'idéal épicurien : il s'y invite à la modération, à la fois dans l'amour et dans le plaisir, il s'exhorte à ne point pleurer sur le temps qui passe, il convie, enfin, son ami Pison à partager avec lui un repas sans recherche, mais où viendront des « compagnons » pleins de franchise : ce sera une fête épicurienne, joyeuse en dépit de sa frugalité, la commémoration des « icades », le 20e jour du mois, celui où était mort Epicure.

C'est ainsi que vivaient les « compagnons » dans les cercles épicuriens. Virgile partagea cette existence. Philodème connaissait Siron, sans aucun doute, car les cercles épicuriens correspondaient entre eux, leurs membres se rendaient des visites, et il est certain que l'ami de Pison accompagnait celui-ci lorsqu'il se rendait dans sa belle villa d'Herculanum, celle qui a livré, il y a deux siècles et demi, toute une bibliothèque dont le fond principal était composé par les traités de Philodème, que l'on y a retrouvés. On peut donc avancer, à coup sûr, que Virgile a connu Philodème, et qu'il a pu constater que la sagesse épicurienne et l'amour – et la pratique – des Muses n'étaient pas incompatibles. L'atmosphère de ces « jardins », où l'on cultivait le bonheur, n'avait rien d'étouffant, et l'on respectait les vocations particulières. Sans cela, que serait devenue l'amitié? De la sorte, Virgile pouvait partager avec Philodème son admiration pour César, et envisager pour Rome un avenir où le dictateur lui rendrait la prospérité et le bonheur, en mettant en pratique les maximes fondamentales de leur commune doctrine : le refus de tout ce qui contrarie ou dépasse la « nature », le retour à la pauvreté d'antan; on bannirait aussi de la cité les ambitions mauvaises, créatrices de discorde, en mettant fin au déchaînement de la brigue électorale, qui empoisonnait la vie publique, la faussait et compromettait l'existence même de l'Etat. On peut relever quelques convergences entre les idées exposées par Philodème dans son traité *Du bon roi* et certains passages où Virgile exprime ses propres croyances politiques. Par exemple l'idée que le prestige d'un roi peut éviter la discorde entre les citoyens rappelle le début du livre III des *Géorgiques* qui justifie le pouvoir d'Octave, vainqueur d'Antoine et exalte sa victoire sur la discorde. Ou encore l'affirmation, chez le philosophe, que le gouvernement d'un roi sage et juste assure la prospérité du royaume rappelle, dans une certaine mesure, l'évocation virgilienne de l'âge d'or, sous le règne de Saturne, lorsque la Justice demeurait encore sur la terre, parmi les mortels.

On peut aussi rapprocher l'idée, exprimée par Philodème, que la première fonction d'un « bon roi » est d'être un guerrier (ce qui ne pouvait que plaire à César), de la description que fait Virgile, au quatrième livre des *Géorgiques,* du rôle joué dans la ruche par le « roi » des abeilles (on pensait alors que c'était un roi, et non une reine, qui régnait sur les essaims), cette « cité des abeilles », que le poète admire, au point de rappeler que « certains » reconnaissent à celles-ci une âme divine; dans cette cité, c'est le roi qui personnifie et maintient l'unité : " *Aussi longtemps que le roi demeure,* écrit-il, *tous n'ont qu'une seule volonté; s'il disparaît, le pacte est déchiré.* " Ces vers, écrits plus de dix ans après le séjour auprès de Siron, lorsque la discorde entre Antoine et Octave (les deux « rois » prétendant au pouvoir) était sur le point de plonger Rome, une nouvelle fois, dans la guerre civile, pourraient sembler composés pour la circonstance, et ils contiennent assurément des allusions à la situation présente. Virgile ne se fait pas faute de souligner que le pouvoir ne se partage pas, que l'un des deux rois doit être sacrifié. Tout cela se rapporte évidemment au conflit qui est près d'éclater. Mais on ne peut penser que Virgile, alors, ait improvisé cette vision monarchique. Il la trouvait dans le cercle de Siron et de Philodème; il la mûrissait pendant sa retraite épicurienne; elle le destinait à accepter, à souhaiter, mais aussi à préparer, dans sa pensée, l'avènement d'Auguste, encore imprévisible.

Si nous ne savons pas à quel moment Virgile se rendit à Naples auprès de Siron, si ce fut lorsque éclata la guerre civile de 49, ou plus tard, nous ignorons aussi combien de temps il resta dans cette « communauté ». L'on peut admettre qu'il y demeura au moins jusqu'en 43 ou 42, peut-être davantage. Il avait près de trente ans lorsqu'il la quitta et, déjà, la composition des *Bucoliques* était commencée.

La victoire de César sur les pompéiens, d'abord rapide, lui avait livré l'Italie presque sans coup férir pendant les premiers mois de 49. Mais Pompée s'était retiré sur la rive grecque de l'Adriatique, pour concentrer les forces que lui fournissaient les provinces d'Orient et les princes vassaux qu'il avait lui-même installés dans leurs royaumes quinze ans plus tôt; la guerre avait traîné en longueur. César en avait profité pour soumettre les deux provinces d'Espagne, après une campagne énergique, qui en avait chassé les deux lieutenants de Pompée. Une bataille décisive s'était alors livrée, à Pharsale, dans le nord de la Grèce, entre son armée et celle de Pompée, le 9 août 48. Pompée s'enfuit et fut assassiné par le jeune roi d'Égypte, à qui il demandait asile. César, survenant, dut soumettre l'Orient, qui gardait, en général, sa fidélité à Pompée. Il le fit en quelques mois.

Alexandrie tombe en sa possession, avec toute l'Égypte. De là, il passe en Afrique, où s'était rassemblée une armée républicaine, et il l'écrase à la bataille de Thapsus, au mois d'avril 46. Toute la province est pacifiée, tandis que Caton, conscient d'être le « dernier républicain », se suicide à Utique (près de Tunis). Une dernière épreuve attendait le vainqueur : la pacification de l'Espagne, où les débris des armées de Pompée, sous la conduite de ses deux fils, Gnaeus, l'aîné, et le cadet, Sextus, s'étaient reconstitués. Le 17 mars 45, à Munda, cette ultime résistance s'effondrait, et César pouvait, cette fois, rentrer à Rome dans un monde pacifié. Le temps de la paix était revenu. Du moins on pouvait le penser. Mais, un an à peine après Munda, le 15 mars 44, César était assassiné, et le cycle recommençait : la jalousie, l'*inuidia,* des aristocrates, avait abattu le monarque de fait qui s'était élevé contre eux.

Les événements montrèrent que la paix conquise par César n'était que provisoire. Le Sénat ne réussit pas à prendre le contrôle. Octavius (Octave), petit-neveu de César, et son héritier, revendique l'héritage du dictateur assassiné. Il s'oppose à Antoine, que César avait toujours considéré comme son lieutenant. Mais, bientôt, ils s'entendent tous deux. Octave marche sur Rome et se fait donner le consulat, sous la menace de la violence. Le pouvoir appartient désormais aux chefs militaires, qui se partagent les consulats pour les années suivantes et, comme au temps de Sulla, des listes de proscriptions sont affichées. Les « ennemis de César », tous les opposants, mais aussi beaucoup de sénateurs que désigne leur richesse sont ainsi mis à mort, et leurs biens confisqués. Cicéron compte parmi les victimes. Cependant, les héritiers de César, profitant du désarroi dans lequel la mort du dictateur avait plongé le peuple, font répandre le bruit que César est devenu un dieu. Une comète est apparue dans le ciel peu de temps après les funérailles. Elle se montre chaque soir peu avant la fin du jour et brille pendant la nuit : c'est l'âme du dieu César qui gagne la Voie lactée! Virgile, nous l'avons dit, se souviendra de cet astre miraculeux, dans la IXe *Eglogue*. L'apparition de l'astre et la divinisation du héros, consacrée officiellement à partir des calendes de janvier 42 (le 1er janvier), précédant la défaite de l'armée républicaine, à Philippes, le 23 octobre de cette année-là, font renaître l'espoir : depuis le séjour des dieux, César reste une divinité tutélaire, au nom de laquelle les maîtres du moment, les triumvirs Antoine, Octave et Lépide, ont reçu la mission de réorganiser Rome, de lui donner des lois nouvelles.

Pourtant, on s'aperçoit vite que rien n'est réglé, et Virgile lui-même est personnellement touché par les désordres. Afin de récompenser les soldats qui ont participé aux diverses campagnes de 43 et 42, il est nécessaire de trouver des terres où les installer. Un certain nombre de villes sont désignées, dès la formation du triumvirat – dix-huit villes, sur le territoire desquelles seraient découpées des propriétés pour les vétérans. Mais le nombre des bénéficiaires se révéla, finalement, tel qu'il fut nécessaire de sacrifier d'autres cités, réparties un peu partout en Italie. Cette méthode n'était pas contraire au droit, puisque les cités qui avaient été conquises ou avaient conclu un traité avec Rome avaient, théoriquement, abandonné aux Romains leur droit de propriété; celui-ci leur avait été rétrocédé, mais à titre précaire, et pouvait être révoqué. Mais cela était exceptionnel, on n'y avait recouru, dans le passé, que rarement. L'exemple le plus récent était celui de César, mais avant lui Sulla en avait largement usé. En général, les autorités romaines, lorsqu'elles procédaient à des distributions de terres, s'efforçaient de ne pas léser les particuliers, et allouaient aux bénéficiaires des terres communales, appartenant collectivement à la cité. Mais elles n'y étaient pas obligées, et les lotissements pouvaient s'accompagner de spoliations brutales. C'est ce qui se produisit en Cisalpine. Mantoue ne figurait pas sur la liste des villes mises à contribution; mais on y avait inscrit Crémone, sa voisine, et il arriva que les expropriations, qui se révélèrent dépasser le terrain disponible à Crémone, débordèrent sur celui de sa voisine, Mantoue. Les vétérans n'hésitèrent pas à s'emparer, par la force, des champs qui leur plaisaient, sur le territoire de celle-ci. Et il semble bien que la propriété familiale de Virgile fut ainsi occupée. Les biographes de l'Antiquité ajoutent des précisions qui, peut-être, ne sont pas authentiques, et qu'ils ont tirées de ce qu'ils croyaient lire dans les *Bucoliques*. Aussi les modernes hésitent-ils beaucoup à organiser en un récit cohérent ce que la tradition nous dit sur les aventures du poète pendant cette période.

Que la propriété familiale de Virgile ait été, au moins,

menacée lors des confiscations, ne fait aucun doute : nous trouvons l'écho de ces menaces dans une épigramme des *Pièces légères* (le *Catalepton*) où on lit : " *Petit domaine qui étais à Siron, pauvre petit champ, qui étais pour lui, un trésor lorsqu'il était ton maître, je nous confie à toi, et moi-même et avec moi ceux que j'ai toujours aimés, au cas où quelque mauvaise nouvelle me parviendrait de ma patrie; tu seras pour lui maintenant ce que lui furent autrefois et Mantoue et Crémone* " (*Catalepton,* VIII).

On déduit de ces quelques vers que le « jardin » de Siron était devenu la propriété de Virgile, soit (ce qui est peu probable, simplement possible) que le vieux philosophe l'ait quitté, le vendant ou le donnant à son disciple, soit, ce que l'on admet plus généralement, qu'il soit mort en le léguant à Virgile. Quoi qu'il en soit, Virgile, apparemment, peut en disposer au moment où les confiscations sont en train de s'accomplir et où il est question de les étendre de Crémone à Mantoue. Nous sommes alors à la fin de l'année 42 (après la bataille de Philippes, qui créait de nouveaux droits et de nouvelles exigences pour les légionnaires vainqueurs) ou dans les premiers mois de 41.

Les *Bucoliques* font souvent allusion à ces événements, mais d'une manière si enveloppée et symbolique que l'on ne peut les utiliser comme sources historiques; aussi toutes les théories possibles ont-elles été avancées. La première *Eglogue* et la neuvième sont particulièrement en cause. Dans la première, un berger, Tityre, coule des jours paisibles, et voici que se présente à lui un autre petit cultivateur, qui émigre, avec son troupeau, parce qu'un « soldat » s'est emparé de la terre sur laquelle il vivait. Ce malheureux a dû abandonner tout ce qu'il possédait pour gagner quelque terre d'exil. Il sait que son infortune est la conséquence d'une guerre civile, et que, en raison des confiscations, le pays tout entier est plein de troubles. Aussi s'étonne-t-il de voir Tityre aussi tranquille, et il lui en demande la raison. Tityre lui répond qu'il doit ce bonheur à un « jeune homme » (qu'il ne désigne pas autrement), et dont il fait un dieu. Ce jeune homme, il l'a vu à Rome, et, s'il est allé lui-même à Rome, c'est qu'il devait s'y rendre pour se faire affranchir. Il a pu rassembler assez d'argent pour acheter sa liberté, et les formalités de l'affranchissement devaient se dérouler dans la Ville. Virgile ne dit pas que Tityre a été affranchi *par* le « jeune dieu », mais simplement que celui-ci l'a invité à continuer ses activités habituelles : “ *Paissez, comme avant, vos bœufs, garçons; faites reproduire les taureaux* ” (*Eglogues,* I, v. 45). Il a donc confirmé Tityre dans ce qui est, en fait, « sa » propriété, dans la mesure où il la cultive, pour le compte d'un maître, mais comme tenancier pratiquement inamovible. Cela a été bien montré, récemment [2]. Esclave ou affranchi, Tityre est assuré de son sort, aussi longtemps que le domaine qu'il cultive continue d'appartenir au même maître. Mais il est impossible de tirer de cette situation, parfaitement traditionnelle, la conclusion que la propriété dont il s'agit appartient à Octave. Surtout si l'on admet (non sans inconséquence) que la propriété sur laquelle vit Tityre, et que décrit l'*Eglogue,* n'est autre que celle de Virgile, et que l'on demande, en particulier, à cette description des précisions géographiques sur le domaine du poète. La situation est donc assez simple, et l'affranchissement de Tityre et la confiscation dont est menacé le domaine sont liés, d'une manière naturelle et nécessaire. Il est bien certain que l'esclave (puis l'affranchi) colon tient sa *possessio* de ses liens avec son maître, celui-ci conservant la propriété du bien en question et en cédant la jouissance à son tenancier. Si le maître change, le tenancier doit partir. C'est ce qui est arrivé à Mélibée l'autre personnage de l'*Eglogue;* la terre qu'il cultivait a changé de maître; elle appartient désormais à un soldat. Lui-même n'y a plus sa place, il a perdu sa demeure, ses ressources, et ce qui lui permettait de gagner sa vie. Il emmène avec lui la part de cheptel vif qui lui appartient. C'est désormais un errant. Tityre, au contraire, restera dans sa petite *villa,* non point parce qu'il est libre, mais parce que la famille des Virgilii, désormais ses « patrons », conserve la propriété du domaine.

Le petit « roman » imaginé par le poète était nécessaire pour présenter dans un cadre, juridiquement assuré et réaliste, le drame des confiscations. Si un vétéran était imposé sur le domaine, le poète et sa famille perdaient les redevances et, plus généralement, le revenu (jouissance d'une part des récoltes, faculté de résider, à leur convenance, dans les appartements de maître, toujours prévus dans les *villae* campagnardes), ce qui était ennuyeux, certes. Mais que dire de la situation créée pour le tenancier « inamovible »? C'était son existence même qui était en jeu. Et c'est à cela que le poète veut nous rendre sensibles. Virgile ne prend pas le parti des « propriétaires ». L'épigramme que nous avons citée laisse entendre que la famille de Virgile serait durement touchée, si elle perdait le domaine qui, en partie au moins, assurait ses ressources : il lui faudra se restreindre et vivre, dans le « jardin » de Siron, selon le mode épicurien, en faisant de pauvreté richesse. Mais elle survivra. Tityre, lui, sera brisé, à jamais, comme l'est Mélibée. Tragédie « économique », certes, mais surtout drame du déracinement.

Et l'on comprend pourquoi le poète a superposé l'affranchissement de Tityre et la confirmation de leur propriété à Virgile et aux siens : il fallait que Tityre se rendît à Rome, en compagnie de son maître (en fait Virgile) pour obtenir sa liberté; c'était une obligation légale, et cela permettait à Virgile et à son affranchi de demander au jeune triumvir le droit de conserver le domaine, sans lequel Tityre ne pouvait vivre. Deux démarches, qui sont rapprochées, mais en fait bien distinguées par le poète. Comme Mélibée demande à Tityre pourquoi il s'était absenté, celui-ci lui répond : " *Que pouvais-je faire? Je ne pouvais* [ailleurs qu'à Rome] *me libérer de ma servitude, ni, non plus, me présenter à des êtres divins aussi bienveillants* " (*Eglogue,* I, v. 40-41). Même dans la poésie, l'esprit romain conserve ses exigences de précision et de vérité juridique.

Nous ne pouvons savoir à quelle date correspond l'état de troubles auquel fait allusion Mélibée : peut-être aux mois qui ont précédé le soulèvement de L. Antonius, le frère du triumvir Marc-Antoine, et qui aboutirent au siège et à la prise de Pérouse. Ces mois furent ceux de l'hiver 41/40. Mais peut-être aussi ces vers ont-ils une valeur rétrospective; écrits plus tard, ils reporteraient le lecteur à la situation qui avait été celle de l'Italie entre 42 et 40. Quoi qu'il en soit, ce poème accorde la prééminence à Octave parmi les triumvirs, Octave qui, en 43, venait d'atteindre sa vingtième année, et, pendant quelque temps encore, mérite pleinement la qualification de *iuuenis* (homme « jeune », plutôt que jeune homme). Il avait sept ans de moins que Virgile! Et la victoire de Pérouse avait fait de lui le meneur du jeu, tandis que Marc-Antoine, en Orient, apparaissait de plus en plus lointain.

On voit que cette *Eglogue* est, sans aucun doute, « symbolique », en ce sens qu'elle recourt à une situation juridique, réelle ou imaginaire grâce à laquelle le sens véritable du poème sera transmis. Virgile aurait pu écrire des vers dans lesquels il aurait remercié Octave de son intervention si vraiment celle-ci avait été décisive, comme nous le pensons. Il aurait pu le louer directement, et cela eût été un poème personnel, entaché de flatterie, un poème (déjà!) qui eût tous les caractères d'une poésie de Cour. Cela, dans la mesure où il eût exprimé une relation directe de Virgile à Octave. Virgile ne l'a pas voulu, soit par un calcul de sa raison, soit, plutôt, parce que tout son être répugnait à ce qui aurait pu ressembler à de la servilité; et, en outre, nous l'avons indiqué, parce que l'objet de cette *Eglogue* est d'exprimer un sentiment profond du poète, en face de ce qu'il considérait comme la dégradation d'une société qu'il aimait, à laquelle il était attaché; nous découvrons là, pour la première fois, cette pitié virgilienne, qui s'étend à tout ce qui vit, et que l'on retrouve si souvent dans toute son œuvre. Pitié, oui, mais non pas attendrissement sur soi-même.

Tout serait clair dans cette histoire de spoliation, s'il n'y avait la neuvième *Eglogue;* elle nous raconte comment « Ménalque » (apparemment Virgile lui-même) avait cru sauver un certain territoire (sa propriété, ou une partie des terres appartenant à la cité, on ne sait au juste) grâce à ses vers, mais que la poésie est sans force au milieu des soldats. En réalité, dit le vieux serviteur de Ménalque, Moeris, un soldat est survenu, il a déclaré que la terre lui appartenait, et que les anciens cultivateurs (les « vieux colons ») n'avaient qu'à déguerpir. Toutefois, le nouveau possesseur du domaine a conservé Moeris, probablement un affranchi, comme « fermier », ou métayer. Le problème posé par cette *Eglogue* consiste à savoir si la situation à laquelle elle se réfère est antérieure à celle que décrit la première *Eglogue,* ou si elle lui est postérieure. Il ne s'ensuit pas, d'ailleurs, qu'elle ait été écrite avant ou après elle.

Que le Ménalque de la neuvième *Eglogue* soit Virgile ne fait aucun doute : l'un des deux personnages, Lycidas, attribue expressément à Ménalque des vers de la cinquième *Eglogue,* dont, nous le verrons, le but était de célébrer l'apothéose de César. Et cette cinquième *Eglogue* date, très probablement, de l'année 42. La neuvième *Eglogue* contient, en outre, des allusions à la première : il y est question d'Amaryllis et de Tityre, mais les vers cités ne figurent pas dans le recueil. S'agit-il de pièces qui n'ont pas été retenues dans le choix définitif? C'est possible. Le poète, répugnant à les perdre, les aurait insérés sous cette forme de citations incomplètes, volontairement tronquées. Mais alors Tityre et Amaryllis jouaient, dans ce monde des bergers de Cisalpine, ce théâtre imaginé par le poète, un rôle plus grand que celui que nous leur connaissons.

Finalement, et bien que nulle solution assurée ne puisse être proposée, on peut admettre que Virgile, lorsque débuta l'affaire des confiscations, fut suffisamment inquiet pour préparer un lieu de retraite à ses parents et à lui-même, en acquérant le petit domaine de Siron. Mais, en même temps, il essayait d'éviter la confiscation menaçante, et, pour cela, il aurait eu recours à de puissants amis (que nous retrouverons), qui appréciaient sa poésie et se trouvaient en mesure de l'aider, tel Alfenus Varus, chargé d'effectuer les assignations de terres aux vétérans. Un moment, Virgile crut que l'appui de ses amis suffirait à sauver le domaine de Mantoue. Mais bientôt, les initiatives (illégales) des vétérans installés à Crémone le détrompèrent : cela se serait produit en 41 ou 40. A ce moment, Octave, qui a triomphé des habitants de Pérouse et se trouve être le maître incontesté en Italie, est en position de donner satisfaction à Virgile, qui s'est attiré sa reconnaissance en chantant l'apothéose de César (une divinisation qui accroît le prestige d'Octave, adopté par César et, désormais, par conséquent, qualifié de « fils de dieu »). Une démarche directe rend au poète la terre dont il avait été injustement dépossédé, et c'est le magnifique poème de la gratitude, qui associe au remerciement personnel celui (souhaité!) des paysans, des petites gens, que les expropriations réduisent à la misère, même si les terres que l'on saisit ne sont pas, juridiquement, les leurs, ces paysans qui sont la substance même de la patrie italienne, et que doit protéger Octave.

Au cours de ces années inquiètes, Virgile, apparemment, conserve des attaches avec Naples, et la *villa* de Siron, qui est, sans aucun doute, devenue sa propriété. Mais il demeure le plus souvent en Cisalpine; il se rend aussi à Rome et se présente à Octave, qui le connaît certainement de réputation, et lui est donc plus accessible. Il n'est pas nécessaire de supposer que la première *Eglogue* ait été composée plus tard, au temps où Antoine, définitivement engagé en Orient, avait perdu de son prestige au profit d'Octave (vers l'année 35). Il suffit de penser que celui-ci, après Pérouse, est le maître de la situation, et que, à la fin de l'année 40, Antoine se sentira obligé de venir faire sa paix avec lui.

Mais, si Virgile va de temps en temps à Naples, la petite *villa* de Siron n'est plus le jardin épicurien de naguère. Virgile ne s'y pose pas en continuateur du maître. L'amour des Muses l'a emporté sur celui de la philosophie. Les Muses ne se contentent pas de le visiter « avec discrétion et rarement », comme il l'avait souhaité dans son premier enthousiasme. Elles sont devenues ses compagnes quotidiennes. Quoi qu'il en soit des autres essais, voici que les *Bucoliques* l'occupent tout entier; il les compose, nous disent les commentateurs anciens, entre 42 et 39, ou 38, c'est-à-dire pendant les temps troublés que nous avons rappelés. Mais il serait absurde de penser qu'il les a écrites pour acquérir une notoriété susceptible de le protéger contre les confiscations. En réalité, il a trouvé, dans cette poésie de la terre, un mode d'expression qui satisfait en lui ce qu'il y a de plus profond : l'amour de la vie rustique, qui lui semble apporter tout le bonheur auquel peuvent aspirer les hommes, et, en même temps, fort de son expérience épicurienne, la conviction que cette vie des champs réalise les impératifs de la philosophie que lui a enseignée Siron. Les souvenirs de l'enfance et de l'adolescence s'unissent aux raisonnements de l'âge mûr et au choc que fut la menace de la spoliation pour entraîner le poète dans un monde à demi réel, à demi imaginaire, dont il ne sortira jamais complètement. De là naîtront non seulement les *Bucoliques* mais les *Géorgiques,* et une certaine vision de l'Italie primitive qui transparaît dans l'*Enéide,* et, au-delà, dans l'idée qu'il se fait de Rome.

Désormais, les fondements de la « philosophie » virgilienne sont solidement posés. Une philosophie qui, comme celle d'Horace vers le même temps, ou un peu plus tard, ne s'astreint à suivre les paroles d'aucun maître, mais demeure une réflexion personnelle, indépendante, et qui doit moins à la dialectique et aux constructions de la raison qu'à la sensibilité et aux réactions affectives. Il est curieux de constater que les adversaires des épicuriens leur faisaient, entre autres reproches, celui de ne pas avoir élaboré un système logique, une méthodologie pour l'approche de la vérité. Ils les accusaient de « rusticité », faisaient observer qu'Epicure accordait trop d'importance aux données des sens, considérées comme infaillibles, et que, à ses yeux, le plaisir, sous sa forme la plus fruste, était le critère du « Souverain Bien ». On peut penser que ce sont précisément ces caractères de l'épicurisme qui ont retenu Virgile et marqué profondément son univers intérieur. Il trouvait dans cette doctrine la satisfaction de ses propres tendances, une réhabilitation du sensible, qui était le plus souvent regardé avec suspicion par les autres philosophes. Platon ne concevait-il pas notre monde sublunaire comme celui des apparences, sans plus de réalité que des ombres portées sur la paroi d'une caverne, à la lumière d'un feu? Quant aux stoïciens, ils pensaient que nos sens étaient à l'origine des fausses valeurs dont se nourrit l'opinion des hommes, que le plaisir et la douleur qu'ils nous apportent sont en réalité des choses indifférentes, qui pervertissent, depuis l'enfance, notre jugement. Platoniciens et stoïques éloignent l'homme de ce monde sensible qui est le sien : ce sont des doctrines nées et élaborées dans les villes. Socrate, dit-on, n'était sorti d'Athènes qu'à de rares occasions, et s'il admire, poliment, les agréments de la promenade où l'entraîne son ami Phèdre, s'il s'extasie devant les dimensions d'un platane et la fraîcheur de l'eau, s'il apprécie la pureté de l'air, il n'en conclut pas moins : *" Pardonne-moi, mon excellent ami, je suis, vois-tu, un ami de la connaissance, et les paysages et les arbres ne consentent pas à rien m'apprendre; c'est tout le contraire avec les hommes qui vivent en ville "* (Platon, *Phèdre,* 230 d). Virgile, à cet égard, est le moins socratique qui soit.

En même temps, cette philosophie de la sensation est l'approche la plus poétique du réel qui se puisse concevoir, car toute poésie est un art de l'enchantement, de la transfiguration des choses dans un éternel présent. Et les Romains le savaient mieux que tout autre peuple, puisqu'ils la désignaient sous le nom de *carmen* (dont nous avons fait « charme »), un terme qui recouvrait aussi bien les récits épiques, les épigrammes, et les autres formes poétiques, que les formules magiques qui guérissaient tous les maux. Et l'on comprend mieux, peut-être, que les épicuriens romains, Lucrèce, Varius, Horace, Virgile, en ses jeunes années – et il faut y joindre Philodème, devenu romain lui aussi – soient revenus sur la condamnation que le Maître avait autrefois portée contre les Muses. Epicure condamnait la poésie, à cause des mythes qui étaient l'essentiel des sujets traités par les poètes. Ces mythes, pensait-il, ne pouvaient que favoriser les préjugés et les croyances qui troublaient le jugement des hommes; ils étaient la cause de toutes les illusions concernant les dieux, l'au-delà, qui sont autant de motifs d'angoisse et de souffrance. Mais les modernes en ont conclu, hâtivement, à une condamnation de toutes les formes de la poésie. Lorsque Philodème, dans son traité *Du bon roi,* parle des distractions qui sont dignes d'un prince, il approuve les chants des aèdes, dans la mesure où ils célèbrent les exploits des héros, et proposent, par conséquent, des exemples de courage, de modération, de maîtrise de soi, propres à inciter les auditeurs à pratiquer les grandes « vertus » humaines. Et l'on sait que c'était là aussi une coutume des Romains, que ces « chants de banquet », l'une des premières formes de l'épopée. Il existait enfin une poésie qui pouvait agir sur l'âme comme un calmant, et endormir les angoisses, celle qui présentait à l'esprit des images heureuses. Les *Bucoliques* en seront un exemple.

Pour toutes ces raisons, les épicuriens romains ne se sont pas crus liés par la condamnation que le Maître avait portée et les Muses sont revenues en force sur les tablettes de Virgile. Sur ce point, Lucrèce leur avait ouvert le chemin. C'est là un développement romain de l'épicurisme, qui répond au réalisme de la sensibilité latine, à l'appel des choses, et, si l'on veut, à la « rusticité » de cette civilisation, qui n'accepta jamais qu'à contrecœur le déracinement et les mutilations imposés par la vie urbaine.

Cependant, les années s'écoulaient, parmi les troubles de toutes sortes. Rome vivait dans l'instabilité. Les triumvirs étaient officiellement chargés d'imaginer des institutions nouvelles – un espoir qui semblait repoussé sans limite, à mesure qu'apparaissaient entre eux des dissensions profondes, et qu'ils se livraient à une lutte d'influence. Antoine était de plus en plus engagé dans les affaires d'Orient. Octave assurait de plus en plus sa position en Occident, et il devenait évident que leur rivalité se terminerait, un jour ou l'autre, par un conflit armé. Les exemples du passé étaient encore trop récents pour que l'opinion publique ne repoussât pas avec horreur le recommencement de la guerre civile. Lorsque, après Pérouse, on crut un instant que celle-ci allait éclater, les soldats refusèrent d'y participer, et exigèrent des gages de réconciliation entre Antoine et Octave, notamment le mariage du premier avec Octavie, la sœur du second. C'est dans cette atmosphère que Virgile composa les *Bucoliques,* apportant, lui aussi, sa contribution à l'espoir de paix qui hantait tous les esprits. De cette paix, il en éprouvait, plus que personne, la nécessité. Non seulement pour réaliser en lui-même cette absence de troubles, à laquelle il aspirait, mais parce qu'il ressentait, dans tout son être, cette misère du temps, cette malédiction de la discorde civile, que la folie humaine entretenait, et qui détruisait, génération après génération, tous les bonheurs compatibles avec notre condition. Dans cette conviction, il se persuada (et découvrit) que les poètes possèdent quelque pouvoir pour agir sur leur temps, que, s'il est possible d'infléchir le cours des choses, cela peut se faire aussi bien, peut-être mieux, en agissant sur les esprits, et en leur faisant ressentir la vérité, qu'en contraignant les corps par la violence et la guerre, comme, jusque-là, les politiques s'étaient bornés à le faire.

CHAPITRE II

Les années décisives

Pendant cette période d'incertitudes et d'angoisse, Virgile, en dépit des engagements qu'il avait pris, en devenant l'ami de Siron, de ne point participer aux affaires publiques et de renoncer à la poésie, se trouva bientôt amené, comme poète, à contribuer aux grands mouvements qui agitaient la cité romaine. Par sa naissance, il ne pouvait guère prétendre à assumer des magistratures majeures et, par nature, il y répugnait; il avait refusé, nous l'avons vu, de suivre la voie qui aurait pu l'y conduire. Mais il n'en ressentait pas moins vivement le malheur des temps, et il souffrait que l'Italie fût bouleversée et n'eût devant elle d'autre perspective que la violence et la ruine. Ses aspirations propres, ce besoin qu'il éprouvait d'un bonheur paisible, ce qui l'avait conduit à l'épicurisme comme vers un port tranquille (ce sont ses propres mots), il les étend d'abord à la campagne de son enfance, puis à l'Italie entière. Même lorsqu'il ne partagera plus les dogmes de l'école, par exemple sur le rôle du divin dans le monde (dont Epicure niait l'action dans les affaires humaines), voire la survie des âmes (absolument refusée par le Maître), il continuera d'éprouver en lui-même, comme un postulat inébranlable, ce qui était le fondement même de la doctrine, l'identité du Bonheur, du Souverain Bien et de l'ataraxie, et il s'efforcera, d'abord, d'en montrer l'évidence, grâce à la puissance de la poésie. Et cette mission, qui se découvrira peu à peu à lui, va l'entraîner très loin de Mantoue et de Naples, faire de lui un familier des hommes qui avaient la volonté de diriger les affaires romaines et s'employaient à en conquérir le pouvoir.

De cette familiarité du poète avec de grands personnages, les *Bucoliques* nous apportent des preuves irréfutables, avec les noms de trois d'entre eux, auxquels Virgile dédie telle ou telle de ses *Eglogues :* Asinius Pollion la quatrième et, très probablement, quoi qu'on en ait dit, la huitième (avec une allusion dans la troisième); Alfenus Varus (que nous avons déjà rencontré), la sixième (avec une allusion dans la neuvième); Cornelius Gallus, enfin, présent dans la plus grande partie de la sixième et dans la totalité de la dixième. Or, ces trois personnages sont directement engagés dans la vie politique, et c'est par eux que Virgile approche les grands du jour.

Pollion, qui avait six ans de plus que Virgile, fut sans doute le premier à distinguer le jeune poète et à l'engager sur la voie de la poésie bucolique, en même temps qu'à le protéger. Dans la huitième *Eglogue,* en effet, Virgile dit à Pollion (sans d'ailleurs le nommer, mais sans que l'on puisse s'y tromper) : *" Tu as été mon commencement, pour toi je finirai; reçois ces poèmes écrits à ton invitation..."* (v. 11-12), paroles dont la tradition des commentateurs anciens permet de préciser le sens, et qui nous apportent le témoignage de ce qui fut la première étape dans l'ascension « nationale » du poète.

Pollion avait servi César; à la mort du dictateur, il avait suivi Antoine, qui apparaissait comme le successeur naturel du disparu. A ce moment-là, il gouvernait la province de Bétique (l'Espagne du Sud). Après le partage du monde, entre les triumvirs, à Bologne, en novembre 43, Antoine en avait fait son lieutenant dans la province de Gaule Cisalpine, qui lui avait été attribuée. Pollion se trouva dans une position difficile après la guerre de Pérouse. Menacé par les généraux d'Octave, après la prise de la ville et la défaite de L. Antonius, dont on ne savait pas dans quelle mesure il servait les intérêts et les desseins de son frère, il fut contraint d'évacuer la Cisalpine, au printemps de l'année 40; il fit retraite, avec son armée intacte, vers le nord de la Vénétie – donc sur le chemin possible de l'Orient, où se trouvait Antoine. Mais – et peut-être en conséquence de ce mouvement et de cette position stratégique, où il avait su se placer, nous le voyons, quelques mois plus tard, à Brindes, où venait de débarquer Antoine et où, de son côté, était accouru Mécène, comme ambassadeur d'Octave, avec, semble-t-il, pour mission de négocier la paix. Les efforts de Pollion et de Mécène, mais aussi, nous l'avons dit, la répugnance évidente des soldats à s'engager dans une nouvelle guerre civile, la pression d'une opinion publique lasse des massacres toujours recommencés et des avenirs incertains, amenèrent les deux triumvirs (le troisième, Lépide, était hors du jeu depuis des mois!) à se réconcilier et à renouveler leur alliance. Pollion put exercer le consulat, qui lui avait été promis trois ans auparavant, à l'entrevue de Bologne; il fut, enfin, consul, pendant quelques semaines avant la fin de l'année. Virgile, enthousiasmé par le succès qu'avait remporté à Brindes la diplomatie de Pollion (dans laquelle la présence en Vénétie de son armée avait sans doute été un argument de poids), composa la quatrième *Eglogue,* qu'il lui dédia : le consulat de Pollion devait, disait le poète, inaugurer un nouvel âge d'or. Un an plus tard, sans doute, Virgile lui dédiait la huitième *Eglogue,* une pièce sans signification politique, mais qui marque un retour à une inspiration proche de Théocrite, comme l'étaient les deux premières que Virgile avaient écrites, la deuxième et la troisième.

Tels sont les éléments dont nous disposons – avec deux indications données par les commentateurs antiques – pour essayer de comprendre les relations entre les deux hommes, entre Virgile, le poète originaire de Mantoue et le gouverneur-politicien-poète Asinius Pollion.

Pollion, avons-nous dit, gouverna la Cisalpine de la fin de l'année 43 jusqu'au printemps de l'année 40. C'est la période qui vit les proscriptions, puis la guerre contre les meurtriers de César, terminée par la défaite de ceux-ci, en octobre 42. Le parti anticésarien est définitivement abattu, et le seul problème est de savoir lequel des deux « héritiers » de César, Octave ou Antoine, l'emportera définitivement pour ramener la paix. Nous avons rappelé aussi que ces années virent au moins la première distribution de terres aux vétérans, et les biographes de Virgile nous apprennent que Pollion aurait exercé, à cette occasion, les fonctions de

« commissaire à la distribution des terres » *(triumvir agris dividundis),* avec les deux autres « protecteurs » de Virgile, Alfenus Varus et Cornelius Gallus. Et l'on accepte l'idée que le poète se serait efforcé de gagner leur faveur, successivement, en commençant par Pollion, et en lui envoyant ses vers. Mais cette idée, du moins sous cette forme, est beaucoup trop sommaire. Les rapports politiques, « administratifs », du poète avec Pollion, s'ils ont jamais existé, ne furent pas à l'origine de leurs relations, ils en furent les conséquences. A lire avec suffisamment d'attention les vers de la troisième *Eglogue,* consacrés à Pollion, on constate que l'hommage de Virgile est rendu à l'œuvre poétique de celuici : " *Pollion, lui aussi, compose des poèmes nouveaux* " (v. 86) : *nova carmina,* comme le sont, de l'aveu même de leur auteur, les vers « rustiques » des *Eglogues.* Et cela nous replace dans la vie littéraire de la Gaule Cisalpine, la patrie par excellence des *poetae novi,* les « nouveaux poètes, dont Catulle, disparu depuis une dizaine d'années, avait été le plus illustre. Mais il y en avait eu d'autres, dont les œuvres sont aujourd'hui perdues, ou ne subsistent qu'à l'état de fragments, mais qui n'étaient pas moins célèbres; tous ces poètes tentaient de rénover la poésie latine, en s'inspirant des modèles venus d'Alexandrie, notamment de Callimaque, et aussi des épigrammatistes. Les goûts de Pollion le portaient vers cette esthétique nouvelle, comme ce fut aussi le cas pour Gallus, ainsi que nous le verrons bientôt.

Mais on peut se demander comment et pourquoi le gouverneur de la province eut connaissance des talents de Virgile, qui ne se présenta pas à lui comme un inconnu. La réponse que l'on peut faire permet de jeter quelque lumière (non sans recourir il est vrai à plusieurs hypothèses) sur l'évolution littéraire de Virgile au cours des années qui précédèrent les *Bucoliques.* Il faut rejeter les positions « hypercritiques » et accepter, à titre d'hypothèse (d'ailleurs démontrable) l'authenticité de ce que l'on appelle le « Virgile Mineur », ou, plus souvent, l'« Appendice à Virgile », tout un ensemble de poèmes qui sont énumérés dans la *Vie de Virgile : Ciris* (ou l'*Aigrette*), *Culex* (ou le *Moucheron*), *Dirae* (les *Imprécations*), *Copa* (la *Cabaretière*), *Moretum* (du nom d'un mets composé de fromage blanc, parfumé d'ail, apprécié des paysans italiens), le *Catalepton,* enfin, ou recueil de *Pièces légères,* ensemble d'épigrammes, auxquelles nous nous sommes déjà référés. Les philologues modernes se sont ingéniés à prouver, par diverses méthodes (dont quelques-unes, fort ingénieuses, n'en sont pas moins incertaines) que ces poèmes ne sont pas l'œuvre de Virgile. Cela contre l'opinion des commentateurs anciens : Lucain, déjà, faisait allusion au *Moucheron.* Certes, répondent les hypercritiques modernes, mais ce *Moucheron*-là n'est pas celui que les manuscrits nous ont transmis sous ce nom!

Quoi qu'il en soit, si l'on admet que ce que nous disent les Anciens est vrai, il devient possible de retracer la carrière poétique du jeune Virgile : et l'on découvre alors ce qui constitue la meilleure preuve de cette authenticité, tant la continuité est grande, tant les premières œuvres annoncent déjà (en dépit des différences de style et de langue avec les poèmes majeurs – mais quel poète, digne de ce nom, reste figé dans ses premiers essais et ne se donne pas, avec les années et le travail un langage qui lui est propre?) ce que sera Virgile.

Virgile, dès son jeune âge, encore *puer,* c'est-à-dire avant quinze ans, avait composé un distique qui nous a été conservé; c'était une épigramme dirigée contre un certain Ballista, maître d'école devenu brigand, et qui avait été lapidé. Elle disait : « Sous cet amas de pierres gît Ballista; de jour comme de nuit, voyage tranquille, voyageur! » Epigramme naïve, où se retrouve le goût du jour; Catulle en a écrit de semblables. Ici, le jeune poète, le poète-écolier, joue sur le nom du maître d'école : la balliste a pour projectile des pierres; et voici que celles-ci l'écrasent. Premier essai, qui montre que Virgile enfant est déjà tenté par l'expression poétique et qu'il est sensible aux courants littéraires qui traversent alors les cités de la Gaule Cisalpine. A ce moment, il est encore écolier à Crémone, et nous sommes aux environs de l'année 55. Pour lui, comme autrefois pour le jeune Catulle, la poésie est essentiellement un jeu d'esprit.

Puis, vinrent les pièces de l'*Appendice,* dont la dernière en date, le *Moucheron* (c'est ce que nous assure la *Vie de Virgile*), fut écrite alors qu'il était dans sa vingt et unième année, donc en 49, l'année où éclata la guerre civile entre

César et le Sénat, entraîné par Pompée. Avec cette pièce se termine un premier cycle de poèmes. Virgile ne recommencera à écrire, nous l'avons vu, qu'en 43 ou même en 42, c'est-à-dire environ sept ans plus tard. Sept années de silence : nous en comprenons la raison, si nous nous rappelons la confidence de la pièce V du *Catalepton :* c'est le moment de la conversion à l'épicurisme, le séjour auprès de Siron, le temps où il dit adieu aux Muses, promettant de ne leur rendre visite que « avec discrétion et rarement ». Et l'on peut penser que cette coïncidence des chronologies garantit l'authenticité du témoignage apporté par la *Vie,* et va dans le même sens pour celle des poèmes.

Le *Moucheron* est une épopée dérisoire, une caricature d'épopée, un « jeu » comme l'avait été l'épigramme sur Ballista. C'est l'histoire d'un berger qui s'est endormi sous un arbre; un serpent, dans l'herbe, est sur le point de l'attaquer, tandis qu'il dort; à ce moment, un moucheron, ou plutôt un moustique, voyant le danger, pique le berger et l'éveille. Mais l'homme, sentant la piqûre, d'un revers de main, tue l'insecte, avant de s'apercevoir du danger dont celui-ci l'a sauvé. Dans la nuit, l'âme du moucheron apparaît au berger, pendant son sommeil, et lui adresse de vifs reproches, tout en lui racontant ce qui lui est arrivé depuis sa mort. Nous avons alors une descente aux Enfers (Virgile en composera deux autres, l'une au chant IV des *Géorgiques,* l'autre au chant VI de l'*Enéide,* mais chaque fois dans des esprits différents). C'est l'occasion pour le jeune poète de faire étalage d'une érudition tout alexandrine en matière de mythologie. Le contraste entre les grandes ombres, celles d'Hector, d'Ajax, des héros homériques, d'autres encore, et celle du moucheron, est évidemment destiné à produire un effet plaisant. Les héros romains, qui ont construit l'Empire, sont aussi évoqués, comme ils le seront au chant VI de l'*Enéide* – belle occasion pour l'hypercritique d'assurer que le poème du *Moucheron* est postérieur à l'*Enéide.* Mais, si l'on compare les deux poèmes, il apparaît comme beaucoup plus vraisemblable que Virgile a repris dans l'*Enéide* ce qu'il avait seulement esquissé dans son œuvre de jeunesse.

Le berger, ému par la triste histoire du moucheron, lui élève un tombeau où il plante toutes sortes de fleurs :

acanthes, rosiers, et toutes les variétés de violettes (et de giroflées), des pieds de myrte, des jacinthes, du safran, des lauriers, des lauriers-roses, des lis, du romarin, de la verveine et bien d'autres espèces, énumérées avec une abondance juvénile, qui se souvient des *Géorgiques* du poète grec Nicandre, dont les œuvres feront partie de la bibliothèque de Virgile. Et, sur ce monument ainsi encombré de verdure, le berger inscrit :

" Petit moucheron, un gardien de troupeaux, à toi qui le méritais bien, a rendu ce devoir funèbre, car il te devait la vie. "

Dans ce petit poème, mi-burlesque mi-ému, un trait remarquable : le nombre des souvenirs venus de Lucrèce, et en particulier, au début, un éloge de la vie rustique qui reprend les grands thèmes épicuriens. Dans le reste de son œuvre, les trois grands poèmes, dont personne n'a jamais mis en doute l'authenticité, Virgile imite souvent Lucrèce; des expressions, des rythmes, des vers entiers y viennent rappeler celui qui fut un exemple et un maître. Un épisode entier, la « peste des animaux », qui termine le chant III des *Géorgiques,* répond à la peste d'Athènes, qui forme le final du poème de Lucrèce. Ne soyons donc pas étonnés de trouver, déjà dans le *Moucheron,* des souvenirs de ce dernier. Ainsi, au début de sa petite épopée, Virgile se plaît à évoquer le bonheur dont jouit le berger et il le fait en des termes très voisins de ceux que nous lisons au début du chant II de Lucrèce : le bonheur, disent pareillement les deux poètes, n'est pas donné par le luxe, la richesse, des couvertures teintes de couleurs précieuses, ni par des demeures dont les plafonds sont façonnés en caissons dorés, ni par des coupes artistement ciselées : le bonheur est donné par « un cœur pur » (c'est-à-dire un esprit dégagé de soucis), lorsque le printemps apporte ses fleurs et invite à de doux sommeils sur l'herbe tendre. Tous ces thèmes seront repris par Virgile dans les *Géorgiques,* et l'on nous dit que l'auteur du *Moucheron* les a pris dans ce poème. Mais, s'il en est ainsi, pourquoi passer par Lucrèce? Est-ce pour imiter le « premier Virgile »? Nous aurions donc un poète, parfaitement conscient de ce que fut l'esthétique de celui-ci, en sa jeunesse, et aspirant à en donner l'image. Mais si nous sommes en présence d'un faux, celui-ci nous renseigne sur l'original qu'il imite. En réalité, ce détour est sans doute bien inutile, et c'est Virgile lui-même que nous trouvons ici, dans cette œuvre écrite au temps où se mêlent en lui deux aspirations : le souvenir heureux d'une enfance passée parmi les paysans, et la découverte de l'épicurisme (à travers Lucrèce), qui vient justifier en raison ce bonheur rustique.

A propos de la *Ciris* (l'*Aigrette*), qui est l'autre petite épopée de l'*Appendice à Virgile,* et qui raconte la métamorphose d'une jeune fille, Scylla, en oiseau, l'aigrette, on a montré récemment que la description de la manière dont s'est produite cette métamorphose reprend ce que disent les médecins du *corpus hippocratique* sur la formation d'un embryon d'oiseau à l'intérieur d'un œuf [3]. On pense alors à l'intérêt que Virgile, en sa jeunesse, portait à la médecine : telle est la conclusion implicitement proposée par l'auteur de cette découverte, qui écrit : " *Connaissons-nous un poète, disons de l'époque augustéenne, bon connaisseur de la physiologie et de la médecine, et qui ait, en même temps, du génie?* "

Cette production poétique de Virgile prit fin, nous l'avons dit, après le *Moucheron,* en 49. Elle ne reprit qu'avec l'arrivée de Pollion au gouvernement de la Gaule Cisalpine, en 43. On peut s'interroger sur les raisons qui arrachèrent Virgile à sa retraite de Naples : l'occasion fut sans doute la menace qui pesa sur le domaine familial, et que nous avons rappelée; plus profondément, peut-être, cet amour de la poésie, que la philosophie n'avait pu éteindre dans l'âme de ce jeune homme qui voyait approcher sa trentième année et ne se résignait pas à laisser passer sa vie dans une inaction qui, tout heureuse qu'elle fût, en théorie, ne lui donnait pas moins le regret de ce qu'il aurait pu être. A la réflexion, peut-être se disait-il que le calme intérieur devait s'atteindre autrement que par la méditation philosophique, dont les thèmes indéfiniment répétés n'allaient pas sans monotonie. Lucrèce était là pour lui montrer que la poésie, en agissant par sa puissance d'enchantement, pouvait contribuer puissamment à la conquête de l'ataraxie et de la sérénité.

Il pouvait aussi lui sembler que les événements contemporains, l'assassinat de César, en mars 44, la reprise des guerres civiles, les troubles qui se produisaient partout en

Italie, les spoliations et les violences ne devaient pas le laisser indifférent. Il y avait place pour une poésie active : il se souvenait sans doute de ce que disait naguère Lucrèce à Memmius, pour qui il composait son poème : demandant à Vénus d'obtenir la paix, il ajoute que, dans le malheur commun, Memmius " *ne peut se dérober au salut commun* " (I, v. 42-43). Le vieux réflexe romain l'emporte alors sur l'abstension philosophique. Un citoyen, même de fraîche date, comme l'étaient les habitants de Mantoue, ne se désintéresse pas de la patrie; il doit travailler « au salut commun », dans la voie où l'appelle sa vocation. A ce moment de sa vie les biographes antiques placent une tentative de Virgile pour chanter « les affaires romaines »; il faut entendre par ces mots, un peu mystérieux, une épopée de caractère historique, peut-être un poème historique, sur les guerres civiles, ou les victoires de César. Un tel projet est conforme aux tendances des « nouveaux poètes ». Mais il eût constitué une rupture trop brutale avec ce qui, jusque-là, avait empli la vie et l'âme de Virgile. Et puis, à ce moment-là, les engagements politiques, inséparables d'une épopée dont le sujet eût porté sur l'histoire récente de Rome, pouvaient l'amener à choisir, entre les deux partis, celui d'Octave et celui d'Antoine, tous deux héritiers de César, l'un ou l'autre et, par conséquent, se faire un ennemi, peut-être de celui qui, finalement, l'emporterait : le poème envisagé, alors, loin d'être un élément de concorde dans la Rome qui surgirait de la guerre civile, y perpétuerait la discorde. Et puis, c'était beaucoup, pour un épicurien, que la doctrine de l'Ecole invitait à se défier à la fois de la poésie et de la politique, de retourner simultanément à l'une et à l'autre!

Quoi qu'il en soit, Virgile, en 43, se rendit en Cisalpine et alla trouver Pollion, qui, lui aussi « composait des vers nouveaux ». Sans doute lui fit-il confidence de ses projets d'épopée : les maîtres de la politique, au moment où il s'agissait de mettre fin aux tentatives de restauration sénatoriale et à toutes les oppositions au « césarisme » (en la personne de ses deux héritiers), pouvaient, pensait Virgile, favoriser un poème qui exalterait l'œuvre de César. Mais Pollion, mieux au courant de la réalité politique et des forces en présence (lui-même appartenait au parti d'Antoine), le détourna d'écrire cette épopée et, se souvenant du *Moucheron* et de l'inspiration première de Virgile, lui suggéra d'écrire plutôt des *Eglogues,* sur le modèle de Théocrite. La tradition antique est formelle sur ce point, elle est corroborée par ce que nous dit Virgile lui-même, et que nous avons rappelé. A partir de ce conseil initial, donné par Pollion, va se construire toute son œuvre.

La chronologie des *Eglogues,* qui est, au moins sur quelques points, suffisamment assurée, permet de se représenter le cheminement suivi par Virgile. La seconde *Eglogue,* que les critiques modernes, presque unanimes, désignent comme la première en date de celles qui figurent dans le recueil des dix *Bucoliques,* tel que nous le possédons, est encore toute proche à la fois des *Idylles* de Théocrite et d'une épigramme amoureuse du poète Méléagre, dans laquelle était chantée la beauté d'un jeune pâtre, nommé Alexis, comme celui dont le berger Corydon, dans la deuxième *Eglogue* de Virgile, était épris. Nous sommes ici au point de départ des *Bucoliques;* l'imitation de Théocrite est évidente, ce sont les *Idylles* grecques qui fournissent le schéma de la pièce; Virgile se souvient du chant du Cyclope, amoureux de Galatée, pour composer la longue plainte de Corydon, l'amant malheureux. L'épigramme de Méléagre, elle, fournit le thème de l'amour entre des bergers – un thème traditionnel dans la poésie des « nouveaux poètes » romains, traité brillamment, par les premiers épigrammatistes de langue latine, un demi-siècle plus tôt. Dans cette seconde *Eglogue,* Virgile se livre donc à une amplification, qu'il traite avec une grande virtuosité, sur un motif qui n'est pas nouveau; la nouveauté consiste à nourrir cette amplification avec des emprunts faits à Théocrite, afin de peindre la vie pastorale, dans sa vérité rustique. Déjà, par-delà les mots du poète grec, se dessine ce qui sera le paysage virgilien, avec ses hêtres et ses collines (qui ne lui viennent pas des environs immédiats de Mantoue, ni même lointains, mais d'une certaine image que l'on peut appeler alpestre). Corydon, lorsqu'il veut fléchir les rigueurs d'Alexis, lui promet en présent des feuillages et des fleurs avec une magnificence et une abondance dont il ne trouvait pas le modèle chez le poète sicilien. Nous sommes tout près, alors, des offrandes que le berger du *Moucheron* consacrait à sa victime; et, curieusement, proches, aussi, par un mot, une fin de vers, d'un des passages les plus mélancoliques du chant sixième de l'*Enéide :* " *Viens,* dit Corydon à Alexis qui se dérobe, *viens, ô bel adolescent, vois, les Nymphes t'apportent des lis à pleines corbeilles* " – et, dans l'*Enéide,* Anchise, déplorant le sort de Marcellus, dira : " *Donnez des lis à pleines mains* "; dans les deux passages, le même mouvement, les mêmes mots : *lilia plenis.* On voit flotter, dans ce poème, comme flottaient dans la mer les membres en formation de la *ciris,* les éléments premiers, encore épars, des poèmes futurs.

Un grammairien ancien nous a transmis, à propos de cette seconde *Bucolique,* une anecdote quelque peu scabreuse. On nous dit qu'elle fut écrite alors que Virgile fréquentait la maison de Pollion et qu'il s'était épris d'un esclave de la *familia,* qui était d'une grande beauté. Pollion lui en aurait fait cadeau, et le poète, pour l'en remercier, aurait composé cette *Eglogue.* Cela ne signifie pas que Virgile s'y soit représenté lui-même sous les traités du « rustique » Corydon, que repousse le bel Alexis, mais cela suggère qu'il transpose, dès ce moment, les sentiments que, peut-être, il éprouve ou peut-être plutôt qu'il feint d'éprouver, par jeu littéraire, dans le monde de la pastorale, suivant ainsi à la fois la direction où l'engageait l'école des « nouveaux poètes » et celle que lui suggérait sa propre expérience. Dans cette pièce, la marque de l'épicurisme n'est pas absente. On y trouve l'éloge de la pauvreté et de la vie rustique, mais aussi le refus des passions de l'amour, telles que les attisent les dédains et les caprices des femmes et, à la fin du poème, par un mouvement que Virgile trouvait déjà dans un célèbre poème de Catulle, Corydon se reproche à lui-même sa folie et conclut : " *Tu trouveras, si celui-ci te dédaigne, tu trouveras un autre Corydon.* " Conclusion que n'eût pas refusée Lucrèce, qui, en accord avec les épicuriens, ne veut voir en l'amour que la satisfaction d'une exigence de la nature, à peu près indépendante de l'objet que l'on poursuit pour cette fin.

Ainsi commença une sorte de dialogue entre Virgile et Pollion. La troisième *Eglogue,* de peu postérieure à la seconde, oublie quelque peu l'inspiration des épigrammes et traite l'un des sujets familiers au Théocrite des *Idylles,* une dispute entre des bergers et leurs chants amébées. Virgile s'engage plus avant dans la voie de la bucolique. De l'épigramme, il ne conserve que la forme brève, où deux hexamètres suffisent à esquisser un tableau ou à enfermer une idée, et que les deux bergers se lancent l'un à l'autre. Ce qui permet de sortir de la fiction pastorale et, par exemple, d'introduire des jugements littéraires. L'un d'eux concerne précisément Pollion : " *Pollion,* dit le berger Damétas, *aime notre Muse, quelque rustique qu'elle soit...* ", et Ménalque répond : " *Pollion, lui aussi, compose des poèmes nouveaux* " et, d'accord, cette fois, sur l'éloge de Pollion, les deux rivaux se contentent de renchérir l'un sur l'autre. Damétas invite ceux qui l'entendent à élever pour Pollion une génisse. Ménalque, lui, pense qu'un taureau adulte serait mieux approprié à la gloire du gouverneur-poète. Génisse et taureau sont évidemment les victimes que l'on offrira lorsque Pollion, vainqueur aux joutes poétiques, célébrera symboliquement son triomphe, et cela annonce le prologue au troisième chant des *Géorgiques.* Ces jeux viennent d'Alexandrie, patrie de la « nouvelle poésie ». Damétas déclare en conclusion : " *Que celui, Pollion, qui t'aime, vienne où toi aussi tu te réjouis de venir : que pour lui coule le miel, que la ronce épineuse porte l'amome* " (v. 88-89). Tout le monde s'accorde à penser que, dans ces vers, Virgile se souvient de l'*Idylle* VIII de Théocrite, assurant que " *là où est Milon, les chênes sont plus hauts* " (v. 41 et suiv.). Imitation, souvenir, certes, mais aussi transposition, destinée à une grande fortune. A l'idée, assez simple, que la nature est réjouie par la présence de tel ou tel personnage, Virgile substitue celle d'un rapport plus étroit encore, plus souverain : Pollion deviendra le magicien de l'âge d'or! La quatrième *Eglogue* reprendra cette idée et la traitera longuement, pour elle-même. Et il est bien certain que la troisième est antérieure; il ne peut s'agir ici d'une allusion à un poème qui n'est pas encore écrit.

On comprend, dans ces conditions, que l'une des affirmations apportées par les commentateurs anciens, disant que Pollion aurait engagé Virgile à composer des poèmes bucoliques, n'est peut-être pas dépourvue d'une part de vérité. Pollion, en se prêtant au jeu, peut avoir fait sentir à Virgile que le genre bucolique n'avait pas encore été repris par les

Romains. Il est remarquable, en tout cas, que Pollion ait reçu du poète les pièces les plus théocritéennes. Ainsi, la huitième, qui reprend et unit deux des plus fameuses *Idylles,* la troisième (que l'on appelle *La Visite galante*) et la seconde, les célèbres *Magiciennes.* Le témoignage du poète lui-même confirme donc ce que nous disent les commentaires – à moins que l'on ne veuille penser que leurs propos sont tirés des deux vers de la huitième *Eglogue,* que nous avons cités. Pourtant, même dans cette hypothèse, il n'en reste pas moins que les trois premiers de ces poèmes (ceux qui furent décisifs) furent composés pendant que Pollion gouvernait la Cisalpine : les *Eglogues* II, III, V (nous le verrons), puisque la quatrième et la huitième (qui date sans doute de 39) sont encore dédiées au même Pollion et célèbrent ses exploits, réels et imaginaires. Cinq pièces, c'est-à-dire la moitié du recueil en son état actuel, et probablement plus de la moitié, s'il est vrai que la première édition n'en contenait que neuf.

Que l'idée première fût venue de Pollion que, plus probablement, Virgile et lui aient, ensemble, imaginé ce jeu du travestissement bucolique, il est certain que, très vite, le poète découvrit, pour son compte, les possibilités immenses du genre qu'il venait de créer. Il a inséré, dans la neuvième *Eglogue,* quatre « citations » que les deux bergers, au cours de leur conversation attribuent à Ménalque, en qui l'on reconnaît unanimement Virgile lui-même. De ces petits poèmes, deux, les plus courts ont trois vers, deux autres chacun cinq. Le premier est un fragment de bucolique : le poète invite Tityre à accomplir de menues tâches, faire paître les chèvres, puis les faire boire; mais qu'il prenne garde au bouc, il donne des coups de corne! Le second est censé être le début d'un poème adressé à Alfenus Varus (le successeur de Pollion au gouvernement de Cisalpine, après la guerre de Pérouse); Ménalque promet à Varus une gloire immortelle, si seulement les spoliations épargnent Mantoue. Le troisième est une adaptation de la prière que, dans l'*Idylle* XI de Théocrite, le cyclope Polyphème adresse à Galatée. Le quatrième, enfin, fait allusion au bonheur que promet à la terre l'astre de César, cette comète qui s'est levée au moment où l'on célébrait, après la mort du dictateur, les Jeux de sa Victoire, et qui authentifiait, aux yeux du peuple romain, son apothéose. Il est clair que, pour Virgile, les *Bucoliques* sont un langage, capable d'exprimer aussi bien la poésie du monde pastoral, celle des travaux quotidiens (comme l'avait fait Hésiode, suivi, plusieurs siècles plus tard, par Théocrite), celle des paysages que l'on aimait alors, avec leurs grottes en rocaille, les ruisseaux, l'ombre des peupliers et des treilles – tout ce que Polyphème promet à Galatée, pour l'engager à abandonner les vagues de la mer, où elle se complaît – que les préoccupations de la vie politique, les menaces contre les gens de Mantoue, mais aussi l'espoir que l'on peut mettre dans le lever du nouvel astre, la protection que l'on peut attendre du dieu César.

Cette neuvième *Eglogue,* qui devait être la dernière du recueil sous sa première forme, offrait en quelque sorte la clef de cette poésie, tournée à la fois vers la simplicité rustique et vers les préoccupations de l'actualité. Ce poème ne saurait avoir été écrit qu'après le printemps de 40, comme l'indique la mention d'Alfenus Varus. A ce moment, Virgile n'avait pas encore exalté la paix de Brindes et les succès de Pollion. Mais il avait écrit, déjà, la cinquième *Eglogue,* qui chante l'apothéose du héros sicilien, le dieu des bergers, Daphnis, et dans laquelle il convient de voir, croyons-nous, un poème consacré au dieu César. Cette interprétation a déjà été proposée dans l'Antiquité; elle nous semble confirmée par divers arguments, en particulier les détails du culte promis à Daphnis, qui reprennent le rituel établi pour honorer César devenu dieu [4]. Il n'est sans doute pas indifférent que, dans la neuvième *Eglogue,* Ménalque s'adresse à Daphnis pour lui vanter l'astre de César :

" *Daphnis, pourquoi regardes-tu respectueusement le lever des astres d'antan? Voici qu'a paru l'astre de César, le descendant de la Dionéenne* (Vénus), *cet astre qui sait mettre sur les labours la joie de la moisson, et mener, sur les coteaux ensoleillés, les raisins à leur couleur. Greffe, Daphnis, les poiriers; tes petits-enfants cueilleront les fruits* " (v. 46-50). Pourquoi, ici, Daphnis, s'il ne s'agissait de rappeler le symbolisme de la cinquième *Eglogue*? Nous ne pouvons raisonner selon la logique qui veut que les personnes et les choses ne soient qu'elles-mêmes; dans le monde poétique de la bucolique, tel que Virgile le construit, peu à peu, les symboles sont fluides : Daphnis est à la fois le héros sicilien et le représentant de tous les bergers de l'*Eglogue,* leur archétype, leur médiateur vers le divin, et aussi le héros qui sera le garant de la paix retrouvée. Dans la cinquième *Eglogue,* Virgile le montre établissant dans l'univers entier la tranquillité, la paix et le bonheur :

" Dans leur joie, les montagnes chevelues, elles aussi, lancent leur voix jusqu'au ciel; les rochers, eux aussi, résonnent des chants, et aussi les bocages : ' Il est dieu, il est dieu, Ménalque ! ' " (v. 61-65).

C'est dans une création pacifiée, où le loup ne menace plus les brebis, ni les filets le cerf qu'éclate ce cri de joie, car *" Daphnis secourable aime la paix " (amat bonus otia Daphnis)* (v. 61).

Nous sommes dans une pensée dont le cheminement n'est pas sans exemple : avec les épicuriens, et Lucrèce, nous savons que les divinités de la religion traditionnelle ne sont que des « grands hommes », bienfaiteurs de leur siècle, que la reconnaissance a divinisés. Cette doctrine avait été enseignée par Evhémère, qui disait en avoir trouvé le secret dans une inscription découverte en Haute-Egypte. De la même manière, les disciples d'Epicure s'écriaient, comme le Ménalque de l'*Eglogue,* que l'inventeur de la foi qu'ils professaient était, lui aussi, un homme divin. Le rapprochement est implicitement indiqué par Virgile lui-même : *" deus ille, Menalca ",* dit Virgile, reprenant un vers de Lucrèce : *" deus ille fuit, deus, inclute Memmi "* (IV, v. 8). Il en va de César comme d'Epicure. Dans l'esprit des épicuriens, cela ne voulait pas dire que l'âme d'Epicure figurât au nombre des divinités telles que le commun des hommes se les représentait; cela voulait dire seulement que sa pensée demeurait présente et offrait aux humains une source d'inspiration capable, s'ils le voulaient, et acceptaient de la pénétrer et de la vivre en profondeur, d'assurer leur bonheur.

Contrairement à une opinion répandue, les épicuriens n'étaient pas des athées. Ils croyaient à l'existence des dieux, qui menaient, dans les intervalles entre les mondes, une vie sereine – celle, précisément, que promettait la doctrine. Sans action sur le mécanisme des choses, qui se déroulait en vertu des lois de la physique, et en dehors de toute intervention, ils n'en communiquaient pas moins avec les hommes par le moyen des songes : eux-mêmes, êtres matériels, émettaient, comme les objets et les êtres de notre monde, des « simulacres », fort ténus, des images à leur ressemblance, qui s'insinuaient dans les yeux des hommes, et frappaient leur esprit, pendant le sommeil. Pour les apercevoir, il fallait que l'esprit fût dans un repos total. C'est ainsi que les hommes avaient formé l'idée qu'ils se faisaient des dieux, en leur reconnaissant une forme humaine, qui est véritablement la leur, et une beauté parfaite. Cette révélation divine avait pour effet de montrer aux humains l'exemple de la beauté, de la sérénité; elle était exaltante par le modèle qu'elle offrait. Dans la mesure où la pensée d'Epicure agissait elle aussi comme exemple, et montrait la voie vers le Souverain Bien, ses disciples étaient fondés à faire de lui un dieu.

Cette théologie épicurienne permet peut-être de comprendre la logique profonde de la cinquième *Eglogue,* au-delà de ses apparentes contradictions. Daphnis préexiste, comme dieu pastoral; lui aussi, selon une version de sa légende, aurait été un homme divinisé, en raison de sa beauté et de ses talents. César, qui a ramené la paix (ou qui doit la ramener, grâce à ceux qui poursuivent son œuvre), a suivi la même voie que Daphnis. Il *est* Daphnis, pour le monde de l'*Eglogue,* dont il symbolise le bonheur et l'être même. Car la paix, pour Virgile, l'*otium,* n'est pas seulement une réalité négative, la fin des luttes, des massacres et de la peur. Elle possède une dimension positive, métaphysique; elle promet une solution au problème du Mal. Daphnis place César dans l'univers pastoral; mais, à l'arrière-plan, César-Daphnis est aussi Orphée, dont le chant résonne à travers les choses vivantes de notre monde : les montagnes « chevelues » (parce que cette chevelure de frondaisons est issue de leur corps matériel et manifeste leur vie), les rochers qui parlent, par la voix de leurs échos, les bosquets, enfin, que hantent les figures de Pan et des Dryades. Tout l'univers s'anime, sous le regard de César-Daphnis. Virgile pouvait chanter (et affirmer, en accord avec l'opinion assez générale qui s'était répandue depuis le mois de juillet 44) la divinité de César, sans se mettre en contradiction avec l'épicurisme, pour qui la notion du divin est d'ordre spirituel.

Il semble certain que Virgile composa la cinquième *Eglogue* au cours de l'année 42, c'est-à-dire pendant le gouvernement de Pollion. Cette date se déduit du détail du rituel instauré pour le héros. C'est aussi le moment où le culte du dieu César est officiellement proclamé par Octave et Antoine. On parvient encore à la même conclusion grâce à une indication explicite, donnée à la fin du poème : Ménalque fait don à Mopsus du petit chalumeau " *qui lui avait enseigné ' Corydon brûlait pour le bel Alexis ' et ' A qui ce troupeau ? A Mélibée '* " (v. 86-87). Or, ce sont là les vers initiaux de la troisième et de la seconde *Eglogue*. Il s'ensuit que la cinquième ne saurait dater que de l'année 42, comme nous l'ont suggéré à la fois la chronologie des deux premières *Eglogues* composées par Virgile et le contenu même de la cinquième.

Au cours de cette année 42, nous voyons donc Virgile en Gaule Cisalpine, auprès de Pollion, et dans sa « cohorte », c'est-à-dire son entourage journalier – de la même façon que Catulle avait suivi Memmius en Bithynie ou que Philodème, qui pratiquait, lui aussi, l'épigramme amoureuse, était un familier de Calpurnius Pison. Il était naturel que, dans ce milieu césarien, alors que chacun concevait la Rome future dans la ligne de la pensée qui se réclamait du dictateur, Virgile ait voulu apporter sa contribution à l'œuvre de restauration politique plus que jamais nécessaire. Il imagina de le faire en utilisant le langage de la bucolique, non seulement parce que c'était le genre vers lequel l'avait engagé Pollion, mais parce que, déjà, il sentait que ce langage répondait à des exigences profondes (et non seulement littéraires) de la situation créée par les troubles de la guerre civile dans l'Italie contemporaine. C'est moins parce qu'il est lui-même menacé dans ses biens, et peut-être, à la suite d'une querelle avec un soldat, dans sa vie, qu'il chante la divinité de César. Ses vers ne sont pas des requêtes personnelles ni des morceaux de circonstance composés par un poète courtisan, au service (intéressé) d'un gouverneur provincial. Ils expriment (parfois avec les outrances lyriques inhérentes au genre bucolique) le progrès d'une pensée de plus en plus engagée, au service de la patrie italienne et, par celle-ci, de la patrie romaine. Un exemple nous permettra sans doute de saisir ce que fut ce cheminement du poète : nous avons vu comment, dans la troisième *Eglogue,* il imagine qu'autour de Pollion renaîtra une sorte d'âge d'or; il ne faisait alors qu'amplifier une image symbolique qu'il trouvait chez Théocrite. Cette image, qui implique que la poésie a le pouvoir de modifier le cours de l'univers, d'y introduire la joie et le plaisir, est reprise dans la cinquième *Eglogue,* avec le mythe de Daphnis. La puissance de la poésie est, sans doute, pour Virgile, de l'ordre du mythe; elle est le moyen de révéler et de transmettre une réalité spirituelle, comme l'est, dans la doctrine d'Epicure, la contemplation des dieux. Il ne pense certainement pas que son chant, son *carmen* ait une valeur magique. Mais, dans les relations qui existent entre les hommes et la nature, ce qui peut être modifié, ce sont évidemment les sentiments et la vision que les hommes ont de celle-ci : la poésie est capable de leur ouvrir les yeux et l'âme, si bien que la seconde leur apparaîtra changée; elle sera autre à leur regard.

On peut se souvenir, à ce propos, d'une formule d'Epicure : pour ne pas souffrir de la pauvreté, il convient, non pas d'accroître sa richesse mais de diminuer ses désirs. La pauvreté même devient alors joyeuse. Il en va ainsi de la condition humaine : s'il n'est pas possible d'en écarter les douleurs et la peine, du moins l'on peut lui en épargner beaucoup en montrant qu'il existe une manière de la vivre qui réduira le mal à n'être qu'un épisode insignifiant, au prix des joies qu'elle nous offre. Ce que sont les objets en eux-mêmes n'est rien; seule importe la perception que nous en avons, ce que nous mettons de nous-mêmes en eux.

Il n'est pas facile de suivre la chronologie des œuvres composées par Virgile entre 42 et 39. Les événements qui marquèrent le début de l'année 40, qui mirent fin au gouvernement de Pollion et eurent pour résultat son remplacement par Alfenus Varus fournissent un repère qui définit deux périodes : les poèmes qui contiennent une allusion à Alfenus Varus sont forcément postérieurs à cette date. C'est donc, au plus tôt, en 40 (été ou automne) que le poète écrivit la sixième *Eglogue* (celle du Silène), ainsi que la neuvième, où il est question de vers *« encore inachevés »* (*necdum perfecta,* v. 26) destinés à Varus. D'autre part, nous savons que la quatrième (à Pollion) est proche du début d'octobre 40, quand fut conclue la paix de Brindes. La huitième, qui fait allusion au retour de Pollion, avant son triomphe, célébré le 25 octobre 39, est évidemment antérieure, peut-être d'un ou deux mois, à celui-ci.

Ce qui laisse un vide de deux années entre la composition de la cinquième *Eglogue* (juillet? 42) et la sixième. L'année 41 est-elle restée stérile? On le croira difficilement. Virgile aurait-il écrit, cette année-là, la septième et la première *Eglogue,* qui complétaient la première édition du recueil, où ne figurait pas encore la dixième? C'est possible pour la septième, qui se déroule dans le paysage de Mantoue, et reprend, de fort près, des thèmes empruntés à Théocrite. Virgile dit des deux bergers qui vont disputer le prix de la poésie qu'ils sont tous deux " *arcadiens* ". Faut-il voir là une allusion à un « cénacle » littéraire, dont la mention reviendra dans la dixième *Eglogue* – ces arcadiens, qui sont seuls habiles à chanter (*Eglogue,* X, v. 31)? Alors, ces poètes seraient ceux qui entourent Pollion, et Pollion lui-même. Et la septième *Eglogue* ne saurait être postérieure à l'année 41. Très proche de Théocrite, elle peut avoir été écrite sous l'influence de Pollion. Elle doit, aussi, être antérieure à la première *Eglogue,* puisque Mélibée y joue le rôle principal, et n'est pas encore le berger, chassé de son domaine, qui prend la route de l'exil. Nous sommes dans un (court) intervalle de paix. Les héritiers de César ont triomphé. L. Antonius, le frère du triumvir, et Fulvie, la femme d'Antoine, n'ont pas encore commencé leurs intrigues. Le temps est aux jeux de la poésie. Pour ces raisons, nous penserions volontiers que ce poème fut écrit au cours de l'année 41. Mais fallut-il toute une année, alors qu'en 42 Virgile composa trois *Eglogues,* et trois, encore, en 40? On soupçonne que l'année 41 connut, de sa part, d'autres activités.

Si l'on prend au pied de la lettre les premiers vers de la sixième *Eglogue,* on est amené à penser que, cette année-là, Virgile songea à reprendre le projet d'une épopée historique :

" *La première, notre Thalie daigna se jouer dans le vers syracusain, et ne rougit point d'habiter les forêts. Mais, comme je commençais à chanter les rois et les combats, le dieu du*

Cynthe me tira l'oreille en me rappelant ' un berger, Tityre, doit engraisser ses brebis, mais filer un chant menu ' " (v. 1 à 5). Sans doute, ces visions divines, qui apparaissent aux poètes pour leur donner des conseils, sont un thème cher aux Alexandrins; en le reprenant, Virgile se montre véritablement l'un des « nouveaux poètes ». Mais rien n'empêche que les conseils d'Apollon ne se rapportent à une situation au moins en partie réelle. Toute sa vie, et encore au moment où il composait les *Géorgiques,* et aussi avant de composer les *Bucoliques,* Virgile paraît avoir rêvé d'écrire une épopée, consécration suprême d'un poète depuis toujours (en dépit de la mauvaise humeur de Callimaque, qui s'y refusait). Virgile finira par réaliser ce rêve en écrivant l'*Enéide.* Ne peut-il avoir, en 41, décidé de revenir à son projet de 43, dont l'avait détourné Pollion, sans doute pour les raisons que nous avons dites. La situation avait changé, en deux ans; les guerres civiles semblaient terminées, depuis la bataille de Philippes; un esprit optimiste comme celui de Virgile pouvait imaginer que les deux triumvirs allaient collaborer, pour ramener définitivement la paix. La guerre de Pérouse n'a pas encore éclaté. N'était-il pas opportun de composer un poème qui retracerait les grands événements d'un passé désormais révolu? Virgile, en somme, aurait songé à écrire l'épopée que composera, un siècle plus tard, Lucain. Cette tentative aurait occupé une grande partie de son temps, cette année-là. Mais on sait que l'année se termina dans le sang, et l'épopée entrevue devenait impossible, dans un monde qui retrouvait ses démons et ses terreurs.

Virgile, ayant dû renoncer à sa tentative d'épopée « moderne », une seconde fois, serait revenu à l'*Eglogue,* pour complaire à Pollion, dont la position politique était de plus en plus incertaine et qui savait mieux que personne que la paix n'était pas prochaine. Il composa alors la septième *Eglogue,* où réapparaît, comme dans la troisième et la seconde, l'influence directe de Théocrite, pour exprimer, une fois de plus, le bonheur « épicurien » des bergers.

Virgile était désormais célèbre. Puissant auprès de Pollion, il semble avoir pu protéger les gens de Mantoue contre les spoliations. C'est à cela que ferait allusion la neuvième *Eglogue* :

“ Pourtant, j'avais entendu dire que du côté où commencent à s'abaisser les collines et à mener leur pente, doucement, jusqu'à l'eau et aux vieux hêtres, au tronc maintenant brisé, tout cela votre Ménalque vous l'avait conservé par ses chants ” (*Eglogue,* IX, v. 7-10).

Mais rien n'avait pu empêcher les soldats de franchir la limite fixée par le commissaire (le triumvir) chargé des distributions de terres, soit encore Pollion, soit Alfenus Varus, au début de son gouvernement, et Mantoue avait perdu la bande de terre protégée. Il est impossible de retrouver dans le paysage actuel les indications données par le poète. Il n'y a guère de hêtres autour de Mantoue, pas plus que de vraies collines (il faudrait, pour en trouver, remonter trop loin au nord), seulement quelques ondulations de terrain qui descendent vers le Mincio. La propriété de Virgile se trouvait-elle comprise à l'intérieur de cette zone convoitée? Nous l'ignorons. Le paysage de la première *Eglogue* est certainement aussi composite que celui de la neuvième. Nous avons déjà rappelé que rien, dans les environs de Mantoue, et jusqu'au lac de Garde, ne répond exactement à l'évocation du paysage où Tityre savoure son bonheur paisible. Un poète n'est pas un géographe.

Tandis que, sous le gouvernement d'Alfenus Varus, Virgile poursuit son œuvre bucolique, il exprime de plus en plus clairement son attachement à Octave : il est certainement significatif que César soit appelé *Dionéen* (*Dionaei... Caesaris astrum*) (*Eglogues,* IX, v. 47) : cela fonde une lignée divine, qui aboutit directement à Octave, lui aussi appelé César, et, par conséquent, héritier de Vénus. Et il n'est pas moins remarquable que jamais, dans les *Eglogues,* on ne trouve la moindre allusion à Antoine, dont Pollion, pourtant, était le légat. Argument négatif, il est vrai, mais qui ne manque pas de force. De l'héritage césarien, Antoine a retenu l'esprit guerrier. Il poursuit le grand rêve du dictateur disparu : recréer l'Empire d'Alexandre, soumettre les peuples de l'Orient, comme il avait soumis ceux de l'Occident jusqu'aux rivages de l'Océan. Ce rêve ne séduit point le poète. Quelques années plus tard, Virgile, au second livre des *Géorgiques,* fera l'éloge de l'Italie, et il préférera celle-ci à tous les pays d'Orient, dont les richesses et les productions étranges, légendaires, ne sauraient, dit-il, être comparées à celles de la terre italienne, qui est mieux que toute autre adaptée à la vie et à la condition des hommes. Il n'est pas indifférent de se souvenir que ces pays de légende étaient précisément ceux qu'avait voulu conquérir Antoine.

On comprend mieux, dans ces conditions, que Virgile ait choisi de placer, au début du recueil des *Eglogues,* la figure du « jeune » Octave dont les ambitions militaires étaient mesurées. Pendant toute cette période, Octave reste à Rome, où il s'efforce d'effacer les traces des guerres civiles. Il sait, comme l'avait dit, et éprouvé, Cicéron, que la politique romaine se fait en Italie, à Rome même, entre la Curie et le forum. Il apparaît comme l'arbitre, le juge, qui, du haut de son tribunal, règle les litiges et dit le droit. C'est dans cette attitude que le présente la première *Eglogue.* La sentence qu'il prononce est double : d'une part il affranchit Mélibée – l'esclave de Virgile, – et, d'autre part il confirme à Virgile la propriété de sa terre. Il le fait implicitement, nous l'avons dit : en faisant de Mélibée un affranchi, il lui conserve un moyen d'existence; il le confirme dans son bonheur.

Naturellement, nous ne savons pas exactement la date de cette *Eglogue;* elle ne peut être que postérieure à la restitution de son bien à Virgile, apparemment au cours de l'année 40, mais rien ne dit qu'elle ait été composée tout de suite après l'événement. Alors, on peut penser qu'elle le fut en 39, un peu avant la huitième, dédiée à Pollion. Peut-être a-t-elle été écrite sous l'impression de la paix de Misène, qui, en août de cette année-là, avait été conclue entre les triumvirs et Sextus Pompeius, le fils du grand Pompée, qui continuait de tenir la mer et gênait le ravitaillement de Rome. A ce moment, les exilés revenaient, les proscrits de 42 qui n'avaient pas péri osaient réapparaître. Une nouvelle fois il semblait que la paix fût rétablie – peut-être définitivement. Le « dieu » présent, Octave, peut et doit être remercié, plus légitimement que le lointain Antoine; certes, celui-ci passait en Italie plusieurs mois de l'année 39, mais chacun savait que sa pensée était tournée vers l'Orient, où son légat Ventidius Bassus assurait, en son nom, la défense des provinces d'Asie et de Syrie.

Ainsi se trouvait achevé le recueil des *Eglogues,* pour sa

première édition, en 39, peut-être au début de 38. Ce qui s'accorde avec les indications, que nous avons rappelées, des commentateurs et biographes antiques. Un désaccord, toutefois, subsiste : ces mêmes commentateurs et biographes affirment que les *Bucoliques* furent achevées en un *triennium.* Or il nous a semblé que la composition du recueil s'étendit sur quatre années, entre 42 et 39. Cela conduit généralement à restreindre l'étalement chronologique, de 41 à 39. Mais cette solution a l'inconvénient de contredire un autre renseignement, donné lui aussi par les mêmes commentateurs antiques : selon eux Virgile aurait eu vingt-huit ans lorsqu'il commença d'écrire les *Bucoliques.* Or, il atteignit sa vingt-huitième année entre le 15 octobre 43 et le 15 octobre 42. On voit que les témoignages antiques se contredisent : si l'âge de vingt-huit ans est exact, il faut que le *triennium* ait été en fait un intervalle de quatre ans! Il convient donc de choisir entre les deux systèmes. Les arguments que nous avons présentés nous paraissent de nature à faire préférer l'année 42 pour le début de Virgile dans la poésie bucolique. En fait la *Vie de Virgile,* mise par Donat en tête de son *Commentaire* contient elle-même cette contradiction; celle-ci s'explique probablement par l'idée, chère à Donat, que les *Bucoliques* furent écrites parce que Virgile voulut se concilier les bonnes grâces de Pollion lors des distributions de terres aux vétérans de Philippes (octobre 42), distributions qui ne commencèrent qu'en 41. Mais c'est oublier que, dès le mois de novembre 43, la *lex Titia* avait reconnu aux triumvirs, Antoine, Octave et Lépide, le droit d'assigner des terres. Même si, ce que nous ne croyons pas, Virgile n'avait eu comme motif de composer des bucoliques que le souci de son patrimoine, ce motif existait déjà lorsque Pollion prit le gouvernement de la Cisalpine, bien avant la bataille de Philippes. Et il aurait été bien tard, en 41, pour célébrer l'apothéose de César, plus d'un an après la proclamation officielle qui l'avait désigné comme dieu. Donat, ou plutôt Suétone, qui semble avoir été sa source, dans sa *Vie des poètes,* aurait, prenant pour point de départ la bataille de Philippes, estimé que Virgile n'avait pu entreprendre d'écrire des *Eglogues* que, au plus tôt l'année suivante, et comme la date de l'édition (fin de 39, au plus tôt) lui était connue, il en déduisit que le travail avait été achevé en un *triennium.* Mais il ne s'est pas avisé que cela ne s'accordait pas avec une donnée qu'il trouvait ailleurs, et qui ne pouvait résulter d'un calcul : l'âge de vingt-huit ans atteint par le poète au moment de ses premiers essais. Pour toutes ces raisons, nous donnerons nos préférences à la chronologie suivante :

42 av. J.-C. : seconde, troisième, cinquième *Eglogue.*
41 av. J.-C. : tentatives d'épopée romaine; septième *Eglogue.*
40 av. J.-C. : sixième, neuvième, quatrième, première *Eglogue.*
39 av. J.-C. : huitième *Eglogue.* Publication de la première édition.

Certes, il s'agit là d'une hypothèse, ou plutôt de la combinaison de plusieurs hypothèses, parmi lesquelles l'identification du Daphnis de la cinquième *Eglogue* avec César divinisé. D'autres chronologies ont été proposées; aucune ne peut prétendre, et la nôtre pas davantage, à être plus qu'une reconstruction à partir de données incertaines. Pourtant, on ne peut échapper à la nécessité de s'interroger sur la succession de ces petits poèmes, car c'est au fur et à mesure qu'ils étaient lus et qu'il en circulait des copies, que se forma la personnalité littéraire de Virgile et que se définit, d'abord pour lui, et pour les « grands » qui le protègent, sa mission dans le monde qui se cherche. Les *Eglogues* ne furent jamais des poèmes confidentiels, destinés à un seul grand personnage. Il semble bien que, très rapidement, elles furent présentées au théâtre, sous la forme de mimes : un *cantor* en déclamait le texte (sans doute comme un récitatif – le théâtre, depuis longtemps, connaissait des *cantica* analogues, à mi-chemin entre le parler et le modulé), et un ou plusieurs acteurs le mimaient, en dansant. Le public romain était friand de ces spectacles. C'est ainsi que la sixième *Eglogue,* celle du Silène, fut dansée au théâtre par une certaine Lycoris, qui fut aimée de Marc Antoine et aussi de Cornelius Gallus.

Nous ignorons à quel moment les *Eglogues* commencèrent leur carrière théâtrale. Nous savons seulement que, au temps où Virgile partageait son temps entre Rome et Naples, c'est-à-dire longtemps après la rédaction des *Bucoliques,* celles-ci étaient fréquemment jouées, devant le public de Rome, et qu'elles rencontraient un très grand succès, au point (le témoignage vient de Tacite, dans le *Dialogue des orateurs,* et il a toute chance d'être authentique) que les spectateurs, ayant reconnu le poète au théâtre, un jour où l'on y représentait une *Eglogue* se levèrent spontanément et lui rendirent hommage, comme ils faisaient pour Auguste lui-même. Assurément, cela ne se produisit pas avant le début du principat et, sans doute, l'année 27, lorsque Octave reçut le nom d'Augustus, mais une telle popularité ne s'établit pas en un jour, et nous apercevons le cheminement non seulement de la gloire du poète, mais de sa pensée.

Si le public romain fut sensible à l'esthétique des *Bucoliques,* à leur charme, on peut se demander quelle en fut la raison. Il est peu probable que les spectateurs des Jeux se soient complu à comparer ce qu'ils entendaient aux *Idylles* de Théocrite, à mesurer les habiletés du poète latin, par rapport au « modèle » grec, bref à juger en critiques avertis et doctes les raffinements littéraires du texte. Ce qu'ils aimèrent, on peut le penser, ce fut l'atmosphère à la fois réaliste et mythique que leur proposait le poème dansé et représenté. Il est certainement significatif que la seule *Eglogue* dont les commentateurs anciens nous aient expressément dit qu'elle avait été représentée soit la sixième. L'une des raisons en est assurément le fait que Lycoris (dont le nom revient dans la dixième) l'ait dansée. Une autre, probablement, le caractère même de cette pièce, qui déconcerte souvent les modernes. Si l'on met à part les douze premiers vers, qui sont une dédicace à Alfenus Varus, et ne sauraient servir de livret à un mime, le reste du poème consiste en une série de tableaux, qui tantôt se succèdent rapidement et tantôt se prêtent à des évocations plus larges et au mime. C'est d'abord la grotte où dort le vieux Silène, alourdi par l'excès de vin bu la veille : deux bergers s'approchent et découvrent le dieu. Les bergers ont déjà vu Silène; ils savent qu'il connaît des chants merveilleux, mais qu'il ne chantera que si, tel les divinités prophétiques, le vieux Protée, par exemple, on use envers lui de contrainte. Ici, la violence est faite de guirlandes fleuries, celles-là mêmes qui entouraient le front de Silène, au banquet de la veille. Tout est grâce souple, lié comme ces liens de fleurs, comme les pas d'une danse : voici la jeune Aeglé, la nymphe des eaux, insolente et provocante; elle barbouille le front et les tempes de Silène, qui le souffre aisément (un geste de ses bras pourrait briser les lianes de fleurs), avec du jus de mûres. Silène consent à promettre un chant, et les enfants, et la nymphe s'asseyent à ses pieds. Tandis qu'il chante, tout le corps de ballet, figurant des faunes et des bêtes de la forêt, danse au rythme du poème.

Les paroles de Silène racontent les débuts de l'univers, la formation des quatre éléments primordiaux, sans doute (comme chez Lucrèce et Epicure) à partir des atomes, inertes par eux-mêmes, et qui ne prennent vie que dans le mouvement des combinaisons qu'ils animent. L'évocation des premiers temps du monde ne manque jamais de fasciner. Après quoi commencent les scènes, d'abord très brèves, allusives, qui rappellent les légendes venues de la mythologie traditionnelle : le déluge de Deucalion, le règne de Saturne (et l'âge d'or), le supplice de Prométhée, l'enlèvement du jeune Hylas par les nymphes de la fontaine où il puisait de l'eau pour les Argonautes. Mais, de nouveau, la danseuse paraît – et ce sont alors quinze vers, le plus long tableau, après celui qui forme le début de l'*Eglogue* –, plante le décor et introduit les personnages : quinze vers qui permettent à la danseuse de mimer les étranges amours de Pasiphaé pour un taureau. Le public aimait ces bizarreries du désir. Deux siècles plus tard, Apulée racontera qu'un mime figurait les amours d'un âne et d'une femme. Les mimes représentaient souvent, aussi, des sujets mythologiques, les mêmes dont les images se voyaient sur les reliefs et les peintures, et aussi dans les « mises en scène » des jardins, où des statues reproduisaient des histoires légendaires, chasse de Méléagre, jugement de Pâris, et mille autres, qu'Ovide rassemblera dans ses *Métamorphoses*. Il y a là ce que l'on appellerait, en notre langage contemporain, une « culture » c'est-à-dire une manière de voir et de sentir, de penser le monde et de s'intégrer à lui.

Puis, la scène change, de vers en vers. L'*Eglogue* évoque successivement la course d'Atalante, qui se laissa distancer parce qu'elle perdit du temps à ramasser les pommes d'or que son prétendant, Hippomène, laissait tomber, de loin en loin, devant elle. Un vers seulement sur cette image. Mais la danseuse peut esquisser la scène, d'un geste, tandis que le récitant ralentit ses paroles. Il en va de même pour la métamorphose des sœurs de Phaéton, désolées par la mort de leur frère, que Jupiter a foudroyé; leur chagrin est si grand qu'elles deviennent des arbres, des aunes. Ovide dira des peupliers. Puis vient une autre scène, confiée, sans doute, à un danseur : la présentation de Gallus au chœur des Muses et des poètes illustres qui entoure Apollon. Une autre entrée encore, et c'est la fille de Nisus, Scylla, devenant un monstre marin (celui qui aboie dans le détroit de Messine, et menace les navires qui serrent la côte de trop près). Cette légende était mimée par la danseuse, et c'est elle, aussi, qui terminait le spectacle avec l'histoire de Philomèle faisant manger à son mari Térée la chair de son enfant, avant d'être transformée en hirondelle.

Ainsi, la plus grande partie de cette *Eglogue* est faite de tableaux qui évoquent des sujets familiers aux « nouveaux poètes », ceux-là mêmes que Virgile, nous dit-on, avait traités dans ses premiers poèmes. Ce sont des histoires d'amour telles qu'en avait formé un recueil un ami de Gallus, Parthénios de Nicée, dont on a soupçonné qu'il avait introduit à Rome l'œuvre de Callimaque. Le choix des tableaux mythologiques, dans ce poème dédié à Gallus, répond sinon peut-être à des pièces composées par celui-ci, comme on l'a supposé, du moins à l'esthétique de cette poésie, où le merveilleux s'allie à la passion d'amour. Virgile est, pourrait-on dire, sur le seuil de ce qui va devenir, ce qui a commencé d'être, avec les œuvres de Gallus lui-même, le monde de l'élégie amoureuse. Un monde où il n'entrera lui-même qu'avec la dixième *Eglogue*, qu'il ajouta, en appendice, aux neuf *Bucoliques*.

Gaius Cornelius Gallus, dont le triomphe poétique est au centre du poème, est (nous dirions par ordre d'entrée en scène) le troisième des amis de Virgile qui, par leur importance politique, figurent parmi ses protecteurs. La personnalité de ce Gallus est à la fois claire, par moments, et, à d'autres, mystérieuse [5]. Ainsi nous savons qu'il naquit dans une ville appelée Forum Iulium. Mais il y en avait plusieurs, qui portaient ce nom. Les uns veulent que le lieu de naissance de Gallus soit Fréjus, en Provence, d'autres préfèrent Frioul, d'autres, enfin, Voghera (dans l'Antiquité *Forum Iuli Irien-*

sium), en Cisalpine, entre Crémone et Milan. Il avait à peu près l'âge de Virgile, dont il aurait été le condisciple *(condiscipulus)* – à Crémone? à Milan? Nous ne savons. Il était de « basse naissance ». Comme Virgile lui-même. Entre les deux jeunes gens, une amitié. Lorsque Virgile le nomme, il le fait avec un accent d'intimité qu'il n'a pas lorsqu'il s'adresse à Pollion.

Tandis que Virgile suivait le chemin que nous avons dit, Gallus s'engageait dans une carrière que nous devinons mal. Pendant les années où Virgile vivait à Naples, auprès de Siron, Gallus paraît être resté à Rome, et s'être attaché à Pollion, et l'on a quelque raison de croire qu'il fréquentait la maison de Cicéron. Il avait, sans aucun doute, débuté au forum, comme avocat, et avait acquis quelque distinction comme poète, puisque, nous l'avons rappelé, Parthénios de Nicée lui avait dédié son recueil des *Passions d'amour*. Gallus, à ce moment, se trouvait entre sa vingtième et sa trentième année. Et c'est pendant ces années-là qu'il écrit les quatre livres de ses amours avec Lycoris – qui s'appelait aussi Cythéris, et dont le nom véritable était Volumnia, puisqu'elle était une affranchie de Volumnius Eutrapelus, un riche Romain que connaissait Cicéron, et chez qui il dîna, un soir mémorable, où Volumnia était de la compagnie.

Volumnia fut l'amie d'Antoine, de Brutus (le meurtrier de César), et de Cornelius Gallus, et sans doute de beaucoup d'autres, dont les noms ne nous sont point parvenus. Elle était actrice de mime (le seul genre où pouvaient jouer des femmes), et n'avait aucune réputation à perdre. Les hommes qui l'aimaient n'avaient donc pas à se plaindre lorsqu'elle quittait celui-ci pour rejoindre tel autre. L'étiquette amoureuse de ce temps voulait que toute jalousie, en pareil cas, fût un signe de mauvaise éducation. La liaison de Volumnia avec Antoine avait été fameuse; elle l'accompagnait dans ses voyages, faisait – avec quelques autres – partie du cortège officiel : Cicéron nous l'apprend. Mais était-ce déjà en 49, pendant la guerre civile, ou lorsque, quelques années plus tard, Antoine s'en alla rejoindre César en Espagne, ou encore en 43, après la défaite d'Antoine à Modène, lorsqu'il se réfugia en Gaule? Esquisser la chronologie de ces amours est aussi malaisé que d'établir celle des *Bucoliques*. Nous savons seulement que Volumnia, un jour, abandonna Gallus et s'en fut, avec un officier, aux armées qui gardaient la frontière de Germanie. Cette trahison, aussi attendue qu'elle eût été, causa une douleur profonde à Gallus – Virgile nous en est garant, dans la dixième *Eglogue* – et se traduisit en poèmes, les quatre livres des *Amours*. Du moins si l'on veut bien reconstruire ainsi des événements dont nous ignorons l'essentiel. Il est fort possible que les premières élégies de Gallus aient été des poèmes de l'amour heureux, et que les poèmes désolés n'aient formé qu'une petite partie du livre. Gallus n'était pas seulement poète. Il fut aussi un soldat. Peut-être commença-t-il par servir César : le fragment de papyrus auquel nous avons fait allusion peut indiquer qu'il avait écrit un poème à la gloire de César, au moment où celui-ci préparait une expédition contre les Parthes, c'est-à-dire vers 45. Après les ides de mars, il se trouva tout naturellement dans le camp des césariens. Peut-être suivit-il Pollion dans son gouvernement de Bétique. En tout cas, il figurait, fort probablement, dans sa *cohors praetoria,* son état-major, lorsque, en 43, Pollion devint gouverneur de Gaule Cisalpine.

Cet attachement – cette fois politique – de Gallus aux partisans de César, le rapproche de Virgile, et l'on s'étonnera moins que celui-ci ait célébré le dictateur assassiné, en l'identifiant à Daphnis. Pendant quelques mois, Antoine et Octave apparurent comme les deux héritiers légitimes de César, et les poètes comme les politiques n'eurent pas à choisir. Nous avons vu que Pollion, lorsque se produisit la faille entre les deux triumvirs, se porta du côté d'Antoine. Il semble que Gallus ait préféré Octave, dans des circonstances et des conditions que nous ignorons. Ici encore, le parallélisme avec Virgile est frappant. De même que les *Bucoliques* s'ouvrent avec un Octave « en majesté », de même nous rencontrons Gallus dans l'armée d'Octave, pendant la campagne d'Actium. *Praefectus fabrum* (commandant le génie, mais, en fait, chef d'état-major) de l'armée d'Octave, il participe efficacement à la prise d'Alexandrie, et c'est lui qui deviendra le premier préfet d'Egypte. Il le demeurera jusqu'à sa disgrâce et sa mort en 27-26 av. J.-C.

Virgile est-il devenu partisan d'Octave sous l'influence de son ami Gallus? Cela est possible. Mais il existait peut-être des raisons plus décisives. Nous en avons déjà allégué une : le sentiment que le jeune Octave, par la mission qui lui avait été dévolue dans le triumvirat, apparaissait comme celui qui devait être appelé à préserver la paix, et à la donner à cette terre italienne à laquelle Virgile était si profondément attaché. La sensibilité « épicurienne » du poète le portait certainement dans ce sens. Une autre raison, plus hypothétique, pourrait être cherchée dans l'esthétique même de Virgile : Octave symbolisait un monde nouveau, un monde rajeuni. L'année 43 vit le vingtième anniversaire d'Octave. Et cette jeunesse n'était pas sans rappeler celle qui semblait inhérente à tous les rois d'Orient, une jeunesse « officielle » dont témoignaient leurs monnaies. L'image du « jeune » Alexandre, qui hantait déjà l'esprit de César et lui était comme un reproche, ne pouvait manquer d'être présente à celui d'Octave, et de bien d'autres, parmi ses contemporains. On se souvient de la visite que fit Octave au tombeau d'Alexandre, lorsqu'il entra dans Alexandrie : il voulut toucher, de sa main, le visage momifié (ce qui eut pour effet de briser une partie du nez!); et lorsqu'on lui offrit de lui montrer aussi les tombeaux des Ptolémées, il répondit qu'il « était venu voir un roi, et non des cadavres ».

Ce sentiment de renouveau, apporté par un jeune prince, venait combler l'attente du « nouveau siècle », déjà exprimée par Virgile lui-même dans la quatrième *Eglogue*. Quoi que l'on doive penser de la réalité dissimulée par le poète derrière les mots de cet étrange poème, quelle que soit la personnalité de l'enfant (s'il en est un) dont la naissance annonce le retour progressif d'un âge d'or, tout l'ensemble est, à l'évidence, l'expression d'un émerveillement devant le matin d'un siècle rénové. Les vieilles souillures s'effacent, une à une. Il en reste pourtant quelques-unes : les navires s'aventurent en mer, il y aura encore des expéditions lointaines, un autre Achille sera envoyé contre une autre Troie. En l'année 40, ces prédictions devaient être claires : il ne pouvait s'agir que d'Antoine et de ses projets d'expédition en Orient. Mais ces aventures lointaines ne sont que des restes “ *de l'antique malice* ” (v. 31). Le véritable bonheur de ce siècle consistera dans le fait que chacun restera en sa demeure, sans avoir besoin de courir les mers pour acquérir toutes les richesses du monde. Virgile, dès ce moment, était préparé à préférer Octave, qui n'avait encore que vingt-trois ans. Antoine avait quelque vingt ans de plus. Il appartenait, décidément, à l'« ancienne malice ».

On a souvent remarqué que les « nouveaux poètes » étaient en général partisans de César. Catulle, sans doute, avait commencé par attaquer le dictateur, mais il s'était réconcilié avec lui, après les grands exploits, le passage du Rhin, le débarquement en Bretagne. Les nouveaux poètes ne pouvaient qu'être attirés par la gloire. Mais ils l'étaient aussi par la promesse d'un régime politique qui assurerait la paix, et permettrait leurs jeux. Ce sentiment, que l'on discerne dès la première génération des « poètes nouveaux », sera bientôt exprimé, avec la plus grande netteté, par le « jeune » Tibulle, ennemi décidé des guerres et des conquêtes. Déjà Cicéron reprochait à cette école de rompre avec la tradition poétique romaine, celle d'Ennius. Ennius s'identifiait à la vieille république, fière de ses généraux couverts de poussière et de sueur; les vers des *Annales* leur semblaient pareillement hérissés et sauvages. La « nouvelle poésie » avait d'autres ambitions; elle se préoccupait plus de beauté formelle, avait le culte de la perfection, se passionnait pour une poésie qui ne servait à rien! Il en allait ainsi des Alexandrins, leurs modèles, qui avaient prospéré dans l'ombre de leurs rois. Leurs poèmes n'avaient d'autre fonction que d'orner le siècle du souverain. De même que Callimaque, le chef de file de ces poètes alexandrins, avait rompu avec Homère et la tradition du « long poème », de même les disciples romains refusaient, et devaient refuser longtemps encore, les épopées qui reprenaient les sujets nationaux, tels que les avaient traités Naevius et Ennius. On peut en déduire que les « nouveaux poètes » auraient, *a priori,* des sympathies pour une monarchie naissante qu'ils discernaient déjà. Une monarchie jeune, pour ce monde renouvelé.

Mais, assez vite, les poètes de cette génération découvrirent que, poètes romains, ils ne pouvaient se désintéresser de la cité. Au temps de Callimaque, le royaume d'Egypte était solidement tenu par des princes venus au pouvoir par les armes, et enserrant le pays dans l'étau d'une administration qui ne laissait rien au hasard. Le pays était, naturellement, en paix. Rome, au contraire, se cherchait. L'âge d'or n'y était point spontané. Il convenait donc de travailler à son avènement. Telle est sans doute la raison profonde qui fit que Virgile mit la bucolique au service de l'Etat, ne se contentant plus de traiter des sujets innocents, comme ceux que l'on trouve dans l'*Appendix*. Poésie et choix politique ne pouvaient être séparés. Et, au cours de ces « grandes années », qui précédèrent Actium et suivirent immédiatement la victoire – années décisives pour Rome, et aussi pour Virgile – il apparut avec évidence que seul Octave répondait aux aspirations du nouveau siècle. On se souviendra que, en d'autres domaines que la poésie, commença, sous l'impulsion du jeune prince, une grande œuvre de rénovation. De nombreuses constructions furent entreprises dans la Ville, qui, jusque-là, présentait un visage vieilli. Les guerres civiles avaient empêché de la rajeunir. Octave, tandis qu'Antoine guerroyait en Orient, voulut la moderniser; il confia ce soin à son ami et conseiller, Agrippa, qui accepta cette tâche, bien qu'il eût été déjà consul, alors qu'on abandonnait généralement le soin des monuments publics et de l'urbanisme à de moindres magistrats. On sait le mot par lequel Octave, devenu Auguste, résumait les résultats de cette politique, disant qu'il avait trouvé une ville de brique et qu'il la laissait de marbre.

L'idéal qui anime cette génération est celui de la gloire : gloire d'une cité devenant magnifique, gloire des œuvres d'art qui se multiplient, sur les nouvelles places publiques, sous les portiques, autour des temples dédiés aux divinités qui protègent les Julii : Vénus, César divinisé, et, surtout, Apollon, plus souvent honoré, alors, comme dieu de la lyre et des poètes que comme archer divin. La gloire poétique ne pouvait être absente, dans cette Rome renouvelée. Le patronage d'Apollon, dont se réclamait Octave, en était le garant. Un ami d'Octave, Mécène, lui-même poète, et quelque peu disciple des « nouveaux poètes », allait y veiller. Mais déjà les premiers rayons de cette gloire-là, aussi, avaient commencé de briller. Et cet idéal de gloire rapprochait Rome des grandes villes de l'Orient hellénisé, qu'elle aspirait d'abord à égaler puis, certainement, à dépasser. Elle avait amassé, au cours des siècles, suffisamment de gloire militaire pour ne pas éprouver le besoin d'en acquérir davantage. Restaient les autres gloires, qui ne pouvaient être acquises que dans la paix; la gloire de la beauté, sous toutes ses formes, parce qu'elle est « convenable » : les deux notions se confondent, dans le vocabulaire latin, inextricablement. La beauté *(decus)* convient *(decet),* elle appartient à l'humain, dont elle est une excellence – la *dignitas.* Cicéron avait, quelque trente années auparavant, inventé une devise assez semblable, mot d'ordre de la société aristocratique qui détenait le pouvoir dans la République finissante, et pour qui la *dignitas* était la valeur par excellence. César se décidera à commencer la guerre civile parce qu'il voulait défendre sa *dignitas,* et ses soldats le soutenaient. Cicéron avait formulé cet idéal, qui était pour lui *otium cum dignitate,* une formule que l'on peut traduire, assez approximativement, par « la paix dans l'honneur » ou encore « la liberté jointe à la considération ». Cette « considération » est double : c'est à la fois celle dont bénéficie la cité victorieuse de la part des autres peuples et, à l'intérieur d'elle-même, celle dont sont entourés les hommes qui la composent, chacun selon son rang. La *dignitas,* pour un Romain, est ce qui attire le respect, en raison d'une prééminence reconnue, justifiée par les « vertus » (*virtutes,* les puissances) qui appartiennent, par nature, à tout être humain libre de contrainte. Cet idéal, double, où s'unissent des valeurs traditionnelles de l'esprit romain et quelques concepts élaborés par les philosophes, les hommes de la génération qui suivit celle de Cicéron : Octave, Mécène, Virgile et les autres vont s'en inspirer et ils s'efforceront de le réaliser. Rome, la première, affirmera sa *dignitas* éminente, parmi toutes les villes. Elle sera la première, l'Urbs, la Ville par excellence. Bien avant l'édilité d'Agrippa, Virgile avait, nous le savons, affirmé cette primauté de Rome, dans la première *Eglogue.* La seule *dignitas* de Rome appelle la vénération et l'acquiescement.

Ainsi Virgile se trouvait-il entraîné vers la monarchie. Nous avons dit comment l'y préparaient ses années épicuriennes. Provincial, Cisalpin, il n'appartenait pas à la tradition de la République qui avait, pensait-on, définitivement péri avec Caton, Cicéron et Pompée. Entre les deux maîtres possibles du monde qui était en train de naître, entre les deux héritiers de César, il choisissait Octave. Il ressentait les mêmes urgences que celui-ci et les hommes qui l'assistaient et le conseillaient. S'il dédie, en fait, ses *Eglogues* à Octave, de la manière que nous avons dite, ce n'est point parce qu'Octave apparaît (déjà, et, en quelque sorte, anachroniquement) comme le vainqueur, mais parce qu'il symbolise tout ce que souhaite Virgile, ce dont il espère l'avènement. Il ne vole pas au secours de la victoire, il contribue à l'assurer.

Nous ne savons pas au juste dans quelles circonstances Virgile devint l'ami et le protégé de Mécène. Nous savons seulement qu'en 37, lorsque Mécène se rendit à Tarente, pour rencontrer Antoine, Virgile l'accompagnait, avec d'autres poètes, et notamment Horace, qui a laissé, dans une *Satire,* le récit de leur voyage. Il est certain que leurs relations avaient commencé depuis un certain temps déjà, puisque – c'est Horace, encore, qui nous l'apprend – Virgile avait, apparemment en 38, « présenté » celui-ci à Mécène.

Qui était donc Mécène, appelé à jouer un rôle aussi considérable dans la vie et, sans doute, l'œuvre de Virgile [6]? Plus âgé qu'Octave d'une dizaine d'années, donc, aussi, l'aîné de Virgile (de trois ou quatre ans), il appartient à une famille de riches chevaliers, d'origine étrusque, qui vivaient à Arretium (Arezzo), dans la haute vallée du Tibre. Sa mère était de descendance royale. Depuis deux générations au moins, les hommes de cette famille avaient dédaigné de briguer des magistratures à Rome. Ils préféraient mener une vie tranquille, sur leurs terres. Mécène restera fidèle à cette tradition, n'ayant jamais voulu devenir sénateur, et se contentant du rang de chevalier. Ce qui ne l'empêcha pas de jouer un rôle considérable dans les intrigues qui permirent l'ascension d'Octave, et même d'exercer en Italie un pouvoir absolu, sans titre officiel, pendant des périodes où Octave était éloigné de Rome, par exemple pendant la guerre contre Antoine, en 31.

On a souvent rappelé le genre de vie et les goûts de Mécène; on l'a souvent opposé à l'autre conseiller et

« ministre » d'Auguste, Vipsanius Agrippa, homme rude, soldat, compagnon d'Octave avant même la mort de César. Mécène, lui, est essentiellement un diplomate, un personnage raffiné, élégant, fuyant la foule, choisissant une existence épicurienne, mettant au-dessus de toute chose le plaisir de vivre, écrivant des vers d'un style bizarre, extraordinairement imagé, lui-même assez infortuné dans sa vie privée, où il devait essuyer les rebuffades d'une épouse capricieuse, Terentia, qui, au demeurant, le trompait – peut-être même avec Octave –, et cherchant dans le luxe et la compagnie de poètes des consolations incertaines. Très riche, par les biens familiaux, enrichi encore par les proscriptions et les bénéfices de la guerre civile, il fit construire, sur l'Esquilin, un palais entouré de jardins. Le terrain occupé de la sorte était un ancien cimetière, où étaient déposés de pauvres gens. Mécène fit apporter d'énormes quantités de terre, qui assainirent la région, et le parc des Esquilies, avec ses bosquets, ses eaux courantes, ses pavillons décorés de fresques devint très vite célèbre. C'est là qu'il aimait chercher le sommeil, au son de musiques lointaines exécutées par des musiciens dissimulés dans les bosquets. Mécène figure pour nous la composante épicurienne de la pensée de ce temps. De la vie épicurienne, il nous offre tous les traits : les jardins, l'éloignement de tout engagement public, le souci de demeurer caché (« cache ta vie » est un précepte de cette école), le sens de l'amitié, la délectation de l'instant. On songe, en lisant les quelques fragments qui subsistent de son œuvre littéraire (en majorité des fragments poétiques), à des formules d'Horace, et, naturellement, au *carpe diem,* cette invitation à détacher chaque jour de la suite des heures, à le libérer de la crainte et de l'espoir. Pourtant, sur un point, Mécène ne se comporte pas en disciple d'Epicure. Sénèque cite de lui, en s'indignant, des vers qui supposent une crainte incoercible de la mort :

" *Paralyse-moi la main, paralyse-moi la jambe, rends-moi bossu, ébranle mes dents : aussi longtemps que la vie subsiste, c'est bien; dussè-je être assis sur un pal aiguisé, conserve-la-moi.* " Comme nous ignorons de quelle manière était présentée cette prière, nous ne pouvons rien en conclure de bien assuré concernant son auteur. Pourtant, puisque Sénèque, qui pouvait lire le poème en son entier, croit qu'il exprime les sentiments véritables de Mécène, il n'est peut-être pas interdit de penser que celui-ci ne vivait pas véritablement l'épicurisme, qu'il n'en acceptait pas toutes les implications, préférant, contrairement à Epicure, les « plaisirs en mouvement » aux « plaisirs en repos », peut-être parce qu'il désespérait d'atteindre jamais à l'ataraxie. Mécène fut peut-être, en ce siècle, l'homme du « divertissement », semblable au tableau que tracera Sénèque dans son dialogue *Sur la tranquillité de l'âme* d'une âme en proie à des désirs inassouvis et ne trouvant le repos ni dans l'action ni dans la retraite. Aux yeux de Sénèque, Mécène était un esprit brillant, riche de dons multiples, mais il fut « perverti » par l'excès de sa prospérité. Et il est certain que le Mécène que nous pouvons apercevoir, par les témoignages antiques, est surtout l'ami d'Auguste, le conseiller qui récolte les fruits de la victoire. Pour reprendre une idée familière aux Romains, il ne sut pas user avec modération de la bonne fortune. Mais on peut penser que les années qui précédèrent la victoire d'Actium lui imposèrent de participer aux efforts de ses amis et de déployer une énergie que, plus tard, on lui refusa. Il dut aussi non seulement travailler à la réussite des mille luttes sournoises qui formaient alors l'essentiel de la vie politique, mais réfléchir au genre de gouvernement qu'il conviendrait d'établir une fois Octave devenu le seul maître.

Un chapitre célèbre de Dion Cassius (au cinquante-deuxième livre de son *Histoire*) nous montre un débat, institué par Octave, après Actium, entre Mécène et Agrippa. Le second conseille de restituer le pouvoir au Sénat et au peuple. Mécène au contraire est partisan de la monarchie. Et, assez curieusement, nous retrouvons, dans ses paroles, comme l'écho du traité de Philodème sur le *Bon Roi*. Il insiste, comme celui-ci, sur le rôle essentiel que doivent jouer les « conseillers du Prince ». Au demeurant, le programme qu'il trace annonce, avec une étrange précision, l'organisation politique et administrative du principat, et il est évident que Dion a placé, parmi les conseils donnés par Mécène des mesures qui ne furent prises que longtemps après, et qu'il s'agit, dans une large mesure, d'une prédiction faite à la lumière de l'événement. Mais il est très vraisemblable aussi que l'on trouve, dans ce long discours, des éléments qui remontent à Mécène lui-même et à une politique d'inspiration épicurienne, en particulier les précautions prises contre les dissensions internes et toutes les tentatives de rébellion. Mécène est particulièrement sensible à l'effet de l'envie *(invidia)* qui est entraînée par les différences de rang, de fortune, etc., dans la société. En cela, il se révèle disciple d'Epicure. Un autre trait, assez remarquable, est le rôle qu'il reconnaît à l'éducation et à la culture intellectuelle : " *Ce sont,* dit-il, *les ignorants et les gens qui ne sont pas maîtres de leurs passions qu'il faut soupçonner, car ces hommes peuvent être aisément poussés à accomplir n'importe quoi, les actions les plus honteuses et les plus abominables, d'abord contre eux-mêmes, et ensuite contre les autres; tandis que ceux qui ont été bien éduqués et instruits ne décideront pas de se montrer injustes envers autrui, et, moins encore, envers celui qui leur a fait donner cette éducation et cette instruction* " (LII, v. 26, 6).

Cette idée est évidemment issue de l'optimisme hellénique, qui veut que « l'on ne soit pas méchant volontairement », et qu'il suffit de discerner clairement le bien pour s'y conformer. Mais il y a plus, ici, que cet optimisme, que l'on retrouve aussi bien dans toutes les écoles philosophiques. Les jeunes gens instruits de la sorte seront mis à même de mener une vie conforme à leur *dignitas* – à leur richesse, à la noblesse de leur naissance, aux talents dont ils font preuve – cette *dignitas* dont nous avons vu qu'elle était l'une des valeurs essentielles de la société romaine.

Telles étaient, peut-être, les idées politiques de Mécène, telles, en tout cas, elles pouvaient être, chez cet aristocrate qu'Horace, devenu son ami, n'hésitait pas à saluer, au début du recueil des *Odes* : " *Mécène, toi qui es né d'ancêtres qui étaient rois...* " – *Maecenas atavis edite regibus...* Horace l'aurait-il fait s'il n'avait su que Mécène était resté sensible au prestige de l'idée royale? Mais, en politique expérimenté, Mécène était conscient que cette monarchie, qu'il travaillait à établir au service d'Octave, ne devait en aucune façon ressembler à la tyrannie, que dénonçait Agrippa, au cours du même débat, si l'on en croit Dion Cassius. Elle devait s'exercer avec modération, respecter les hiérarchies traditionnelles, confier à chaque classe de la société les tâches qui lui revenaient dans le passé ou qu'elle pouvait assumer efficacement. Il fallait une monarchie masquée – précisément ce que voulut Octave, ce roi sans le titre, qui inventa (peut-être avec l'aide de Mécène, qui l'inspira) un régime nouveau, dont avaient parfois rêvé les philosophes, mais qui, jusque-là, n'avait pas réussi à naître.

Ce que nous entrevoyons des idées politiques de Virgile vers ce moment nous permet de penser qu'il partage celles de Mécène, et non celles d'Agrippa. Nous avons déjà dit les causes profondes qui, depuis longtemps, l'y déterminaient. L'influence de Mécène les confirma. Nous avons rappelé le passage célèbre des *Géorgiques* où la cité des abeilles offre un exemple de monarchie, dont le poète dit qu'il peut avoir été inspiré par Jupiter lui-même. Or, il est remarquable que cette page ait été écrite un peu avant le temps où Dion Cassius a placé la consultation d'Agrippa et de Mécène, c'est-à-dire pendant les mois qui suivirent la bataille d'Actium. Il est certain qu'à ce moment-là Virgile est du côté du second. Le motif profond qui, dit-il, anime les abeilles, *“ la gloire de faire naître le miel ”* (*generandi gloria mellis,* v. 205) rappelle le sentiment de la *dignitas* qui, selon Mécène, est le moteur de la vie politique. Ni l'abeille ni le citoyen qui vivrait sous la monarchie dont Mécène trace le tableau ne conçoivent d'autre récompense que cette *gloria,* mais elle suffit. De la même façon, Philodème, dans le *Bon Roi* insiste sur la nécessité pour le souverain d'honorer, par des distinctions honorifiques, ceux de ses sujets qui se seront illustrés. Montesquieu n'avait pas besoin de se référer aux monarchies féodales pour découvrir le rôle que joue la gloire dans le gouvernement d'un seul; il trouvait l'essentiel de sa thèse dans les vers de Virgile. Mais, déjà – et Montesquieu le savait bien – la République romaine, où l'institution du triomphe jouait un si grand rôle, ressemblait à une monarchie dans la mesure où l'on y tenait le plus grand compte de la *dignitas.* Et la monarchie augustéenne – peut-être sur l'avis de Mécène – sut se réserver les moyens de conférer aux différents ordres et aux personnes les « ornements » qui leur vaudraient un degré éminent de considération. Auguste conserva les magistratures traditionnelles de la République (le consulat, la préture, etc.), tout en les vidant, peu à peu, de leur contenu réel ; par exemple en multipliant, chaque année, les consuls, chacun n'exerçant le pouvoir que pendant une partie seulement de l'année. Ainsi le nombre des anciens consuls (des « consulaires ») se trouvait accru ; les honneurs étaient attribués à un plus grand nombre, sans danger pour le Prince. De même, lorsqu'il enleva à ses généraux le droit de célébrer un triomphe, il n'en continua pas moins à donner le droit, à tous ceux qui avaient remporté des victoires notables, d'arborer les « ornements triomphaux », la toge brodée d'or, la couronne de laurier et les autres insignes de la dignité propre aux « triomphateurs ». L'Empire devait multiplier ces cérémonies magnifiques dont le souvenir se conserva longtemps et devint inséparable, au cours des siècles, de la « grandeur romaine ». Le cérémonial et les vêtements somptueux des empereurs et des dignitaires du Bas-Empire ne sont que l'héritage, développé à l'extrême, du faste rêvé par Mécène.

Cette atmosphère de magnificence, nous la trouvons dans l'*Enéide*, avec l'image qui nous est présentée du « roi Enée », riche des trésors de Troie, offrant aux hôtes qui le reçoivent, et d'abord à la reine Didon, des cadeaux dignes d'eux. A Didon, par exemple, il offre des tissus précieux brodés d'or, un collier de perles, un diadème d'or incrusté de gemmes. Tout cela, sans doute, est conforme à la tradition homérique, mais Virgile prend soin d'insister en disant que cette profusion de richesses s'explique par le fait qu'Enée est phrygien. Chacun savait que l'Orient a, de tout temps, été prodigue de telles choses. Mais cela était contraire à la tradition romaine, à cette coutume des ancêtres (le *mos maiorum*), ennemie du luxe et prêchant l'austérité comme une vertu. Auguste lui-même se contenta, toute sa vie, d'une demeure modeste, un peu vieillotte, et il mettait un point d'honneur à ne porter que des tuniques tissées par sa femme ou sa fille. Mais il ne pouvait empêcher le luxe de se déployer. Nous avons vu, même, qu'il l'encourageait. Et, autour de lui, ses amis, Mécène, le premier, d'autres, comme Vedius Pollio, se complaisaient à vivre au milieu d'un apparat digne des rois d'Orient. Rome se trouve à un moment difficile : les richesses y affluent, et, en même temps, on souhaite que les Romains en usent le moins possible. Ce qui n'empêche pas que le sentiment général reconnaît la nécessité, pour la *dignitas* même de Rome, et son prestige auprès des alliés, de donner au Peuple-Roi, et d'abord à ses maîtres un décor magnifique.

Le portrait que Virgile trace d'Enée tient compte de ces sentiments complexes : lorsqu'il montre le héros accomplissant, à Carthage, les fonctions royales que lui a déléguées Didon et présidant aux constructions qui doivent faire de Carthage une grande ville (tâche, nous l'avons vu, accomplie quelques années plus tôt par Agrippa, pour le compte d'Octave), il lui donne, comme il convient à un roi de la légende héroïque, une épée incrustée de jaspe et un grand manteau de pourpre, avec une trame d'or, qui lui descend jusqu'aux pieds. Mais il ajoute que ce sont là des présents de la « riche Didon » et que la reine a tissé elle-même le manteau (comme Livie tissait les tuniques d'Auguste) : les souvenirs des temps homériques se mêlent ici à un idéal, romain, de simplicité familiale et, en même temps, au faste inséparable de la condition royale. C'est ainsi qu'Auguste, nous conte Suétone, vivait, certes, dans la modeste maison du Palatin, mais, lorsqu'il devait rendre évidente, à quelque ambassadeur oriental, sa véritable *dignitas,* il empruntait le « palais » d'un de ses amis ou même de l'un de ses affranchis, qui ne s'imposaient pas la même loi que lui. Au sein de ces contradictions, il semble que les trois premiers personnages du régime se soient distribué les rôles, Octave prenant, du moins après Actium, celui du *pater familias* – devenu Père de la Patrie –, Agrippa celui du militaire dont la seule satisfaction est de mener les légions à la victoire, et proposant que tous les trésors de l'art possédés par les particuliers fussent confisqués et mis à la disposition du peuple! Quant à Mécène, nous avons vu quel fut son rôle. Il avait pris à son compte les ornements de la vie – parmi lesquels, en premier lieu, la poésie.

La conception traditionnelle, qui fait de Mécène une sorte de « ministre de la culture », mobilisant les talents des hommes comme Virgile, Horace, Varius, et d'autres au service du nouveau régime, leur proposant des thèmes à traiter, les récompensant, en en faisant ses amis et en leur donnant de l'argent – cette conception est assez naïve. On peut penser, en fait, que ces hommes qui se groupent autour de Mécène le font parce qu'ils trouvent chez lui une conception de la vie et de l'art qui est, depuis longtemps, la leur. Et s'ils contribuèrent sinon à établir du moins à faire accepter le « nouveau régime », c'est parce que celui-ci répondait à leurs aspirations et, en même temps, que Rome avait besoin qu'on lui confirmât sa *dignitas,* dans ce domaine aussi. Le patriotisme romain connaît alors une grande mutation : sortant des ténèbres de la guerre civile, il demande qu'on l'éclaire.

Les relations de Virgile avec Mécène semblent avoir commencé vers 39 av. J.-C., c'est-à-dire au moment où étaient publiées les *Eglogues,* dans leur première édition. On peut supposer que Virgile dut à ses poèmes de devenir l'ami du compagnon d'Octave. Peut-être Cornelius Gallus intervint-il en cette affaire. Peut-être Mécène craignit-il un instant que le poète, à la suite de Pollion, ne se laissât attirer par Antoine – crainte assez vaine, comme le prouve la première *Eglogue.* Il est plus probable qu'il comprit que, dans ces *Bucoliques,* où le jeu alexandrin, avec ses grâces et ses conventions, était devenu, peu à peu, sérieux, Virgile contribuait à donner forme aux aspirations profondes non seulement des Romains mais de tous ces Italiens sur lesquels voulait s'appuyer Octave. Cette politique, au secours de laquelle venait le poète, n'aboutira que six ou sept ans plus tard, lorsque, ainsi que l'écrit Auguste dans le tableau qu'il dresse de son œuvre, l'" *Italie entière me prêta serment, spontanément, et me réclama pour chef dans la guerre où je fus victorieux à Actium* ", mais elle fut certainement conçue beaucoup plus tôt, en un temps où il était clair que le pouvoir ne saurait être longtemps partagé entre les deux triumvirs. L'Italie était, de plus en plus clairement, une entité dans laquelle se posaient les mêmes problèmes humains et naissaient les mêmes espérances. Il n'était pas indifférent qu'un poète dont les vers, au théâtre, étaient accueillis par les applaudissements de tout un public, proposât l'image, mi-réaliste, mi-rêvée, d'une Italie arcadienne, sur laquelle la protection du « bienfaisant Daphnis » mettrait la paix bucolique.

Les *Eglogues* parurent en 39, sous leur première forme. Ni la guerre de Modène ni celle de Pérouse n'étaient oubliées;

mais l'on était encore dans l'euphorie qu'avaient apportée, coup sur coup, la paix de Brindes et celle de Misène, qui, en août de cette année-là, fut conclue, nous l'avons dit, avec Sextus Pompée. Le moment était propice pour publier un recueil qui commençait par l'image d'un Octave « en majesté ». Mais seuls les derniers mois de 39 furent des jours de paix. Dès le début de 38, les combats reprenaient. Sextus Pompeius ne respecta pas les termes du traité et les forces d'Octave, qui lui furent opposées, connurent de graves revers. De nouveau, le peuple de Rome craignit la famine. Puis, en dépit des succès remportés en Orient par les généraux d'Antoine, au début de l'année 38, des nouvelles inquiétantes parvenaient de Syrie, que menaçaient les Parthes. Les événements donnaient un démenti évident à l'optimisme de Virgile. C'est sans doute à ce moment-là (d'autres opinions, reposant sur une autre chronologie, sont souvent avancées et, ici encore, notre reconstruction est en partie hypothétique, mais il nous semble que les arguments qui l'autorisent demeurent, malgré tout, les plus forts) – c'est alors qu'un autre poète, Horatius Flaccus, notre Horace, lança un cri d'alarme, avec l'*Epode* XVI : les guerres fratricides ne finiront jamais; les Romains expient le crime de Romulus tuant son frère Rémus, au commencement de la Ville; celle-ci est maudite; il faut l'abandonner; les fauves viendront errer dans ses ruines. Une seule voie est ouverte : prendre la mer, partir, en direction du Couchant. Là se trouvent les îles Fortunées, où règne le véritable âge d'or, qui n'est pas le rêve illusoire de la quatrième *Eglogue,* à jamais irréalisable dans la Rome maudite des triumvirs. C'était prendre le contre-pied des *Bucoliques* et, sinon engager une polémique, du moins amorcer un dialogue.

Il est peu croyable, comme on le soutient souvent, que le poème d'Horace ait été écrit le premier. Cela signifierait que les *Bucoliques* tout entières seraient la réponse de Virgile à l'*Epode.* Hypothèse hautement improbable car on trouve dans celle-ci trop d'imitations et de souvenirs de tout le recueil pour que l'on ne soit pas obligé de conclure que c'est Horace qui défie Virgile, en le parodiant quelque peu. Au-delà de Virgile, ce sont les triumvirs qui sont attaqués, les triumvirs contre lesquels Horace avait combattu sur le champ de bataille de Philippes, dans l'armée républicaine, et dont il était, d'un peu loin, la victime. Ainsi, une voix s'élevait dans le parti des vaincus. Horace n'avait rien à perdre, en faisant entendre ce cri d'angoisse. Octave, sauf exceptions, ne se souciait guère des écrits dirigés contre lui, et Horace ne l'attaquait pas directement. Et puis, cette *Epode* était trop belle, trop parfaite dans sa forme pour ne pas appeler l'admiration. Il est probable que Mécène ne s'y trompa point. Il était facile de reconnaître, en ce fils d'affranchi, venu d'Apulie, un génie poétique éclatant. Pourquoi ne pas se l'attacher, par quelque présent, peut-être, mais peut-être aussi, d'une manière plus durable, et plus digne (si Horace le méritait) en commençant avec lui une amitié véritable qui lui ferait partager cette communauté de pensée à laquelle participaient déjà Virgile et Varius, ainsi que quelques autres? Or, il se trouvait précisément que Virgile et Varius connaissaient Horace. Ils pouvaient être les garants de sa probité intellectuelle. Ils le furent, si l'on en croit Horace lui-même, dans la *Satire* où il évoque ses premières relations avec Mécène.

Nous ne savons pas dans quelles conditions Horace avait connu Virgile et Varius. On suppose souvent qu'ils s'étaient rencontrés dans le cercle de Siron, peut-être avant le séjour d'Horace à Athènes, peut-être après son retour en Italie. La seconde hypothèse est la plus vraisemblable : Horace, cela est évident, n'ignore pas la pensée épicurienne, mais lorsqu'il se trouvait à Athènes – pendant les années qui précédèrent la bataille de Philippes – ses préférences le portaient plutôt vers l'Académie. La période épicurienne ne serait venue qu'après. Toutefois, cela reste fort hypothétique.

Quoi qu'il en soit, que Mécène ait souhaité s'attacher Horace, ou que Virgile ait pris l'initiative de les mettre en présence l'un de l'autre, leur première rencontre eut lieu en 38. Mécène laissa passer un an avant de prendre Horace parmi les compagnons de sa vie quotidienne, ses *convictores*. Peut-être ce temps d'épreuve était-il destiné à lui permettre de mieux connaître le talent poétique d'Horace, et de voir dans quelle direction l'entraînait son génie. Apparemment l'épreuve fut favorable puisque, au printemps de 37, Horace fait partie de la petite troupe qui accompagne Mécène à la rencontre d'Antoine. Il nous a laissé le récit de ce voyage, dans une satire célèbre, et nous apprenons ainsi que Virgile, Varius et Plotius Tucca, autre poète, ou plutôt critique estimé, figuraient parmi les compagnons de Mécène. Pourquoi, dans une ambassade purement politique, s'encombrer ainsi de poètes? Peut-être simplement parce que telle était l'habitude, parce qu'un grand personnage, en un voyage officiel, ne se déplaçait qu'avec une *cohors,* une Cour aussi brillante que possible. Il faut alors en conclure que Virgile, Varius, Tucca et Horace possédaient assez de prestige pour impressionner Antoine : cela montrait que la gloire et la puissance des Muses étaient du côté d'Octave. Il y avait longtemps qu'existait à Rome un temple consacré à l'Hercule des Muses; le héros vainqueur par excellence, celui auquel sacrifiaient les triomphateurs avant de pénétrer, à la tête de leur cortège, dans le Grand Cirque, était ainsi accompagné, lui aussi, par la *cohors* des neuf Muses, les filles de Mémoire, qui, seules, pouvaient dispenser la gloire au-delà de la durée d'une vie. Mécène, au printemps de 37, poursuit la politique qui doit donner à la monarchie qu'il prépare le prestige de la poésie. Et Virgile est l'un de ceux qu'il a choisis pour l'y aider.

DEUXIÈME PARTIE

Les années fécondes

CHAPITRE III

Le temps de Mécène

Le cortège de Mécène, qui l'accompagnait à Brindes (finalement, l'entrevue eut lieu à Tarente, et elle fut marquée par un nouveau pacte entre les deux triumvirs), n'est pas formé au départ de Rome. Horace le rejoint par le canal des marais Pontins, et Virgile retrouve ses amis en Campanie. Il a, probablement, passé l'hiver, selon son habitude, à Naples, où il réside souvent, lorsqu'il n'est pas à Rome, où Mécène lui a donné une maison, modeste, non loin des jardins de l'Esquilin, qui sont en cours de construction. Les biographes parlent aussi d'une « retraite » en Sicile, mais nous ignorons de quoi il s'agit. Nous savons aussi qu'Auguste (sans doute après Actium) lui offrit les biens d'un homme condamné à l'exil. Virgile refusa. Il se contenta de sa maison à Rome – où, d'ailleurs, il venait rarement. Il détestait la foule; si on le reconnaissait dans la rue, et si on l'acclamait, il s'enfuyait pour se réfugier dans la maison la plus proche. Son séjour favori était Naples. Dans cette ville grecque, il se sentait à l'abri. Les Napolitains le connaissaient bien; ils l'appelaient « la vierge » (jouant, sans doute, sur le nom de Virgile, proche du latin *virgo*), parce qu'il vivait modestement, qu'il était visiblement timide et, comme faisaient alors les jeunes filles de bonne famille, évitait de paraître en public.

Depuis la publication des *Eglogues,* peut-être un peu avant, Virgile vit dans l'ombre de Mécène. Tout son temps, tous ses efforts sont consacrés à la composition des deux grands poèmes qui achèveront de l'illustrer, les *Géorgiques,* en quatre livres, et l'*Enéide,* en douze, qu'il n'aura pas le temps de terminer, mais que ses amis publieront, invités à le faire par Auguste. Ce sont vingt années environ de sa vie sur lesquelles nous ne savons pas grand-chose – du moins le détail des événements quotidiens – mais qui ont vu naître, au gré de l'inspiration, les deux plus belles œuvres de la poésie latine.

Assez curieusement, la composition de ces deux poèmes suit le même rythme que la vie politique. Celle des *Géorgiques* s'étend (si l'on en croit les biographes antiques de Virgile) de 37 à 30, celle de l'*Enéide* de 30 (ou 29) à 19, l'année où mourut Virgile. Or, on le sait, la première période se termine avec la victoire d'Octave sur Antoine (Actium date du 2 septembre 31, la prise d'Alexandrie, qui mit fin à la guerre, du 1er août de l'année suivante), et c'est en 27 qu'Octave devient Auguste. Ces correspondances sont, assurément, quelque peu artificielles, et les commentateurs anciens les ont rendues plus précises qu'elles ne le furent réellement. D'ailleurs, peut-on déterminer, à une année près, le moment où commence à se former l'idée d'un poème? Mais, à condition de considérer ces divisions comme de simples repères, elles ne laissent pas d'être significatives. La première période est celle où le poète se réclame de Mécène, et ne s'adresse à Octave (qu'il appelle César, de son nom de puissance) qu'en termes déférents, dépourvus de toute nuance personnelle. Mécène est présent partout, dans les *Géorgiques;* c'est à lui que le poème est dédié, c'est lui dont Virgile dit qu'il est " *son honneur* " *(decus),* et qu'il lui doit " *la meilleure part de sa renommée* " (II, v. 40), et, au début du troisième chant, celui qui est consacré à l'élevage des chevaux, des taureaux, des moutons et des chèvres, il déclare que, en l'écrivant, il se conforme " *aux invitations très fermes* " *(haud mollia iussa)* de son ami (III, v. 41).

Dans l'*Enéide,* il n'est fait aucune mention, directe ou indirecte, de Mécène. Le sujet l'interdisait? Mais il n'eût pas été impossible de glisser, ici ou là, une allusion aux rois d'Arretium, par exemple dans l'énumération des peuples qui sont engagés dans la guerre que les Troyens doivent soutenir contre Turnus et ses alliés. Ou encore, un ancêtre de Mécène aurait pu figurer parmi les vainqueurs aux Jeux funèbres célébrés par Enée auprès du tombeau d'Anchise ou lui-même parmi les âmes des héros à naître. Virgile ne l'a pas voulu. Ainsi la première période de ces vingt années est bien celle de Mécène, la seconde, celle d'Auguste.

La genèse des Géorgiques

Depuis l'Antiquité, l'on s'interroge sur le rôle joué par Mécène dans la composition des *Géorgiques.* L'idée première vint-elle du protecteur ou du poète? Et pourquoi cette entreprise étrange, de mettre sous la forme d'un long poème un ouvrage consacré à l'agriculture?

Les biographes antiques ne disent pas que Virgile, en l'écrivant, obéissait à un ordre de Mécène; ils se contentent d'indiquer que le poème est destiné à « honorer Mécène » *(in honorem Maecenatis).* Donat (dans la *Vie de Virgile*) assure que cette dédicace à Mécène est destinée à remercier celui-ci de l'aide qu'il aurait apportée au poète au cours des démêlés qui opposèrent Virgile au soldat qui voulait occuper le domaine d'Andes et avait été sur le point de lui faire un mauvais parti. Mécène, en cette circonstance, aurait plaidé la cause de Virgile auprès d'Octave et, cette fois, obtenu pour son ami une décision définitive. Histoire fort obscure, nous l'avons vu, et l'on peut se demander si, dans l'hypothèse où Mécène aurait servi d'intermédiaire entre le poète et le triumvir, le remerciement n'aurait pas plutôt figuré dans les *Bucoliques* elles-mêmes, plutôt que dans un poème didactique qui ne vit le jour que dix ans plus tard. Il semble bien que Donat ait voulu établir un parallélisme avec les *Bucoliques,* dont il dit qu'elles sont des hommages rendus aux trois personnages qui avaient successivement protégé Virgile, en cette longue et ténébreuse affaire : Pollion, Alfenus Varus et Cornelius Gallus. Décidément, le partage des terres en Cisalpine fut, déjà pour les Anciens, un principe d'explication dont ils ont usé et abusé.

Le commentaire de Servius, lui, n'a pas cédé à cette facilité. Il se contente de faire observer que les *Géorgiques* sont un poème didactique et que, par conséquent, elles doivent être adressées à quelqu'un, la personne que l'on veut instruire. Virgile est le maître, Mécène l'élève, comme, autrefois, *Les Travaux et les Jours* d'Hésiode avaient été dédiés à Persès et le poème de Lucrèce à Memmius. Cette vision pédagogique, évidemment, n'explique rien. Lorsque nous lisons, dans la *Vie de Virgile,* attribuée à Servius, que « Pollion lui proposa d'écrire de la poésie bucolique..., Mécène des *Géorgiques...,* et Auguste l'*Enéide* », on peut se demander quelle fut la part de liberté qui resta au poète – celle, tout au plus, d'un artisan qui travaille « à façon ». Même si tel ou tel engagea Virgile dans telle ou telle voie, il n'en reste pas moins que le poète accepta la suggestion – ce qui ne pouvait être qu'une suggestion –, qu'il la fit sienne, moins parce qu'il y était contraint que parce qu'elle répondait à sa propre inspiration. Nous verrons à quel point sa création est commandée par l'amour qu'il éprouve pour elle, ce mouvement qui l'entraîne, l'anime et lui permet de surmonter toutes les difficultés. Personne ne peut penser pour un poète le poème futur.

Pourtant, Virgile a peut-être obéi à un mot d'ordre; il semble du moins qu'il le dise, et nous avons rappelé qu'il invoque lui-même, à plusieurs reprises, le nom de Mécène. Mais a-t-on attaché une attention suffisante à la manière dont sont présentés ces propos, et n'a-t-on pas trop rapidement conclu qu'en écrivant les *Géorgiques* il avait exécuté des instructions précises, impératives, que lui avait données son protecteur? Ce qui a entraîné beaucoup de rhétorique, en des temps divers, sur les rapports entre les poètes amis de Mécène et les intentions prêtées au « pouvoir ».

Les mots importants, nous venons de les rappeler, ce sont les *haud mollia iussa,* qui se lisent au début du troisième chant. Les commentateurs discutent à propos du sens qu'il faut leur donner. Les uns pensent que c'est une " *invitation à une tâche difficile* ", d'autres, les plus nombreux, veulent qu'il s'agisse d'un " *ordre impératif* "; une voie moyenne (que nous avons suivie), adoucissant cette seconde interprétation, suggère de traduire par " *des invitations très fermes* ". Mais, au fond, le sens précis importe peu, l'interprétation de *haud mollia* concerne seulement la nature des rapports entre Virgile et Mécène. Qu'il s'agisse d'un ordre, d'un conseil, d'une invitation, il n'en reste pas moins que Virgile se montre obéissant, ou déférent. Mais en quoi? Si on replace ces mots dans leur contexte, au lieu de les considérer en eux-mêmes, leur véritable signification ne tarde pas à apparaître clairement :

" *Cependant* (écrit Virgile après un assez long prologue, consacré à la gloire d'Octave, et qui a été ajouté après Actium, comme le prouvent les allusions qu'il contient), *cependant, gagnons les bosquets des Dryades et leurs alpages vierges – c'est là, Mécène, ton invitation très ferme* " (III, v. 40-41) –. Vierges sont les bosquets et les alpages non parce que les hommes n'y ont jamais pénétré (c'est le domaine que parcourent les bergers) mais parce que nul poète avant Virgile n'a entrepris de les chanter. Et l'on conclura que les injonctions (ou les invitations) de Mécène ne concernent que les sujets traités dans le troisième et, peut-être, mais moins sûrement, le quatrième chant. C'est en effet la première fois, et la seule, où il est question d'un « ordre », ou d'un conseil de Mécène. Au premier chant, Mécène est simplement nommé, comme le destinataire du poème. Au second chant, Virgile lui demande simplement de l'assister en la présente entreprise :

" *Et toi, sois-moi présent, et, avec moi, va jusqu'au bout de l'œuvre entreprise, toi, mon honneur, toi qui, à bon droit, es la meilleure part de ma renommée, Mécène, et, dans ton vol, ouvre mes voiles vers la pleine mer. Je ne puis espérer tout embrasser dans mes vers; non, aurais-je cent langues, et cent bouches, et une voix de fer. Sois-moi présent, et longe avec moi le bord de la côte; on touche la terre de la main; je ne te retiendrai point ici par un poème plein de fictions, ni par des détours, et de trop longs exordes* " (II, v. 39-46).

Mécène ne joue encore que le rôle de la divinité protectrice, qui procure au poète le vent favorable. Il est la forme que prend l'inspiration parce que (ainsi le veut l'étiquette) il possède un esprit plus vigoureux, plus créateur que le poète. Toutes les dédicaces, de musiciens, de poètes, voire de simples prosateurs ont toujours affirmé que celui à qui elles étaient destinées, roi, prince, évêque ou fermier général, avait cent fois plus de talent que le malheureux qui affecte de se blottir dans son ombre, ou déclare dérober un rayon de sa gloire. Peut-être, dans le cas de Mécène, y a-t-il un peu plus que cette politesse traditionnelle. Il est vrai que Virgile lui doit une partie de sa gloire : parce que le simple fait de figurer parmi ses amis ajoute à son prestige, en garantissant, aux yeux de tous les Romains de la Ville, qu'il a l'estime des esprits les plus distingués. Horace nous a raconté, dans une satire célèbre, que l'on intriguait beaucoup pour faire partie de cette cohorte, qui voulait être, par la volonté de Mécène, et qui était en fait l'ornement et l'honneur de la Rome nouvelle. Rien, dans tout cela, qui nous autorise à penser que les *Géorgiques* dans leur ensemble soient une « commande » de Mécène. Les commentateurs qui l'ont affirmé ont dépassé ce que les textes nous apprennent. Si l'on s'en tient à ce que dit Virgile, Mécène ne fut que le vent qui pousse le navire, il n'en est point le pilote ni le patron.

La façon la plus simple d'expliquer les mots du poète, les *haud mollia iussa* du chant III, consiste sans doute à penser que Virgile, ayant commencé d'écrire un poème de la terre, dans lequel il voulait traiter des cultures essentielles à la vie des hommes : celle du blé et des arbres qui donnent l'huile et le vin, reçut de Mécène le conseil d'y ajouter ce qui concernait toutes les formes d'élevage, en y comprenant même celle des abeilles, si importante en des siècles où il n'existait d'autre sucre que le miel. Comme cela a été déjà supposé, il y aurait eu deux *Géorgiques :* une première forme du poème, comprenant les deux premiers chants, et les *Géorgiques* telles que nous les possédons, en quatre chants. S'il en est bien ainsi, l'idée initiale appartient à Virgile, non pas à Mécène, et c'est l'idée d'un poète, non d'un politique.

Naturellement, Virgile, écrivant les *Géorgiques* premières, ne le fit pas en solitaire. Il s'entretint de son œuvre avec ses amis, et Mécène en premier, mais il faut penser que ces conversations portaient plus sur la poésie elle-même que sur ses incidences économiques et sociales. Une tradition antique, que l'on ne saurait mettre en doute, nous raconte la manière dont procédait le poète pour écrire. On nous dit qu'il commençait sa journée en dictant quantité de vers, qu'il composait à mesure, puis qu'il les remaniait pendant le reste du jour, les reprenait, en supprimait, de telle sorte que, le soir, il n'en restait plus qu'un petit nombre. Il disait, en plaisantant, qu'il faisait comme les ourses, qui mettent au monde des oursons informes et doivent ensuite, en les léchant, les façonner pour qu'ils soient achevés.

Telle était la vie que menait le poète, dans sa retraite de Naples – peut-être le jardin de Siron, peut-être une *villa* qu'il possédait près de Nola – pendant les années où il composa les quatre chants des *Géorgiques.* Une existence quasi épicurienne, dépourvue de trouble, exempte de désir, riche du bonheur quotidien de la création – véritablement épicurienne, si ce n'est qu'elle était consacrée aux Muses.

Il est certain que les *Géorgiques,* qui sont l'œuvre de Virgile la plus parfaite, témoignent d'un long travail. L'équilibre de la composition, qui donne aux quatre chants des longueurs voisines, la pureté de la langue, toujours claire et harmonieuse, la vérité des épisodes, la précision d'une pensée qui parvient à illustrer chaque technique de l'agriculture en l'associant à des images inoubliables, rien de tout cela ne saurait avoir été donné par les dieux. Et nous pouvons, aujourd'hui encore, tenir la preuve de quelques-uns au moins des remaniements, apportés par Virgile en cours de composition.

Nous avons déjà fait allusion au prologue du livre III, qui ne peut avoir été écrit qu'après la victoire d'Actium, et pendant qu'Octave, durant l'année 30, s'employait à régler les affaires d'Orient. Il est évident aussi que celui du premier chant, qui montre Octave déjà divinisé, ou sur le point de l'être, prêt à prendre place parmi les constellations, se rapporte à la même période, après l'élimination d'Antoine, et une fois que la Victoire eut consacré Octave. Ce passage du prologue ne peut être contemporain de la prière qui termine ce même chant, et qui est adressée à un Octave qui n'a pas encore pacifié le monde et qui est présenté d'une manière assez semblable à celle que nous avons rencontrée dans la première *Eglogue.* A ce moment, la victoire est encore lointaine. Les Parthes sont menaçants sur la frontière de Syrie et, sur le Rhin, il faut contenir les Germains – ce que fait Agrippa en 38. C'est à cette époque que nous ramène aussi un vers de cette prière, lorsque Virgile s'écrie : “ *Depuis longtemps déjà nous avons payé suffisamment de notre sang les parjures de la Troie de Laomédon"* (I, v. 501-502). Cette Troie de Laomédon, une très ancienne légende : Laomédon, roi de Troie, avait demandé les services des divinités (Poséidon, Apollon) pour élever une muraille autour de sa ville. Les dieux acceptèrent, et l'on convint d'un prix; mais, le mur achevé, le roi refusa de payer. Ce qui attira sur lui et sur sa dynastie une malédiction durable. Or, Enée, ancêtre des Romains, appartient (indirectement) à la famille de Laomédon. Faire allusion à cette histoire, c'est répondre à l'*Epode* XVI d'Horace quand celui-ci rendait responsable de la guerre civile Romulus, meurtrier de son frère.

Pourquoi, répond Virgile, ne pas remonter encore plus haut? Mais il le fait avec une évidente ironie en se référant à une légende que personne ne prend au sérieux. Il refuse de croire à une fatalité mystique quelconque qui pèserait sur Rome : un jeune héros est né, qui aura, si les dieux le permettent, le pouvoir de rétablir la paix. Tout ce passage appartient évidemment à une partie du poème rédigée en 38, l'une des premières, par conséquent. Il vient en conclusion d'un « épisode », le rappel des sinistres présages qui accompagnèrent la mort de César, aux ides de mars 44 et qui, dépassant l'assassinat, annoncèrent aussi la bataille de Philippes, où, une seconde fois (depuis Pharsale), s'affrontèrent, sur la plaine de l'Hémus, deux armées de citoyens romains. A Philippes, Antoine et Octave avaient partagé la victoire; mais c'est Octave seul que le poète invoque pour être le sauveur si longtemps attendu. On ne saurait imaginer engagement politique plus net. Dans ces conditions, les vers du prologue que nous avons rappelés apparaissent pour manifester la réalisation du secours que demandait la prière angoissée qui termine le chant. Vieux procédé, homérique déjà, du renversement des temps – les savants l'appellent « hystéron protéron » (en grec : mettre après ce qui est avant). Le remaniement opéré par Virgile est utilisé pour rendre conforme à un schéma éprouvé la structure de ce qui doit apparaître comme une narration épique : le retour de la paix, qui descend sur la terre italienne, à mesure que s'affirme l'action bienfaisante d'Octave. Au temps où fut commencé le poème, rien encore n'était sûr, la guerre menaçait. Le poème achevé, l'espoir est revenu : si bien que les moments difficiles apparaissent dans un lointain déjà embrumé et leur rappel, à la fin du livre, ne contredit pas à l'optimisme, affirmé dès les premiers vers, que le poème a pour dessein de faire partager à ceux qui le liront.

Ce sont les mêmes raisons qui avaient amené Virgile à placer en tête des *Bucoliques* l'*Eglogue* du bonheur retrouvé, et seulement à la fin du livre, à la neuvième place, celle du malheur. La chronologie réelle, anecdotique, ne compte pas, au prix de l'ordre poétique. Bien des années plus tard, Horace le rappellera, dans son *Art poétique,* en parlant du *lucidos ordo,* « l'ordre qui illumine ».

S'il est vrai que ce prologue du premier livre fut rédigé sinon tout à fait parmi les derniers vers écrits par Virgile pour les *Géorgiques,* du moins vers le temps de leur achèvement, on comprendra aussi pourquoi le poète y présente l'ensemble des quatre chants, les pâturages comme les labours, même si, comme nous l'avons supposé, l'idée de joindre l'élevage à la culture des céréales et des arbres n'est venue que plus tard à la pensée de Virgile. Au cours de ces sept ou huit années, le poète a modifié son œuvre, en suivant les événements de la vie politique et ceux de sa propre vie intérieure, mais toujours en se préoccupant de construire son poème comme un édifice dont les symétries et l'harmonie définitive n'ont émergé que peu à peu.

On peut montrer par exemple que l'éloge de l'Italie, l'un des morceaux brillants du chant II, date du temps où Antoine était engagé dans une expédition contre le pays des Mèdes. Virgile dit en effet que le principal produit de ce pays, le citronnier, donne des fruits dont l'une des vertus est de procurer un contrepoison capable de neutraliser les breuvages que de " *cruelles marâtres* " font absorber aux enfants nés d'un premier mariage (II, v. 129-130). Propos loin d'être innocent, car le bruit courait à Rome que Cléopâtre, dont la liaison avec Antoine était notoire, avait tenté d'empoisonner les enfants de celui-ci. Les vers que nous citons sont, par là même, datés; ils nous reportent aux environs de l'année 36, et leur intention politique, même si elle échappe généralement aux commentateurs, ne pouvait qu'être évidente pour les contemporains. La date montre que cet éloge de l'Italie a précédé, et non suivi, la politique d'Octave qui aboutira, nous l'avons dit, au fameux serment prêté par les villes de la péninsule, trois ans plus tard. Il est possible que Virgile ait composé ces vers à l'instigation de Mécène, pour préparer et appuyer une manœuvre dirigée contre Antoine, et opposer le bonheur paisible de la terre d'Italie aux pernicieuses merveilles de l'Orient : ici, l'opportunité aurait imposé à Virgile un développement qu'il a su intégrer dans la structure poétique du second chant. Cet éloge de l'Italie, l'un des plus brillants, des plus lyriques de tout le livre, qui comporte deux autres « élargissements », un « hymne au printemps » et l'éloge de la vie champêtre, interrompt l'énoncé d'une idée fondamentale (mais, au fond assez banale) dans la technique agricole, la nécessité d'adapter les cultures aux possibilités du terroir. Ainsi le poète introduit non seulement de la variété, mais, ce qui est plus important, des tons, un musicien dirait des mouvements contrastés, qui touchent différemment la sensibilité. Virgile, qui avait commencé, avec les *Bucoliques,* par jouer de la même façon sur les rythmes, les parallélismes et les contrastes, se souvient de cet apprentissage (dont il trouvait le modèle dans les *Idylles* de Théocrite) pour moduler son livre.

C'est ainsi qu'après des préceptes fort techniques, sur la manière de préparer les fosses où l'on plantera la vigne, l'orientation qu'il convient de donner aux boutures, la disposition des ceps, selon la nature du sol et s'il s'agit d'une plaine ou d'un terrain en pente, et d'autres conseils encore, éclate l'hymne au printemps, assez mal rattaché à ce qui précède : “ *Le meilleur temps,* dit Virgile, *pour planter la vigne est le moment où, au printemps vermeil, est revenu l'oiseau blanc haï des longues couleuvres, ou bien lors des premiers froids de l'automne, lorsque le sol dans sa course rapide n'a pas encore atteint l'hiver avec ses chevaux, mais que l'été est déjà dépassé* ” (II, v. 319-322). Puis vient l'évocation du printemps qui fait oublier qu'il s'agit de la vigne : ce sont la nature entière et tout ce qui vit qui se trouvent en question, et l'on a l'impression que la vie des plantes est non plus regardée de l'extérieur, mais qu'elle est ressentie, subjectivement, par l'une de ces « projections de l'âme » chères à Lucrèce, ces dépassements par la sensibilité des limites de la connaissance objective qui sont une partie de la méthodologie épicurienne.

Le lyrisme même de la description conduit l'esprit vers le secret de la création, lui ouvre les *arcana Naturae* – le mystère de ce qui Est – grâce à une démarche dans laquelle la poésie devient science. Nous avons dit au début de ce livre comment cette vision avait pu naître dans l'esprit de Virgile, aux leçons de Siron et probablement d'Asclépiade. Ici, nous la voyons se préciser et informer le poème. Si cette projection de l'âme intervient dans ce livre, c'est qu'elle était peu imaginable lorsqu'il s'agissait du blé ou de l'avoine; elle est plus naturelle lorsqu'il s'agit de la vigne et des arbres, dont l'existence s'étend sur une durée assez longue, comparable à celle des humains, avec leur enfance, la vigueur de leur âge mûr et le déclin de leur vieillesse. C'est ainsi que les boutures de vigne doivent être mises dans une pépinière qui ressemble au terrain sur lequel elles seront définitivement plantées, afin qu'elles ne soient pas dépaysées et incapables de reconnaître leur mère – c'est-à-dire la terre – qui assure leur croissance : “ *Tant,* ajoute Virgile, *est importante l'habitude, chez les êtres jeunes.* ” S'agit-il de plantes, ou bien d'animaux, voire d'enfants? La vie est une, sous ses différentes formes, et obéit aux mêmes lois fondamentales.

On voit comment les développements, d'origines diverses, sont assemblés par le poète, de manière à former une ample méditation, dans laquelle tout est pensé en fonction d'une conception poétique du monde, lyrique, si l'on entend par là qu'elle emplit l'âme de Virgile, épique, si l'on préfère se souvenir qu'elle décrit la formation de tout ce qui est.

Et cela suggère quelques réflexions sur l'ordre suivi dans la succession des quatre chants. Le poète part d'une vision générale des conditions dans lesquelles peut naître la vie des plantes. Celles-ci ne sont encore que le résultat de semis annuels : le lin, le pavot (dont la graine était appréciée), les fèves, le sainfoin, le millet, enfin le froment et l'épeautre, la vesce, les pois et la lentille. Humbles plantes, à la vie brève, soumises aux saisons et aux caprices du temps. Puis viennent, avec le chant II, les préceptes concernant les arbres, créatures déjà plus libres; chacune possède son caractère, qu'il convient de respecter, lorsque le cultivateur s'emploie à la dresser, à modifier sa nature, comme on apprivoise un animal.

Avec le troisième chant, voici les animaux eux-mêmes, étape nouvelle dans la création : les analogies avec la nature humaine deviennent plus nombreuses, plus précises, dans la mesure où la vie des animaux qui sont les compagnons des hommes se déroule dans le temps, comme la nôtre, avec les mêmes plaisirs et les mêmes chagrins. Lorsqu'il s'agit des génisses, et de la période de leur vie où elles peuvent supporter l'enfantement et « de justes hymens », Virgile invite l'éleveur à ne pas gaspiller ces années fécondes, car, dit-il, " *c'est le temps le meilleur qui, pour les malheureux mortels, s'enfuit le premier* " (III, v. 66-67), réflexion que reprendra Sénèque, lorsqu'il méditera sur le « bon usage » du temps que nous impartit la nature. Ces animaux éprouvent les mêmes passions que les humains : le cheval est belliqueux, il frémit au son de la trompette guerrière, il aspire à remporter la victoire; il est sensible au déshonneur de la défaite, et à la gloire du triomphe. Les chevaux et les taureaux sont également emportés par l'ardeur amoureuse, et ici Virgile se souvient très précisément de Lucrèce, non seulement dans les mots et les vers, mais dans la pensée même : ce sont les mêmes accents que l'on entendait au prologue célèbre du poème *Sur la nature,* qui chante la puissance de l'amour, dans la création tout entière. Virgile, comme Lucrèce, montre que là réside le moteur même de toute vie, aussi bien pour les hommes et les bêtes sauvages, chez les poissons et pour les troupeaux comme pour les oiseaux : " *amor omnibus idem* ", " pour tous l'amour est le même " (III, v. 244). Le parallélisme avec le poème de Lucrèce – qui fait de ce troisième chant comme un abrégé du *De rerum natura* – se révèle enfin, sans possibilité de doute, dans le final, le tableau de l'épizootie (la « peste ») qui ravagea les troupeaux dans les pâturages des Alpes. Ce tableau répond à celui de la « peste d'Athènes », qui clôt le poème de Lucrèce.

On s'est souvent demandé la raison de ces évocations atroces, chez Virgile comme chez Lucrèce. Pessimisme profond? Mais Virgile n'est pas pessimiste, et, sans doute, Lucrèce ne l'est-il pas davantage. Plutôt, clairvoyance, en face des forces de mort qui, parfois, sans que l'on en sache la raison, se déchaînent, et que rien ne peut maîtriser. L'épicurisme n'avait pas ignoré ce problème, qui est lié à celui du mal dans le monde; l'enseignement de Siron avait apporté à Virgile, sans aucun doute, les mêmes arguments que développait Lucrèce, au troisième chant de son poème : la mort, en elle-même, n'est pas un mal, elle est un fait de nature, dont la perspective ne saurait nous émouvoir ni empoisonner en nous le plaisir de vivre. Pourtant, lorsque Virgile parle de la mort des animaux qui, eux, sont sans angoisse et, par conséquent, devraient subir leur mort sans éprouver cette torture morale qu'elle provoque chez les humains, il le fait avec des accents de pitié; il sait que, pour les chevaux malades, la mort est douloureuse, qu'elle s'accompagne d'un égarement tel qu'ils se déchirent eux-mêmes à belles dents, et le taureau attelé à la charrue s'attriste d'avoir perdu son compagnon. Tout cela, dit le poète, est d'une criante injustice : ces animaux n'ont connu que le travail, pour notre bénéfice; ils n'ont jamais, comme les hommes, sacrifié aux vices dont cette mort serait la rançon. Ils ont vécu la vie même que recommande l'épicurisme : *" Pourtant, ni les présents de Bacchus, le vin du Massique ni des nourritures précieuses ne leur ont fait de mal; ils ne mangent que des feuillages et de l'herbe toute simple; leur boisson, c'est l'eau de sources pures, et des ruisseaux qui courent, et le souci ne rompt pas leur sommeil réparateur "* (III, v. 525-531). On devine, derrière ces propos, comme le commencement d'une indignation, qui va bientôt conduire le poète vers un autre horizon spirituel que celui qui, jusque-là, fut le sien.

Le quatrième chant nous fait progresser un peu plus dans la hiérarchie des êtres; avec les abeilles, nous sommes déjà presque parmi les hommes. Les autres animaux ne savent pas s'organiser en sociétés. Les abeilles au contraire donnent un exemple de discipline et de concorde, qui peut servir de modèle (et de leçon) aux contemporains du poète. Elles pratiquent toutes les vertus que devraient pratiquer les humains, l'ardeur au travail, l'héroïsme, pour défendre leur roi et, nous l'avons dit, elles connaissent la valeur de la gloire! S'il est vrai que les philosophes définissaient, unanimement, l'homme en disant qu'il est « un animal sociable », capable de s'organiser en cités, alors les abeilles sont véritablement des « humains », et Virgile ne peut s'empêcher de se poser la question de savoir si cette conduite merveilleuse des insectes de la ruche ne requiert pas l'intervention d'une intelligence. Voici sa réponse :

" *S'appuyant sur ces indices* [le comportement quasi humain des abeilles] *et forts de ces exemples, certains ont dit que les abeilles possédaient une part de l'esprit divin et des émanations de la lumière céleste, car, disent-ils, un .lieu est répandu sur la terre entière, dans l'étendue de la mer et les profondeurs du ciel; c'est là que les troupeaux, les bêtes de trait, les hommes et la race entière des bêtes sauvages puisent en naissant le fluide de leur vie, puis c'est là qu'ils le rendent, là que retournent tous les êtres après leur dissolution; ils disent que la mort n'existe pas, que, vivants, ils volent vers la masse des étoiles et parviennent au plus haut du ciel* " (IV, v. 218-227).

Certes, Virgile ne prend pas à son compte cet enseignement, qui provient sans doute des pythagoriciens, et qu'avaient diffusé le platonisme et le stoïcisme, mais il semble bien près de le faire, et, déjà, l'on pressent la révélation d'Anchise, au livre VI, de l'*Enéide*. Les mots sont les mêmes – moins le doute : " *Sache d'abord que le ciel et la terre et les étendues liquides, le globe lumineux de la lune et les astres des Titans sont nourris, de l'intérieur, par un souffle, et qu'une intelligence diffuse dans les membres du monde met en branle la masse entière...* " (*Enéide* VI, v. 724-727). A ce moment (le chant VI de l'*Enéide* fut écrit vers 23 av. J.-C.), ce qui n'était, une dizaine d'années plus tôt, au moins, pour le poète qu'une hypothèse métaphysique, lui est devenu vérité révélée. Nous sommes donc amenés à penser que, entre les « années de Mécène » et les « années d'Auguste », Virgile eut, à un moment que nous devrons déterminer, une illumination qui modifia profondément sa pensée; renonçant au dogme épicurien du mécanisme pur, au grand jeu du hasard que poursuivent, à travers des siècles sans fin, les particules dont est formée la matière en s'entrechoquant et en vibrant au sein des corps composés selon un rythme caractéristique de chaque nature, sans que jamais intervienne aucune intelligence, aucun éclair de conscience, aucune volonté divine qui introduise la moindre finalité, il en vient à admettre l'intervention de forces transcendantes dans la conduite de l'univers. L'essentiel de sa pensée ne s'en trouva pas d'abord modifié, mais ce fut l'amorce d'une évolution qui ne deviendra vraiment sensible qu'avec l'*Enéide;* pourtant, déjà au livre III des *Géorgiques,* composé, peut-être, vers 33 av. J.-C., l'indignation que ressent le poète devant la mort cruelle, si profondément injuste, des animaux innocents, puis, au livre IV, écrit sans doute vers 31 av. J.-C., le comportement merveilleux des abeilles, tout cela commence à lui suggérer l'idée d'une théodicée, idée incompatible avec l'épicurisme orthodoxe. Cela, et sans doute aussi des événements plus graves, que nous rencontrerons, à la charnière des deux périodes, agiront sur lui et lui imposeront une autre vision du monde.

Les indices que nous venons de rappeler nous montrent Virgile face à face avec le mystère de la vie, à mesure qu'il s'interroge sur le sens de celle-ci, dont les formes multiples se présentent à lui tandis qu'il décrit l'action des hommes sur la nature et que se poursuit le lent travail de composition qui aboutit aux quatre chants des *Géorgiques.* A ce moment, se présente une objection : si c'est bien Mécène qui, par un conseil, ou, si l'on préfère, un « ordre » (mais, d'un ami à un autre, tout souhait formulé par l'un des deux devient pour l'autre un ordre!), a suggéré à Virgile de traiter, en un chant séparé, l'élevage des troupeaux, puis, peut-être, celui des abeilles, ne prête-t-on pas au poète des intentions qu'il n'a pas eues? Mais il convient de séparer l'éventuelle suggestion et la manière dont Virgile l'a reçue. Le poète a accepté l'invitation de Mécène à ce nouvel effort parce qu'il a découvert, chemin faisant, que cet élargissement de son poème lui conférait une unité plus grande, l'intégrait dans un poème de la vie et permettait cette gradation que nous avons dite dans la description de ses différents aspects. En elle-même, cette idée qu'il existe des niveaux différents et hiérarchisés de la vie, végétale, animale, humaine, que les créatures sont de plus en plus différenciées à mesure que l'on s'élève dans l'échelle des êtres est parfaitement compatible avec la physiologie des épicuriens, qui admettent non seulement que le mécanisme fondamental de la vie est identique dans tous les organismes, depuis les plus rudimentaires jusqu'à l'homme, mais aussi que ces organismes sont de plus en plus complexes, comprennent un plus grand nombre d'atomes différenciés en des combinaisons plus variées. Mais Virgile semble s'être demandé, puisque le même mécanisme (ou des mécanismes semblables) intervient chez tous les êtres, si la pensée, qui en est la résultante, ne se rencontre pas, elle aussi, à tous les degrés de la vie. Tandis que les stoïciens dressaient une barrière infranchissable entre l'homme et les animaux, en accordant au premier la raison, attribut qu'ils refusaient aux seconds – ce qui revenait à donner à l'homme une place unique dans la création –, la doctrine épicurienne était propre à faire naître l'idée qu'il existait entre tous les êtres une sympathie, une affectivité semblable, un sentiment du plaisir et de la douleur sinon identique, du moins analogue chez tous. Cela permettait ces « projections de l'âme » qui caractérisent, nous l'avons dit, la sensibilité virgilienne. Cela soulevait aussi un grave problème : s'il est vrai, comme l'affirmait Epicure, que le Souverain Bien est le plaisir, et que la vie philosophique consiste à rechercher celui-ci, sous ses formes les plus hautes, n'en était-il pas de même pour les animaux? Ne pouvait-on concevoir une sorte de sagesse animale, préfiguration de la sagesse humaine? Ce n'est pas sans intention que Virgile, décrivant le bonheur de la vie paysanne, unit en un même tableau *« mugitusque boum mollesque sub arbore somni »*, *" les mugissements des bœufs et les doux sommeils sous un arbre "* (II, v. 470), une image qui, au cours des siècles, a séduit maints poètes.

Epicure avait répondu par avance à cette objection, que l'on n'a pas manqué de lui faire (Sénèque la formulera dans son traité *Sur la vie heureuse*) : il disait que le véritable plaisir ne pouvait être atteint que dans le souvenir, et qu'il était d'ordre spirituel. Le privilège de la sagesse humaine est le pouvoir que possèdent seuls les hommes de se libérer du temps, de transfigurer le moment présent en éternité.

Virgile n'avait pas ignoré ce problème : certes, il sait que l'on peut concevoir un bonheur qui serait donné, comme celui des animaux, offert par l'ordre du monde, sans effort de leur part. C'est ce qui existait, dit-on, au temps de l'âge d'or, *" lorsque, sous le règne de Saturne, les cultivateurs ne domptaient point les champs "* par le labour (I, v. 125). Mais Jupiter est venu et, avec lui, les mille travaux indispensables à la bonne réussite des plantes nourricières. Jupiter n'a pas voulu que *" son empire s'endormît dans une épaisse torpeur "* (I, v. 124), et il a aiguisé l'esprit des mortels en leur imposant des soucis. Il s'ensuivit un double mouvement : les difficultés, jusque-là inconnues, qu'ils rencontraient dans la culture des champs les engageaient dans un devenir, dont ils prenaient conscience. Ils attendaient, pleins de crainte et d'espoir, alternativement, le résultat de leur travail. Une fois ce résultat atteint, en des moments privilégiés, ils retrouvaient ces « moments d'éternité », dont la découverte est l'un des bonheurs d'Epicure. Ce second mouvement, ce retour au paradis, cette fois conquis, est décrit par Virgile au second chant du poème : il est le couronnement de ces « premières *Géorgiques* » et fait pendant au tableau des difficultés imposées par Jupiter à la vie rustique.

On voit quelle est la signification de cette répudiation de l'âge d'or qui, d'abord, étonne. Elle est conforme à l'épicurisme le plus strict; l'accent est mis sur le souci *(cura),* qui est le moteur des actions humaines, sur le besoin, qui fait naître les inventions techniques, et c'est dans ce sens-là qu'il est dit en conclusion de ce tableau *« labor omnia uicit improbus, et duris urgens in rebus egestas », " l'effort pénible, acharné, surmonta tous les obstacles, ainsi que le dénuement matériel qui pesait sur les hommes "* (I, v. 145-146). Dominer les choses, pour conquérir la liberté de l'esprit. Telle est la conception que se fait Virgile, avec les épicuriens, des premiers progrès qui conduisirent, douloureusement, les hommes d'un état quasi bestial jusqu'à un bonheur vraiment humain.

Dans ces conditions, la mort des animaux devait être douloureuse à ceux-ci, puisqu'ils n'avaient pas les moyens de la transcender, et le final du chant III pouvait être conçu comme le correspondant de la peste d'Athènes, celui que Lucrèce avait placé au terme de son poème. Tel aurait pu être le sens de ce sombre tableau : nous placer en face de l'alternance de la vie et de la mort, celle-ci nécessaire pour que la vie puisse à chaque instant renaître. Certes, mais, lorsqu'il compose ce final, Virgile semble ne plus se satisfaire de ces arguments de raison. Sa sensibilité l'entraîne au-delà. Lorsqu'il avait énuméré, au premier chant, les mille difficultés que Jupiter a placées sur le chemin des agriculteurs, il en avait, en même temps, dit la justification. En revanche, lorsque, au terme du chant III, il écrit : *" Avec moins de violence, le cyclone s'abat sur la mer, apportant la tempête, que les maladies sur les troupeaux "* (III, v. 470-471), et l'épidémie du Norique vient illustrer cette affirmation. Mais, cette fois, aucune justification, aucune excuse. Les animaux n'ont pas le moyen de surmonter, par l'esprit, leur condition, et leurs souffrances sont sans remède. La pensée du poète, devant un tel état des choses, dépasse l'épicurisme et s'attriste. C'est pourquoi il semble bien que le chant III ne se situe pas sur le même plan spirituel que les deux premiers, qu'il n'a pas été inspiré par une même conception. Mécène a donné à Virgile (vraisemblablement sans en avoir conscience, et pour d'autres raisons) le moyen de pousser plus loin sa réflexion, en l'invitant à chanter le « bonheur » des troupeaux.

L'agriculture dans la vie romaine

Nous pouvons maintenant mieux discerner ce que fut la genèse des *Géorgiques,* depuis l'idée première jusqu'à la lecture que Virgile en fit à Octave, lorsque celui-ci, en 29, revenant victorieux d'Orient, s'arrêta quelque temps en Campanie pour guérir une irritation tenace de la gorge. La lecture, nous dit-on, dura quatre jours, et, lorsque la voix de Virgile se fatiguait, Mécène, qui était présent, le remplaçait.

Une première idée est à exorciser : ce n'est pas Mécène qui décida, pour des raisons de haute politique, que son ami devrait composer un poème à la gloire de l'agriculture, que le poète qui avait su si bien chanter la vie rustique, dans le cadre un peu mièvre des *Eglogues,* pourrait « se rendre utile à la cité » en exaltant labourage et pâturage. Cette conception répond à des idées reçues du « siècle des Lumières »; elle suppose une image d'un roi préoccupé du bien de ses sujets, présidant à une société dans laquelle la seule, ou principale richesse est le produit de l'agriculture. Elle transporte Virgile, Auguste et Mécène dans la France de Colbert et ses prolongements. Cette idée est très certainement anachronique. La richesse de Rome n'était pas son agriculture. La Ville elle-même, et l'aristocratie bénéficiaient de la conquête. L'argent venait du tribut versé par les provinces; les sociétés de publicains drainaient vers Rome les revenus qui avaient été autrefois ceux des rois hellénistiques. Si l'agriculture tenait une grande place dans l'économie de l'Orient et, par conséquent, était une source importante de richesse pour les conquérants, il est difficile de soutenir que Mécène, en demandant à Virgile de composer un poème sur la vie rustique, se préoccupait d'encourager les paysans pergaméniens ou syriens. L'Italie romaine n'est pas une nation semblable à la France ou l'Angleterre du XVIIIe siècle. Ce n'est encore qu'une constellation de cités, ayant certes, entre elles et essentiellement avec la Ville des liens politiques, mais dont l'économie restait largement indépendante. L'agriculture fournissait de quoi subvenir aux besoins de la vie quotidienne. Le surplus était apporté par les membres de la communauté qui exerçaient une activité dans le cadre de la Ville, de ses institutions, de ses armées. Les inscriptions nous montrent que ces personnages, importants dans leur petite ville, en sont aussi les bienfaiteurs : lorsque leurs concitoyens les honorent, ils les en remercient par des générosités particulières, construction de monuments publics, pavage de place ou de rue, adduction d'eau, banquets où sont invités les citoyens, et suivis de distributions d'argent. Toutes ces coutumes qui, sous l'Empire, ne feront que s'amplifier, existent déjà dans l'Italie républicaine. Elles ont pour effet de répartir (très inégalement il est vrai) l'argent provenant des provinces qui afflue à Rome.

On a fait observer, avec raison, que les guerres civiles, interminables, avaient dépeuplé les campagnes, et que l'appauvrissement général des villes italiennes, entraîné par l'incertitude des temps et l'enrôlement des hommes dans les légions avait rompu l'équilibre économique maintenu jusque-là. On ajoute que les villes de l'intérieur perdent une grande partie de leur population au bénéfice de Rome, que celle-ci compte un nombre croissant d'habitants, qui n'ont souvent que des ressources très précaires et qui sont improductifs. Il est certain que le ravitaillement de la Ville constituait, depuis le début du Ier siècle avant notre ère, un souci pour les magistrats qui en étaient responsables. Il avait fallu, par exemple, conférer à Pompée des pouvoirs exceptionnels pour débarrasser les mers des pirates qui rendaient précaires les communications maritimes et empêchaient les convois de blé de parvenir jusqu'à Rome. Car le blé, qui était la nourriture « de base » (et qui le reste encore dans la vie des Italiens), n'était pas produit en quantité suffisante par les agriculteurs de la péninsule. En quantité suffisante pour approvisionner la masse des habitants de la Ville, car nous ne voyons pas que le blé importé pour celle-ci ait été redistribué, en aucune façon, aux municipes et aux colonies de l'intérieur. Le problème reste essentiellement romain, il se pose pour les Romains de la Ville. On sait que les sources de ce ravitaillement sont situées au-delà de la mer : dans la province d'Afrique (la Tunisie actuelle), en Asie, d'où le blé transite par le port de Délos; il vient aussi de Sardaigne et de Sicile (de Sicile depuis le IIIe siècle av. J.-C. et l'alliance avec le roi de Syracuse Hiéron II). L'agriculture italienne est orientée vers l'élevage, la production du vin, celle de l'huile; les céréales sont destinées principalement à la consommation locale. La Ville doit recourir à des importations massives.

Or, pendant la période au cours de laquelle Virgile compose les *Géorgiques,* les communications maritimes sont plus incertaines que jamais. Nous avons vu comment Sextus Pompeius, le fils cadet du Grand Pompée, poursuivait sur toutes les mers la lutte contre les triumvirs. Les moments de calme, comme celui qui suivit l'accord de Misène, au mois d'août 39, ne durent guère; parfois, Sextus Pompée remporte des succès qui font redouter un blocus total des ports italiens, et il faut toute l'énergie et l'habileté d'Agrippa pour remporter une victoire définitive sur ceux que l'on appelle les « pirates »; la Sicile, un moment perdue, fut réoccupée et, désormais, rien n'empêcha plus les convois de parvenir jusqu'à Rome. Ce fut le résultat des campagnes menées en 36. Virgile est loin d'avoir terminé les *Géorgiques.* Une « propagande » en faveur des cultures céréalières n'est plus nécessaire – si elle l'avait jamais été. Mais le poème, lui, sera poursuivi; il ne se préoccupe guère d'être « utile », surtout pour des situations dont on sait bien qu'elles seront transitoires. Personne n'a pu concevoir que l'Italie dût un jour se suffire à elle-même et se fermer au commerce et aux importations d'outre-mer.

Le penser eût équivalu à reconnaître la défaite, à désespérer des dieux de Rome : le « jeune héros » promettait au contraire la victoire, et Virgile en partageait l'espoir.

Dans la réalité, l'agriculture italienne – la partie qui n'était pas laissée aux villes, municipes et colonies, pour leur propre subsistance – dépendait des grands propriétaires romains, les sénateurs, qui, traditionnellement, possédaient des domaines sur la terre italienne. S'il est exagéré de dire que leurs « vastes propriétés » (en latin, les *latifundia*) occupaient la plus grande partie de la péninsule et d'ajouter, comme le veut une formule célèbre, que ces *latifundia* ont causé la perte de l'Italie, il faut reconnaître que l'extension, toujours plus grande, de ces exploitations conduites par des mercenaires et mises en valeur par des équipes d'esclaves, ne laissait plus guère subsister de liens personnels entre la terre et ses propriétaires, les hommes qui en recueillaient le profit. Une idée profondément ancrée dans la conscience romaine voulait que la classe dirigeante tirât ses revenus de l'agriculture, non du commerce ni de l'usure. Même après toutes les transformations qui, au cours des siècles, avaient profondément modifié la société romaine, la tradition demeurait obstinément vivante : il semblait que seuls des hommes accoutumés à la vie rustique, avec ses valeurs, son « ascèse » étaient qualifiés pour diriger les affaires de la Cité. Caton, au début de son livre *Sur l'agriculture,* fait l'éloge de cette activité, essentiellement pour deux raisons : il l'oppose aux aléas du commerce maritime, et, pour cela, déclare qu'elle est plus sûre; puis, il ajoute une raison positive : les hommes de la campagne sont plus « solides » que les autres, plus aptes à défendre leur patrie, endurcis par leur vie quotidienne à supporter les rigueurs des camps. Et Virgile, à la fin du second livre des *Géorgiques,* c'est-à-dire, si l'on accepte l'hypothèse que nous avons rappelée, au terme des premières *Géorgiques,* celles dont il avait eu l'initiative, Virgile fait écho aux paroles prononcées par Caton un siècle et demi environ plus tôt : " *C'est cette vie-là* [la vie rustique] *que pratiquèrent jadis les anciens Sabins, celle de Rémus et de son frère, c'est ainsi que grandit la vaillante Etrurie et que Rome est devenue ce qu'il y a de plus merveilleux au monde, et pour elle seule a entouré d'un mur sept citadelles* " (II, v. 531-535).

Une loi datant des années qui précédèrent la guerre d'Hannibal, interdisait aux sénateurs de posséder des navires dépassant un certain tonnage : ce qu'il fallait pour évacuer par mer les produits de leurs propriétés d'Etrurie, de Campanie ou d'Apulie, mais rien de plus. Les sénateurs ne devaient pas être des marchands, trafiquant avec les pays d'Orient ou les colonies grecques éparses sur la côte gauloise ou espagnole. On a voulu voir là une mesure prise par un adversaire du Sénat, désireux de favoriser une classe, les chevaliers, dont la richesse serait fondée sur le trafic, pour diminuer l'influence de l'aristocratie terrienne. Conception peu vraisemblable, anachronique, et issue de l'esprit d'historiens modernes, imbus d'idées qui ne se sont fait jour qu'au milieu du XIXe siècle. Il semble bien que les Romains, à la fin du IIIe siècle av. J.-C., aient réagi autrement à la naissance de forces qu'ils voyaient surgir autour d'eux, lorsque la cité romaine se trouva entraînée à intervenir dans le monde grec, et fut mise en contact avec des sociétés dans lesquelles la conquête de la richesse, essentiellement par le commerce, était la grande affaire.

La comédie nouvelle grecque (qui naquit et fleurit dans les cités, surtout à Athènes, pendant le dernier quart du IVe siècle, après la conquête d'Alexandre) nous informe sur l'évolution de la société en Grèce : on voit par exemple une famille dont le grand-père, qui vivait à la fin du Ve et au début du IVe siècle, cultivait un lopin de terre, en Attique, et vivait chichement. Lorsqu'il disparut, son fils vendit la terre et la ferme; avec cet argent, il acheta une cargaison, qu'il vendit dans les îles, puis accrut son commerce et devint fort riche. A la troisième génération, le jeune homme, héros de la pièce, se contenta longtemps de dépenser l'argent de son père, en vivant une vie « à la grecque », de luxe et de plaisir.

Les hommes d'Etat romains, qui commencèrent à découvrir, à la fin du IIIe siècle, cette évolution qu'avaient connue les cités grecques, en conçurent quelque appréhension pour leur patrie : ils eurent certainement conscience que ce déracinement, cet abandon de la campagne et de ses travaux, étaient parmi les causes profondes de la décadence évidente du monde grec. Ils étaient depuis longtemps persuadés que la richesse est corruptrice, des hommes et des sociétés. Trois quarts de siècle plus tard, Polybe, dans des pages célèbres, l'affirmera avec force, et, ce faisant, il sera à la fois l'élève des philosophes grecs de la vie politique et, peut-être plus encore, celui de ses amis, les hommes d'Etat romains proches de Scipion Emilien et de Paul-Emile. La richesse (il entend par là la richesse mobilière, non la richesse foncière) fait naître l'inégalité entre les citoyens, donc l'envie, et la vie politique s'oriente dès ce moment vers la guerre civile; la discorde se met dans la cité; puis vient la révolution, et les constitutions se succèdent : tyrannie d'un seul, dictature de l'aristocratie, révolution populaire, qui a pour effet d'introduire, à brève échéance, un état d'anarchie, d'où un tyran surgira, et le cycle recommencera. Cependant, une cité entraînée dans cette « dialectique » ne pourra évidemment faire face aux ennemis extérieurs; elle ne tardera pas à être asservie. En face d'une telle perspective, on comprend que des mesures aient été prises pour enrayer, alors qu'il était encore temps, l'enclenchement du processus destructeur. C'est pourquoi nous penserions volontiers que le fameux plébiscite claudien – la loi qui limitait le tonnage des vaisseaux possédés par des sénateurs – répond au désir de sauvegarder dans la cité un groupe d'hommes appelés, de gré ou de force, à maintenir les vertus ancestrales, à ne pas céder à l'attrait des richesses faciles que peut procurer le commerce. C'est dans cette perspective, pensons-nous, qu'il convient de replacer également la mesure du censeur Flaminius qui, en 220 av. J.-C., avait inscrit les affranchis dans les quatre tribus urbaines, et elles seules : ce qui revenait à regrouper et à enfermer dans des unités de vote minoritaires les anciens esclaves (parmi lesquels beaucoup d'Orientaux), et à accroître, ou du moins à conserver, le pouvoir législatif des populations rurales. C'est parmi elles que l'on trouvait les petits et moyens propriétaires, ceux précisément dont Caton fera l'éloge, vers le temps de sa censure, en 184; il était lui-même issu de cette catégorie de citoyens que privilégiait la mesure de Flaminius.

L'attitude des Romains à l'égard de la richesse a toujours été ambiguë. Persuadés de son pouvoir destructeur, ils cherchent à en réglementer la possession. On se souvient des mesures prises par les censeurs contre les citoyens (en fait, des sénateurs) qui possédaient en propre des objets d'argent (sauf une salière, car elle était considérée comme objet cultuel, puisqu'elle servait à offrir aux dieux les quelques grains de sel que l'on jetait dans les flammes du foyer domestique). On sait aussi qu'il exista toute une série de lois somptuaires, l'une se substituant à l'autre, à mesure que celle-ci avait fait la preuve de son impuissance à restreindre les dépenses des citoyens. Ces dépenses étaient généralement celles de la table, dont le luxe impliquait des achats extérieurs, donc supposait que le maître de maison disposait de sommes (jugées considérables) en argent liquide. On sait enfin que les Romains furent, en Italie, parmi les derniers à se doter d'un monnayage propre. Longtemps, ils utilisèrent des lingots de cuivre, incommodes et de mince valeur. Ils jugeaient indispensable de limiter la possession, et l'usage, de tout ce qui ressemblait à une richesse mobilière, tout ce qui n'était pas une propriété foncière.

En revanche, celle-ci, théoriquement limitée à quelques hectares par foyer, au temps de Romulus, ne comportait plus, sous la République, de limite imposée, et elle constituait la véritable richesse, vers le temps de la seconde guerre punique. Une phrase célèbre de Caton résume cette attitude romaine : le père de famille, dit-il, doit vendre et ne jamais acheter. C'est que la propriété est conçue comme une cellule autarcique; les cultures que l'on y pratique doivent suffire à la nourriture des travailleurs et du maître, avec sa famille; on doit aussi faire pousser tous les matériaux nécessaires à la fabrication des instruments de culture : osier pour les vanneries, saule pour les claies, bois d'œuvre pour les constructions, arbres servant à façonner les araires; s'il existe de l'argile sur le domaine, on fabriquera sur place les tuiles et les briques dont on a toujours besoin à la ferme. S'il est possible d'avoir quelque surplus, on le vendra, et cela permettra d'acquérir les objets que l'on ne peut fabriquer à la villa, et qu'il faut bien acheter chez les artisans spécialisés. Mais on limitera ces dépenses au strict minimum. Il y aura aussi quelque peu de troc entre les fermes voisines. Cette richesse-là, cette abondance rustique est admise, souhaitée. C'est celle des personnages symboliques, devenus quasi légendaires, ces dictateurs que l'on allait chercher à leur charrue, les « vieux Sabins » dont parle Virgile, ou les Apuliens qui vont, le soir, chercher les fagots pour allumer le feu de l'âtre, au service d'une mère peu encline à plaisanter, tels que nous les montre une ode d'Horace.

Aussi longtemps que Rome demeura une petite ville, qu'elle ne fut engagée que dans des guerres qui n'entraînaient pas trop loin de la Ville, cette économie resta possible. Mais, lorsque la seconde guerre punique eut élargi démesurément son horizon et le champ d'action de ses légions, les sénateurs n'eurent plus la possibilité d'être à la fois des pères de famille attentifs à la vie du domaine et des chefs de guerre, ou des administrateurs, à Rome, dans le Sénat, ou dans les provinces. Les séances du Sénat les appelaient de plus en plus fréquemment à la Curie. Une résidence à Rome devenait indispensable, et cela coûtait cher. La propriété rustique devait fournir à ces dépenses. Il fallait qu'elle fût, comme nous disons aujourd'hui, de plus en plus « rentable ». Les sénateurs finissaient par faire pauvre figure auprès de leurs compatriotes qui se livraient au commerce, affermaient, en société, la perception des impôts, et l'on comprend que la tentation ait été forte (dès avant le début de la guerre d'Hannibal – mais déjà ces phénomènes avaient été amorcés par les conséquences de la première guerre punique) d'abandonner la richesse foncière, devenue une quasi-pauvreté, pour des activités plus rémunératrices. C'était le début du processus qui avait montré, à Athènes, comment un peuple pouvait perdre son âme.

Telle était la situation de l'agriculture dans l'Italie romaine au début du second siècle avant notre ère. Nécessité politique et sociale, et non seulement économique, elle était la seule ressource officiellement permise pour les hommes qui avaient la charge de l'Empire. C'est dans cette conjoncture que Caton écrivit son célèbre traité *Sur l'agriculture*. Il le fit pour enseigner à cette aristocratie, qui ne pouvait demeurer que terrienne, le moyen de conserver son rang dans une cité où elle faisait déjà figure d'appartenir à des temps dépassés. Et c'était une voie moyenne, entre les contraintes de la tradition morale et les exigences d'une évolution que rien ne pouvait arrêter, qui « enrichissait » Rome et, par comparaison, rendait plus pauvres ceux qui la dirigeaient. Caton reste attaché à l'antique formule de l'autarcie du domaine; il essaie de faire en sorte que celui-ci soit aussi productif que possible, et que le surplus dont nous parlions soit, aussi, substantiel. Ce surplus, notamment la production d'huile, sera vendu à Rome (Caton pense aux propriétés qui ne sont pas trop éloignées de la Ville), et ainsi une petite part des richesses mobilières qui commencent à y abonder reviendra au propriétaire. La propriété idéale que décrit Caton ne sera pas trop vaste; non seulement elle sera cultivée avec le plus grand soin, en tirant parti des expositions, de la variété des sols, les cultures y seront différenciées, mais tout y sera calculé pour qu'un petit nombre de travailleurs suffise à la tâche. Il y aura des esclaves, certes, mais ils ne seront pas une armée; chacun sera connu, personnellement, de l'intendant, qui tient le rôle du maître, et ces esclaves ne travailleront pas enchaînés, car le rendement serait alors dérisoire. Ils auront le sentiment d'appartenir à une petite société; il y aura des « mariages » d'esclaves (non reconnus par la loi, bien sûr, mais rendus stables par la volonté du maître), et les enfants, théoriquement l'un des produits de la ferme, et la propriété du maître, resteront sur le domaine, où, l'âge venu, ils travailleront et vivront. A côté des esclaves, des travailleurs libres : soit à demeure, soit saisonniers.

On a souvent dit que Caton, pour écrire son traité, s'était inspiré d'ouvrages composés par des Grecs et le Carthaginois Magon. Cela est certain. On a dit aussi que l'agriculture qu'il décrivait était de type « capitaliste », ce qui est une notion, très à la mode il y a un demi-siècle, mais totalement anachronique pour la Rome du IIe et du Ier siècle av. J.-C. Virgile conseillera à ses lecteurs *" de vanter les domaines immenses, mais d'en cultiver un petit "* (II, v. 412-413) : l'agriculture ne doit pas être une industrie, sous peine de perdre sa signification politique et sociale; elle doit engager le maître du domaine dans sa personne, être l'objet de son attention, jour après jour, comme si, de sa main, il devait exécuter les travaux. Et ici se pose un problème important, qui concerne le sens même des *Géorgiques*. Tandis que le domaine de Caton est cultivé, nous le disions, avec une main-d'œuvre en partie servile, en partie composée d'hommes libres, Virgile parle du « paysan » et jamais de ceux qui l'aident. Le poète se réfère-t-il à un monde de rêve? Celui qu'il nous décrit possède-t-il quelque rapport avec la réalité? En d'autres termes, ce monde des *Géorgiques,* est-il autre chose qu'une utopie?

Que Virgile ne prenne pas en ligne de compte les auxiliaires du maître ne saurait nous étonner. Ce qu'il veut atteindre, ce n'est pas la pratique quotidienne, commerciale, mais les relations qui existent entre l'homme et la terre. Dans le domaine de Caton, l'intendant, le *vilicus,* est le « vicaire » du maître, son substitut, et les ouvriers sont ses « bras », sa *manus.* En fait, il existait, dans les villages et les petites villes d'Italie, quantité de propriétaires, parfois disséminés dans la campagne, plus souvent demeurant dans le « bourg », dont les maisons, construites au sommet d'une colline, se groupaient pour la défense et aussi la commodité de la vie sociale. Horace nous a conservé le souvenir de ces « honnêtes chefs de famille », qui, à Mandela, travaillaient eux-mêmes sur leur champ et se réjouissaient les jours de fête, heureux de frapper du pied, en dansant, cette terre qui leur coûtait tant d'efforts. Le témoignage d'Horace nous reporte, précisément, aux années pendant lesquelles Virgile composait son poème. Lorsque nous lisons les conseils que donnent les *Géorgiques* pour la culture de la vigne, par exemple : *" Sois le premier à bêcher la terre, le premier à enlever les sarments et à les brûler, le premier à ramener les piquets à l'abri "* (II, v. 409-410), nous devons les regarder comme la formulation abstraite d'une Idée de l'agriculture, dont la réalisation pratique dépendait, évidemment, de contingences diverses. Certes, le poème garde toujours le souci, primordial, du concret : toutes les opérations décrites sont réelles, et représentées d'une manière réaliste, cela est partie intégrante de sa poésie, qui a pour dessein de faire ressentir au lecteur (paysan ou non) le déroulement des activités rustiques, mais cela ne veut pas dire que ce même lecteur dût, après avoir entendu Virgile, ranger son livre et prendre lui-même sa charrue ou sa houe.

Il nous apparaît ainsi que Virgile continuait une tradition, qui remontait aux temps les plus reculés de Rome et s'était imposée à la conscience des politiques depuis environ deux siècles. L'image qu'il présente de la vie rustique n'est pas « idéalisée », l'accent est mis, bien souvent, sur ses travaux et ses peines – le *labor improbus* qui a surmonté toutes les causes de difficultés introduites par Jupiter dans la Nature n'est pas sans comporter bien des souffrances – mais elle est présentée dans son essence, avec une netteté de trait et un dépouillement qui apparentent cette poésie à tous les classicismes. Ce qui ne saurait être atteint sans une certaine symbolisation – comme dans le monde platonicien des Idées, où l'essence décrite diffère des objets qui l'incarnent.

L'objectif que s'était proposé Caton, et qui consistait à revaloriser la production agricole, pour rendre leur rang aux sénateurs et, plus généralement, aux propriétaires terriens dans l'État, était toujours présent à l'esprit des contemporains de Virgile. Deux moyens étaient possibles : accroître l'étendue des propriétés – on pouvait en attendre un accroissement proportionnel des revenus – et rechercher les cultures les plus avantageuses. On sait que la première démarche, l'accroissement de la superficie possédée, avait été largement pratiquée : les « nobles » avaient acheté les terres que les petits propriétaires s'étaient trouvés contraints d'abandonner, à la suite des diverses crises économiques qui avaient marqué le temps de la guerre sociale, au début du Ier siècle av. J.-C., puis celui des guerres civiles; ce mouvement était, au dire de Plutarque, déjà sensible vers 130 av. J.-C., lorsque Tiberius Gracchus traversa l'Etrurie et vit la misère de ses paysans. Lorsque les achats étaient impossibles, les grands propriétaires n'hésitaient pas à occuper des terrains appartenant en fait au peuple romain (l'*ager publicus*), et à y installer des troupeaux, pour la pâture desquels ils ne payaient qu'un droit de location dérisoire. La récupération de ces terres « publiques » que certains souhaitaient distribuer à des « colons », c'est-à-dire à des citoyens pauvres, qui s'y installeraient et les mettraient en valeur, se heurta toujours à de graves difficultés et à une résistance obstinée des occupants abusifs. La lutte fut particulièrement vive autour de l'*ager publicus* de Campanie, un terroir d'une grande fertilité. Nous avons vu ce que cette politique, pratiquée par les triumvirs au profit des vétérans, pouvait avoir de choquant pour les habitants des territoires où elle était appliquée.

Mais il y avait plus grave. L'accroissement des propriétés entraînait souvent un changement dans les formes de culture. Au-delà d'une certaine superficie (Caton et Virgile le savaient), les laboureurs cédaient la place aux pasteurs; les soins attentifs, minutieux, exigés par la culture devenaient impossibles, les bergers, eux, n'avaient pas besoin d'être aussi nombreux et leur travail ne nécessitait pas, le plus souvent, de connaissances techniques précises. Cette évolution est constatée, et déplorée, dans un livre qui parut précisément en 37 av. J.-C., lorsque Virgile commençait à composer les *Géorgiques,* le traité *De l'agriculture* de Varron :

" *Dans ce pays,* écrit Varron, *où les bergers qui fondèrent cette ville enseignèrent à leurs fils à cultiver les champs, voici que, au contraire, leurs descendants, au mépris des lois, ont transformé en pâturages les plaines cultivées, ignorant que l'agriculture et l'élevage ne sont pas la même chose, que le berger est une chose et l'agriculteur une autre.* "

Les lois dont parle Varron sont celles qui régissaient les terres de l'*ager publicus* et limitaient les concessions aux personnes privées. Mais les lois ne pouvaient prévaloir sur les mœurs, et Octave, qui, à ce moment, avait besoin de l'appui que pouvaient lui apporter les « nobles », n'avait guère la possibilité de mettre un terme à leurs empiètements. Les biens de ceux qui avaient péri dans les proscriptions n'étaient pas démantelés, mais passaient simplement à d'autres propriétaires, amis des triumvirs. L'agriculture contemporaine de Virgile comportait donc, à côté de propriétés petites et moyennes, où l'on pratiquait les labours traditionnels, de grands espaces livrés aux bergers. Cet état de choses existait depuis plusieurs générations, et, s'il est vrai que Mécène ait invité le poète à traiter de l'élevage, c'est probablement parce que ce sujet faisait partie des *res rusticae,* des choses de la campagne, que c'étaient elles, dans leur ensemble, qu'il convenait de chanter, si l'on voulait faire une œuvre nouvelle, et sortir des sentiers battus, déjà suivis par Hésiode. Ni Mécène ni Virgile ne sont infidèles aux maximes des poètes hellénistiques et des « nouveaux poètes » romains : comme Callimaque, Virgile fait fi de la route où les chars ont tracé leurs ornières. Et, précisément, au chant III des *Géorgiques,* le chant des bergers, il se félicite d'être entraîné vers les escarpements déserts du Parnasse. La tâche est rude, sans doute, tout particulièrement lorsqu'il s'agit de glorifier les humbles soins que l'on donne aux brebis et aux chèvres, mais, dit Virgile, " *il me plaît d'aller sur les cimes où jusqu'ici aucune roue n'a laissé sa trace sur la pente douce qui descend vers Castalie* " (III, v. 291-293). Le dessein de Virgile et celui de Mécène nous apparaissent ici clairement : ce qui les mène, c'est toujours le désir de la gloire, la glorification, voire la sacralisation des travaux rustiques, de *toute* l'agriculture, même si, politiquement, ou philosophiquement, on peut émettre des réserves sur l'extension trop grande donnée à l'élevage. Leur dessein ne concerne pas la politique; il est d'ordre poétique. Des *Géorgiques* totales, qui ne négligent aucun des aspects essentiels de la vie aux champs devront revêtir de gloire et d'or la rusticité italienne. Ainsi se trouvait réalisée la partie du programme imaginé par Mécène et Octave : la reconquête et l'exaltation de la *dignitas* romaine.

On a rapproché, naguère, le contenu des *Géorgiques* d'une phrase de Cicéron, que celui-ci place dans la bouche du vieux Caton, faisant l'éloge de l'agriculture : " *Ce ne sont pas seulement les moissons, les prairies et les vignes et les bocages qui font notre joie, dans la campagne, mais aussi les jardins et les vergers, puis l'élevage des troupeaux, les essaims d'abeilles, la diversité de toutes les espèces de fleurs* " (*Cato Maior,* XV, v. 54) [7]. S'il est douteux que Virgile ait trouvé dans cette phrase le plan de son poème, il faut cependant retenir la parenté évidente qui existe entre les paroles prêtées à Caton et le sentiment qui anime les *Géorgiques* – avec une différence. Ce qui est, pour Cicéron, source de joie (cette joie qui naît de l'abondance) devient ici objet de gloire, empreint, grâce à la poésie, de la noblesse qui, jusque-là, n'appartenait qu'à ce qui avait été consacré par les poètes grecs.

Certes, Théocrite avait montré que les bergers et les chevriers n'étaient pas étrangers au monde de la poésie, et Virgile l'ignorait moins que personne, puisque lui-même avait, autrefois, suivi ce même chemin. Mais la *Bucolique* est un genre « humble », qui ne saurait apporter au poète qu'une gloire médiocre. Ici, à l'instigation de Mécène l'intention est tout autre : le poème proposé se réclame du genre épique, le seul qui, véritablement, confère l'immortalité. Et, pour que nul ne s'y trompe dès le prologue, il paraphrase, en se l'appliquant à lui-même, l'une des plus orgueilleuses et des plus célèbres déclarations d'Ennius – le « Père » de l'épopée romaine : " *Il me faut essayer une voie par laquelle je pourrai, moi aussi, m'élever au-dessus de la terre et, vainqueur, voler sur la bouche des hommes* " (III, 8-9). Ennius avait dit, parlant de sa propre gloire : " *Je vole, vivant, sur la bouche des hommes.* " C'est là que Virgile place son originalité et son ambition : dans cette Italie et cette Rome nouvelles qui se préparent, tout deviendra l'égal de ce que la Grèce compte de plus illustre : Palès, le dieu (ou la déesse) des pasteurs du Palatin, sera mis aux côtés d'Apollon, les forêts italiennes s'égaleront à la prestigieuse montagne du Lycée.

Il est remarquable que, dans tout ce chant troisième des *Géorgiques,* Virgile abandonne presque entièrement l'évocation des paysages italiens pour les remplacer par les noms de sites grecs : le Cithéron, le Taygète, Epidaure, où, dans la plaine d'Argolide, existaient de célèbres élevages de chevaux. Ceux qu'élèveront les paysans (ou les grands propriétaires) italiens seront censés promis aux Jeux olympiques. Il n'est pas difficile d'évoquer la gloire des coursiers nés et nourris en Grèce : d'Homère à Pindare, ils sont chargés d'honneurs, aussi bien dans la légende que dans la réalité des grands Jeux.

Lorsqu'il s'agit des troupeaux de taureaux et de génisses, Virgile les évoque dans le cadre des régions les plus reculées d'Italie : la forêt de Sila, au fond du Bruttium (notre Calabre), ou les montagnes sauvages qui forment l'arrière-pays de la Lucanie, des zones quasi désertes où les labours sont impossibles. Et, bientôt, l'horizon s'élargit encore : les juments amoureuses errent dans les plaines de Bithynie, aux marges de l'Empire; on les rencontre aussi en Béotie, où les a placées depuis longtemps la légende; mais elles n'ont jamais pour habitat les alpages d'Italie. Les chèvres paissent dans les bois du Lycée, en Péloponnèse, dans cette Arcadie où chantaient Gallus, et les poètes de l'*Eglogue,* et Virgile lui-même. Ce monde des bergers s'ouvre à l'infini, il s'étend bien au-delà des limites de l'Italie, jusqu'aux confins du monde. Cela explique probablement pourquoi Virgile a placé, au milieu de ce chant troisième, deux évocations symétriques : la vie des bergers de Libye (les pasteurs nomades d'Afrique, de Cyrénaïque et du Sud tunisien) et celle des bergers de Scythie, dans les plaines qui, au nord de la mer Noire, s'étendent sans fin vers le pôle. Dans ces deux parties du monde, où la vie des hommes n'a pu se développer aussi harmonieusement et avec autant de bonheur que sous le climat italien, l'élevage est la seule forme possible de l'agriculture. La Libye est le pays des chaleurs atroces, la Scythie celui des glaces et de la neige. L'élevage apparaît ainsi comme un genre de vie primitif, tout proche de la barbarie originelle : *gens effrena,* « peuple sans discipline », dit Virgile des bergers scythes. L'infériorité de l'élevage sur les labours est de cette manière rendue évidente, et l'on ne peut que constater l'accord de Virgile avec les propos de Varron que nous avons rapportés. Le contraste est souligné avec l'image qui nous avait été proposée des paysans italiens aux deux premiers chants du poème. En Libye comme en Scythie, rien ne peut être comparé aux villes de l'Italie centrale, rien que des modes de vie rudimentaires. Certes, la vie pastorale fait bien partie du tableau complet de l'agriculture, aussi bien dans les *Géorgiques* que dans la réalité des « choses de la terre » (les *res rusticae*), mais Virgile ne l'intègre pas vraiment dans l'image qu'il trace des activités rustiques; elle n'y a pas la même valeur, la même fonction civilisatrice que les autres cultures. Elle se situe dans un flou lointain, indéterminé, soit que le poète la place au-delà des mers, ou dans la légende, soit, lorsqu'il la situe en Italie, qu'il la renvoie à l'horizon des villages, vers les hauteurs brumeuses de l'Apennin ou dans les régions restées sauvages du Sud, celles, où, des siècles plus tard, on dira que s'est arrêté le Christ.

Il est évident que Virgile n'a pas, envers la vie des bergers, le même sentiment qu'il éprouve à l'égard des laboureurs. Les modes d'existence des uns et des autres sont trop différents entre eux. Tandis que la culture attentive des champs rentre dans le processus d'évolution qui, par l'ascèse qu'elle impose, conduit l'esprit humain vers la sagesse, et, d'abord, une prise de conscience plus claire de sa condition, l'élevage, avec le nomadisme qu'il permet, constitue comme un recul dans l'histoire des hommes et leur montée vers la vie sociale.

Pour toutes ces raisons, le troisième chant, celui des bergers, devra recourir aux prestiges de la légende et de l'exotisme pour magnifier un sujet qui, jusque-là, n'avait pas été chanté dans le mode épique. Et Virgile ne pourra pas non plus échapper à l'idée que la vie des pasteurs se situe à la frange de la civilisation. Nous ne nous étonnerons donc pas de constater que, là, les animaux tiennent plus de place que les hommes. Ce qui intéresse le poète, ce sont les sentiments qu'il découvre chez les premiers, et cette sympathie profonde qui les attache à lui. Le conseil de Mécène, qui visait à faire des *Géorgiques* un tableau fidèle de l'agriculture contemporaine, afin de conférer à cette activité essentiellement italienne et romaine, une gloire qu'on ne lui reconnaissait pas jusque-là, est suivi par Virgile d'une manière imprévue : les préceptes techniques qu'il donnera aux éleveurs ne seront plus pour lui que secondaires, ce qui l'intéresse, et ce qu'il mettra en pleine lumière, ce sera, dans la Nature, telle que les hommes la domptent, pour leur usage, la montée progressive de l'Esprit.

Ecrire un poème

A mesure que se déroule cette épopée de la création, Virgile s'éloigne davantage des sentiers battus, et les difficultés grandissent et se multiplient sous ses pas. Si les préceptes du premier chant s'alignent facilement sur ceux que donne Hésiode dans *Les Travaux et les Jours,* si la vigne et l'olivier ne sont pas dépourvus d'un certain prestige poétique, que leur confèrent les légendes dont sont entourées leurs origines et la figure des divinités qui les protègent : Dionysos-Bacchus pour la vigne, Minerve-Pallas, pour l'olivier, l'élevage, lui, manque d'illustration. Il en est peu question dans la mythologie grecque. Apollon, il est vrai, a gardé les troupeaux d'Admète, mais c'était une punition infligée par Zeus pour le meurtre d'Asclépios, et cet épisode de la vie du dieu ne passe pas pour glorieux. Hercule a ramené d'Hespérie les bœufs de Géryon et les a conduits jusqu'en Grèce, en passant par l'Italie et Rome. Virgile s'en souviendra au huitième livre de l'*Enéide,* mais pour des raisons bien particulières, qui n'existaient pas encore au temps où il écrivait le troisième chant des *Géorgiques*. Hermès, dieu des bergers, n'a guère manifesté son activité en ce domaine qu'en portant sur ses épaules l'agneau égaré. Là s'arrête, à peu près, le « dossier poétique » de l'élevage. Aucune figure vraiment grande ne s'y rencontre; on reste dans le cercle, étroit et humble, des *Bucoliques*. Virgile, s'il voulait obéir à Mécène, devait inventer et, comme il le dit lui-même, et le répète, annexer de nouvelles provinces au royaume de la poésie. Certes, la perspective de pareilles conquêtes était séduisante, mais les moyens de les réaliser n'apparaissaient pas avec évidence. Le précédent de Varron imposait des servitudes, il fallait, comme lui, donner aux éleveurs des conseils précis, mais, en même temps, écrire une épopée, à la fois décrire la silhouette d'une bonne vache, laitière ou reproductrice, et le faire en des vers de ton sublime. Un très grand nombre des préceptes et des recettes contenus dans ce troisième chant viennent du livre de Varron, alors dans sa nouveauté. Peut-être d'ailleurs est-ce son actualité en 37 av. J.-C. le tableau total qu'il présentait de l'agriculture italienne, qui a suggéré à Mécène le conseil donné à Virgile. Mais rien n'est plus éloigné du ton épique qu'un recueil où l'agronomie côtoie l'art du vétérinaire. Comment Virgile a-t-il résolu ce problème?

Nous avons vu pour quelles raisons tout ce qui concerne l'élevage a été projeté par le poète dans un lointain, par lui-même poétique. De plus l'énumération des préceptes techniques sera coupée par des épisodes et des tableaux. Les premiers consistent en récits, intercalés dans le tissu du chant et ouvrant de vastes perspectives. Nous avons rencontré les deux évocations, symétriques, de la vie que mènent les bergers, en Libye et celle des pasteurs de Scythie, ainsi que le final du chant, la description de la peste du Norique : près de 100 vers (sur 566 pour l'ensemble du chant) consacrés à celle-ci, et plus de 40 pour la vie en Libye et en Scythie, placés peu après le milieu du chant. Au quatrième chant, nous le verrons, la proportion des épisodes sera plus grande encore.

Le plus souvent, l'atmosphère de légende – inséparable de la conception alexandrine de la poésie épique – sera créée par le rappel, très bref, d'un récit bien connu de tous les lecteurs, et qui viendra illustrer l'exposé.

Par exemple, quand Virgile parle de la puissance de l'amour, dans la Nature entière, il lui suffit d'évoquer (sans le nommer) l'exploit de Léandre qui venait, chaque nuit, même dans la tempête, retrouver, à la nage, sa bien-aimée Héro, qui demeurait sur l'autre rive de l'Hellespont. Son amour l'y contraignait; finalement, il périt et, dans sa douleur, Héro se suicida. Ailleurs, surgissent les silhouettes des chevaux que montaient Castor et Pollux, ou de ceux qui étaient attelés au char d'Achille et qui, on le sait, étaient prophètes, ou encore l'attelage d'Arès, dans l'*Iliade,* ou le cheval divin, qui n'était autre que le dieu Saturne, ainsi métamorphosé pour échapper à la jalousie de son épouse Rhéa, sur le point de le surprendre dans ses amours avec Philyra – qui, pour cette raison, donna le jour aux Centaures, êtres à demi chevaux à demi humains.

Les chevaux, il était relativement aisé de les placer sur un arrière-fond de légende et d'épopée. Ce sont des animaux nobles, qu'ils soient guerriers ou qu'ils disputent à la course la palme de la victoire. Guerre et victoire sont, par nature, épiques. Mais que faire des génisses? Dans le légendaire grec il n'en existe qu'une, la fille d'Inachos (les Proetides, qui s'étaient crues transformées en génisses, et les amours de Pasiphaé pour le taureau, avaient été utilisées par Virgile dans la sixième *Eglogue,* il n'a pas jugé bon d'en reparler ici). La fille d'Inachos, Io, aimée de Zeus avait été métamorphosée en génisse par son amant pour la soustraire à la vengeance d'Héra (Junon). On sait comment, surveillée par Argos « aux cent yeux », et harcelée par un taon qui ne cessait de la piquer, elle avait parcouru tout l'Orient avant de parvenir en Egypte, où elle avait été divinisée, sous le nom d'Isis – à moins qu'elle n'ait été, finalement, transformée en constellation. Cette légende était familière à tous les lecteurs de Virgile; un tableau la représentait, dans la maison même d'Auguste, sur le Palatin, où nous le voyons encore (la « maison de Livie »). Le poète l'utilisera d'une manière inattendue, en enjoignant aux éleveurs de mettre à l'abri des taons les mères qui viennent de mettre bas et de leur éviter ainsi le supplice supporté par Io.

A côté de ces allusions au légendaire « noble », qui donnaient à ces humbles sujets quelque reflet de la grande poésie, Virgile a recouru aussi à un autre procédé cher aux Alexandrins et à leurs disciples, les « nouveaux poètes », la description réaliste et les « scènes de genre ». Parfois, ce ne sont que des amplifications sur des données que lui fournissent des traités techniques ou d'autres poètes. Ainsi la description effrayante du serpent de Calabre. Si l'on ne savait que l'essentiel en est fourni par un poème, en grec, de Nicandre (antérieur d'un siècle et demi à Virgile), on imaginerait que celui-ci a vu le monstre, de ses yeux. Mais il est impossible de ne pas reconnaître des souvenirs personnels dans le tableau du printemps qui ouvre aux troupeaux de petit et de gros bétail le chemin des alpages :

" *A la première lumière de l'étoile du matin, gagnons à grands pas les campagnes froides, tandis que le matin est neuf, que les prairies sont blanches, que la rosée, tant aimée des brebis, imprègne l'herbe tendre. Puis, lorsque la quatrième heure du jour aura fait naître la soif, que des fourrés jaillira le chant des cigales criardes, je t'inviterai à mener les troupeaux vers les puits ou les mares profondes, boire à longs traits l'eau qui court dans des abreuvoirs de bois; mais, pendant les pleines chaleurs, cherche un vallon ombreux, par exemple où un grand chêne de Jupiter, au tronc antique, étend ses immenses rameaux, ou encore un bocage sombre offre l'asile de son ombre sacrée sous l'épaisseur de ses yeuses; alors, il faut leur donner de nouveau de l'eau claire, et les faire paître jusqu'au coucher du soleil, lorsque l'étoile fraîche du soir tempère la chaleur, que la lune, versant la rosée, refait le pâturage, que les rivages renvoient le cri de l'alcyon et les buissons celui du chardonneret* " (III, v. 324-337).

La description des bois sacrés – ou de ceux que la poésie consacre – est un thème commun à toutes les épopées, depuis les *Argonautiques* d'Apollonios de Rhodes. Les « nouveaux poètes » latins se sont emparés de cette facilité, et Horace se moque, dans son *Art poétique,* de ceux qui en usent à tort et à travers, plaquant ici ou là la description d'un arc-en-ciel ou celle du Rhin, et il conclut en disant ou à peu près : *“ Tu sais peindre un cyprès? Peut-être, mais que fait-il dans une scène de naufrage? ”* Les contemporains aimaient ces « vignettes » de nature. Dans la maison d'Auguste, non loin du tableau qui représente Io gardée par Argos, on en voit un autre dont le sujet est un paysage « pur » : un petit pont sur un ruisseau où nagent des canards, dans un bois que la présence d'un quelconque sanctuaire rend banalement sacré. La *“ journée du pâtre dans la montagne ”*, que nous venons de rencontrer, a d'autres mérites que l'ingéniosité de la description, et des trouvailles de style, que la traduction ne peut transmettre que bien malaisément. Elle témoigne d'une sensibilité personnelle, d'une vision des choses de la Nature qui est propre à Virgile, et que nous avons déjà rencontrée, présente, dans telle ou telle *Eglogue.* Seulement, ici, le tableau s'insère non plus dans une scène d'idylle mais dans un ample développement, aux dimensions de la Nature entière.

Car, et c'est là un des éléments essentiels de cette épopée virgilienne, qui se cherche, il existe un modèle, fourni par le poème de Lucrèce *Sur la nature,* qui, nous l'avons dit, est familier à Virgile. Digressions, épisodes, tableaux, évocations « décoratives » du monde légendaire ou de scènes empruntées à la nature n'étaient que des procédés venus de la tradition poétique grecque et romaine. Ils se superposaient au tissu épique, et ne le créaient pas. Lucrèce, lui, a créé tout un univers épique, qui ne dédaigne pas, certes, les facilités que nous avons dites, mais dont l'unité profonde est fondée non pas, comme dans les épopées traditionnelles, narratives, sur le déroulement d'un récit et les exploits d'un héros – Achille, Ulysse, Alexandre le Grand ou César – mais sur une vision unitaire de la création, et Virgile prenait conscience, peu à peu, qu'une volonté analogue l'animait en face de la vie rustique. Le poème de Lucrèce avait montré une voie, qu'il fallait suivre, pour atteindre aux plus hauts sommets de la poésie. C'est pourquoi Virgile, dans les *Géorgiques,* imitera Lucrèce, bien plus, il le continuera, en allant plus loin que lui, à partir du point où il s'est arrêté.

C'est Lucrèce qui lui fournit les structures fondamentales des *Géorgiques,* les alternances de prologues et d'épilogues qui se répondent, l'exaltation de héros – chez Lucrèce Epicure, chez Virgile Octave – dont les actions et les pensées commandent le bonheur humain, les grandes fresques (nous avons rappelé la peste d'Athènes et celle du Norique), et jusqu'à l'usage de la symbolique traditionnelle pour exprimer des réalités qui dépassent le simple constat objectif. C'est ainsi que Lucrèce, au premier livre, avait écrit :

" *Enfin, les pluies meurent, dès que l'éther paternel les a projetées dans le sein de la terre maternelle...* " (I, v. 250-251), et Virgile lui fait écho : " *Alors l'Ether, père tout-puissant, descend en pluies fécondantes dans le sein de son épouse généreuse...* " (II, v. 325-326), et c'est toute l'évocation du printemps. C'est Lucrèce qui guide Virgile au-delà des simples descriptions et tableaux de genre et lui montre de quelle manière se peuvent exprimer les intuitions philosophiques dont ces tableaux deviennent les médiateurs. Que Lucrèce ait influé sur la pensée de Virgile et sa conception du monde, nous le savons et nous l'avons dit; mais ce qui importe ici, c'est qu'il lui ait proposé un langage, à la fois didactique et épique, ainsi qu'on l'a remarqué [8]. Depuis les temps les plus reculés, le monde antique admettait, comme un dogme qu'à chaque genre poétique correspondait un langage déterminé, qui en définissait le « ton ». Lucrèce sait, lui aussi, qu'il est un précurseur. Comme Virgile, il déclare qu'il " *foule au pays des Piérides* [c'est-à-dire des Muses] *une terre sur laquelle personne n'avait encore posé le pied* " (IV, v. 1 et suiv.). Lucrèce avait construit son langage, en prenant à Ennius des mots, une syntaxe, parfois, des images, toute une poétique qu'il associa au vocabulaire grec de l'épicurisme, parfois à celui des poèmes cosmogoniques de la tradition hellénique et tout particulièrement celui d'Empédocle. Virgile, formé, pendant ses années d'apprentissage, à la pensée épicurienne, lecteur certainement enthousiaste de Lucrèce, trouvait dans le poème *Sur la nature* un modèle grâce auquel il peut dépasser le ton « humble » des *Bucoliques* et s'élever aussi rapidement jusqu'à écrire l'épopée de la Terre.

Il serait trop long de souligner tous les passages où Virgile suit Lucrèce, aussi bien dans la pensée que dans l'expression. Un seul exemple nous suffira. Au troisième chant des *Géorgiques* Virgile, décrivant les effets de l'amour, écrit :

“ *Tant il est vrai que toutes les espèces, sur la terre, les hommes et les animaux sauvages, et, dans la mer, la race des poissons, les troupeaux et les oiseaux aux mille couleurs sont emportés par ces transports et cette flamme* ” (III, v. 242-244). Ce qui est comme le résumé des premiers vers du prologue mis par Lucrèce en tête de son premier livre :

“ *Mère des Enéades, plaisir des hommes et des dieux, bonne Vénus, toi qui, sous les astres qui glissent dans le ciel, repeuples la mer porte-navires et la terre porte-moissons...* ” (I, v. 1-4). Ce que l'on peut considérer comme un épisode destiné à animer, chez Virgile, le livre des bergers, est un rappel conscient, volontaire, de Lucrèce; le ton épique est atteint à la fois par des similitudes de vocabulaire et de rythme et la conviction, chez tous les deux, que les mêmes forces profondes agissent chez tous les êtres. Cette conviction, que nous avons déjà rencontrée, se révèle comme le cœur même de cette épopée, dont nous essayons de saisir la genèse, au cours de ces huit ou neuf années où Virgile, dans la retraite, découvre, pas à pas, sa propre pensée au fur et à mesure qu'il construit son poème. Celle-ci nous semble avoir pris son essor, en premier lieu, à partir de ce qui faisait l'objet du chant III, d'où l'importance que nous lui accordons dans cette reconstruction. Puis, vint le chant des abeilles, le quatrième des *Géorgiques,* qui n'était pas, lui non plus, sans présenter de sérieuses difficultés. Mais pourquoi inclure l'élevage des abeilles dans un tableau de l'agriculture?

Le sujet figurait dans le troisième livre du traité de Varron. Est-ce pour cela que Virgile l'a repris, par désir d'être aussi complet que possible? Mais il a omis d'autres cultures et élevages aussi importants, plus, peut-être, pour l'économie des *villae rusticae* contemporaines. Ainsi les jardins maraîchers ne sont mentionnés que par prétérition, et rattachés à un mode de vie, celui du « vieillard de Tarente », bien éloigné, sans aucun doute, de celle que menaient les grands propriétaires dont Varron est le porte-parole. Virgile a laissé de côté, cette fois totalement, des élevages « modernes », considérés par Varron comme particulièrement rentables : élevage d'oiseaux, dans de grandes volières, élevage de gibiers divers, mis à la mode depuis quelques années, puis, les vastes « piscines » où vivaient des poissons que l'on avait ainsi à sa disposition toute l'année, et à portée de la main. On sait que Cicéron qualifie de *piscinarii,* de fanatiques de leurs viviers, les sénateurs contemporains qui se souciaient plus de ceux-ci que des affaires publiques. Virgile aurait pu aussi parler des jardins où se cultivaient des fleurs – c'était une industrie nécessaire, et profitable, en un temps où les convives, dans les banquets, portaient des couronnes de fleurs, comme la coutume s'en était répandue dans le monde grec, à l'imitation de l'Egypte, très vraisemblablement. Tout cela, le poète l'a négligé, et Columelle pourra composer tout un livre avec ces sujets, et, ainsi, continuer Virgile.

En choisissant les abeilles, il nous semble que Virgile a voulu – nous l'avons déjà indiqué – achever de gravir la hiérarchie de la vie, sous ses formes de plus en plus hautes. Et cela lui permettait – ce qui était l'une de ses préoccupations de poète, d'accéder à une forme de poésie mythologique, dans l'esprit de l'alexandrinisme.

Le quatrième chant est le plus alexandrin de l'œuvre entière. C'est celui qui est le plus riche en digressions et en récits épiques. Tel que nous le lisons maintenant, il offre l'exemple le plus parfait de ces « épopées en raccourci » (les critiques modernes les appellent des *epyllia,* des diminutifs d'épopée) qui étaient chères à Callimaque et à son école : un récit portant sur une légende, peu connue, racontée dans un style brillant. Catulle en avait laissé le modèle en latin, dans la célèbre pièce 64, l'épithalame de Thétis et de Pélée, qui contient, en son centre, sous le prétexte de décrire une broderie sur un voile, l'histoire d'Ariane, abandonnée par Thésée dans l'île de Naxos, et enlevée par Dionysos, qui en fit sa femme et lui donna l'immortalité astrale. La « petite épopée » qui termine le chant IV des *Géorgiques,* dans leur état définitif, l'histoire d'Aristée, de Cyréné, la Nymphe marine, du dieu Protée (qui ressemble tellement au Silène de la sixième *Eglogue*), d'Orphée et d'Eurydice, est tout à fait comparable à celle de Catulle. De même que l'union de Dionysos et d'Ariane se présente, chez Catulle, comme un épisode introduit à l'intérieur d'une autre narration, qui lui sert de cadre, de même la légende d'Orphée et d'Eurydice est « encadrée » par l'aventure du berger Aristée, un héros pastoral thessalien (mais « naturalisé » et honoré d'un culte en Arcadie), qui avait perdu ses abeilles, victimes d'une épidémie, et s'en fut interroger le dieu marin Protée sur les raisons de celle-ci. Protée lui révéla qu'il en était lui-même la cause, ayant provoqué, sans le vouloir, la mort d'Eurydice. Et Cyréné, après cet oracle du dieu, indiqua à son fils le moyen de reconstituer ses essaims. Cette longue histoire, avec sa narration double, rappelle évidemment les procédés de la narration populaire, depuis le roman grec jusqu'aux *Mille et une Nuits*. Dans le chant IV des *Géorgiques,* elle occupe 241 vers, sur les 565 que compte le chant tout entier, soit près de 43 %.

Une tradition antique nous apprend que ce final du chant IV n'est pas celui qui terminait le poème dans son état original. Une première version, nous dit Servius, comprenait, dans toute la seconde moitié du chant IV, l'éloge de Gallus, mais, après la disgrâce de celui-ci, et son suicide, en 26 av. J.-C., Auguste demanda au poète de supprimer cet éloge; et Virgile le remplaça par la légende d'Aristée, et celle d'Orphée, imbriquées l'une dans l'autre. Les commentateurs se sont efforcés de deviner le contenu primitif du chant, ce qui est bien hasardeux. On peut seulement souligner que l'éloge de Gallus, qui se trouvait dans le poème tel que Virgile le lut, en 29, à Octave et Mécène, se rattachait tout naturellement aux thèmes égyptiens, par lesquels se terminent les préceptes destinés à la guérison des maux dont peuvent souffrir les abeilles et à la reconstitution éventuelle des essaims : si l'on veut créer des abeilles, dit Virgile, il suffit de provoquer, dans certaines conditions, la putréfaction d'un taureau; de sa chair naissent les insectes, et Virgile ajoute que ce procédé est pratiqué par les apiculteurs égyptiens. Virgile n'est pas le seul à placer en Égypte cette étrange pratique. Plutarque y fait allusion dans la vie du roi spartiate Cléomène, où l'on voit les sages égyptiens expliquer doctement que tous les corps en putréfaction produisent des animaux et citer en exemple les abeilles nées de la chair des taureaux, comme les serpents naissent de celle des hommes. Et l'on rencontre là de très antiques croyances d'origine africaine.

A partir de là, on peut imaginer que Virgile avait entrelacé l'éloge de Gallus et l'évocation du monde égyptien, qui venait d'être conquis par Octave, avec l'aide efficace de Gallus. Celui-ci avait conduit l'armée qui, à travers la Cyrénaïque, avait permis l'encerclement d'Alexandrie, puis il était resté dans le pays, pour le pacifier, en qualité de « préfet » pour le compte d'Octave. Et il avait conduit, dès 29, comme le prouvent des inscriptions conservées, des expéditions punitives jusqu'aux rivages de la mer Rouge. Il portait alors le titre de « préfet d'Egypte », et c'est lui qui inaugura une situation politique unique dans l'Empire. Octave (bientôt Auguste) est le successeur des Pharaons; il est roi en Egypte, et le gouvernement réel est exercé par un homme qui ne dépend que de lui. Quel fut le rôle exact de Gallus en Egypte après 29? Nous l'ignorons; il n'est pas sûr qu'il ne revint pas à Rome dès la fin de cette année-là [9], mais on incline généralement à penser qu'il demeura plus longtemps dans ses fonctions, et qu'il aurait indisposé Octave contre lui en se conduisant plus en maître qu'en délégué du maître. Peut-être y eut-il d'autres raisons. Nous savons seulement qu'Auguste, sans doute en 27, avait officiellement « renoncé » à l'amitié de Gallus – ce qui était une procédure souvent pratiquée parmi les cercles de la noblesse romaine – et que celui-ci, devant l'hostilité des sénateurs, avait mis fin à sa vie. Ce qui, nous l'avons dit, entraîna la suppression de son « éloge » *(laudes)* à la fin des *Géorgiques.* Cela suppose que ces éloges étaient liés à l'œuvre militaire et politique accomplie par Gallus [10], et l'on peut aisément imaginer que Virgile avait pu, non sans quelque satisfaction de la part d'Octave, exalter la conquête toute fraîche de l'Egypte, sa « prise de possession » par Gallus au nom du vainqueur d'Actium – tout ce qui avait été célébré solennellement dans le triomphe qui suivit, en août 29, la lecture des *Géorgiques* et leur présentation au triomphateur. Plus le royaume de Cléopâtre apparaissait magnifique, terre de miracles et de science secrète, et plus le conquérant était grandi.

Le choix de Gallus pour cet éloge se justifie de plusieurs manières encore. D'abord dans l'équilibre du poème : celui-ci était placé, depuis les premiers vers, sous la protection de Mécène. Il pouvait finir par une invocation à Gallus, qui faisait en quelque sorte le pendant de celles qui étaient adressées dans le reste du poème au conseiller d'Octave.

Tous deux avaient largement contribué à « porter secours à ce siècle de ruines », selon la prière que le poète, à la fin du premier chant, adressait à Octave. Et, au-dessus de deux « amis », c'est la figure du jeune héros victorieux qui se dresse, au sommet du fronton. Il était juste aussi que Virgile se souvînt de la protection particulière qu'il devait à Gallus, au temps des *Bucoliques,* et affirmât d'une manière éclatante sa parenté littéraire avec son ami, dont il partageait l'esthétique. Ainsi se déroulait le chant IV, qui culminait avec l'expression de deux sentiments : l'amitié et la gloire, symbole assez clair de l'image que l'on voulait donner du régime qui s'instaurait, avec la victoire d'Actium. Sur un monde pacifié, une Rome victorieuse s'incarnait en la personne d'Octave. Les antiques vertus italiennes sont glorifiées; c'est à elles que Rome doit son triomphe, et, comme deux siècles plut tôt, ce triomphe est à la fois celui d'Hercule et celui des Muses.

La suppression des vers consacrés à Gallus, sa disparition du champ des *Géorgiques* marqueront ce qu'il est convenu d'appeler un « tournant du régime ». Ce n'est plus le temps de Mécène, c'est celui d'Auguste.

La légende d'Aristée, par laquelle Virgile remplaça l'éloge de Gallus, ne contient, elle, aucun symbole politique; elle est purement « alexandrine » dans son esprit. Au moment où Virgile l'écrit, il est presque totalement occupé par l'*Enéide* si l'on admet que cette rédaction, d'un épisode de 241 vers, dut se poursuivre pendant une partie de l'année 25 (nous avons vu que les méthodes de travail du poète ne lui permettaient d'écrire chaque jour qu'un petit nombre de vers). A cette époque, Virgile se préoccupe de l'épisode central de son poème, la descente aux Enfers, et c'est précisément une descente aux Enfers, ou, comme disent les savants, une « catabase », qui est « encadrée » dans l'histoire des abeilles perdues. Quelques indices montrent que ces deux récits ne sont pas indépendants l'un de l'autre : l'évocation des ombres qui se pressent et voltigent sur la rive du fleuve infernal est identique dans les deux passages, les mêmes vers sont repris, mot pour mot :

“ *Des mères et leurs maris, les corps, dont la vie s'est enfuie, des héros au grand cœur, des enfants et des filles mortes avant le mariage, des jeunes hommes, placés sur le bûcher, sous le regard de leurs parents* " (*Géorgiques,* IV, v. 475-477 = *Enéide,* VI, v. 306-308).

On peut, certes, supposer que ce rappel n'a pas été véritablement voulu par le poète, qu'il s'agirait simplement d'un « remplissage » provisoire, destiné à disparaître dans la rédaction définitive, celle qui n'a pu être effectuée par Virgile. Mais on peut aussi, avec plus de vraisemblance, penser que celui-ci a mis une intention dans la reprise de ces images, qu'il jugeait particulièrement émouvantes et suggestives; elles sont un lien entre les deux poèmes : « la catabase » d'Orphée annonce, explicitement, celle de l'*Enéide.* A partir du moment où intervient ce rappel les deux épisodes divergent; ils revêtent une signification différente : tandis que celui des *Géorgiques* est destiné à souligner la défaite d'Orphée, dans le sens déjà indiqué par Platon dans le *Banquet,* la descente d'Enée aux Enfers est totalement « positive ». Orphée se rend au royaume des ombres parce qu'il y est poussé par sa passion pour Eurydice, et c'est ce que lui reproche Platon; aussi, les dieux, qui avaient accordé à Alceste de revenir parmi les vivants, n'ont rien donné à Orphée, sinon une ombre vaine, qu'il n'a même pas pu remonter jusqu'au jour. C'est qu'Alceste avait " *une âme forte* " – elle s'était sacrifiée, échangeant sa propre vie contre celle de son mari – animée d'un amour véritable, tandis qu'Orphée, " *joueur de cithare* ", dit Platon, avait une âme faible, il n'avait pas eu le courage de mourir pour son amour, il avait usé de statagème pour pénétrer chez Hadès. " *Pour cette raison,* conclut Platon, *ils lui ont imposé un châtiment, et ont fait en sorte que la mort lui vienne par les femmes* " (on sait qu'il fut déchiré par les Bacchantes); tel fut le discours tenu par Phèdre, au Banquet d'Agathon (Platon, *Banquet,* 179 et suiv.).

Deux sortes d'amour, en effet, étaient le motif de chacune de ces deux catabases : amour passionné, charnel, d'Orphée pour Eurydice, amour filial (les Romains disaient *pietas*) d'Enée pour son père Anchise. Virgile, comme Platon, a voulu que l'exploit commandé par la passion se terminât par un échec, tandis que l'autre, celui qui avait pour motif cette vertu romaine par excellence, la *pietas,* amour raisonné, sans rien de passionnel, était récompensé par les dieux. Ainsi la modification entraînée par la suppression de l'éloge de Gallus replaçait les *Géorgiques* dans un nouveau contexte, plus moralisant, et conforme à l'idéal de vertu quelque peu austère qu'Auguste tentait de faire revivre dans l'esprit des Romains.

Le poète et ses dieux

Lorsque, vers l'année 26 av. J.-C., Virgile modifia le final de son poème il y avait trois ans qu'il pensait avoir mis la dernière main aux *Géorgiques.* Composées au cours du dernier épisode des guerres civiles, celles-ci avaient reflété, année par année, les péripéties de la vie politique, depuis sinon le désespoir, du moins l'angoisse du poète qui, en 38, redoute que se perpétuent indéfiniment les conséquences désastreuses entraînées par la mort de César, et les déchirements qui en sont l'effet, jusqu'à la montée d'Octave, apparaissant, de plus en plus, comme le héros miraculeux qui ramènerait la paix, cet *otium,* cette liberté d'être soi-même, que promettait Daphnis. Nous avons vu aussi que l'éloge de l'Italie peut être considéré comme illustrant l'apparition d'une politique hostile aux aventures orientales d'Antoine; il répond à la situation de 35 ou 34. Peu à peu, Virgile ajoutait, çà et là, quelque touche nouvelle. On admet volontiers que le tableau de la lutte entre deux essaims d'abeilles entourant deux rois rivaux symbolise la lutte entre Octave et Antoine, et, par conséquent, que ce passage au moins du chant IV n'a pu être composé qu'après la bataille d'Actium, en septembre 31. Mais tout le monde est d'accord pour reconnaître que le prologue du chant III est l'un des derniers morceaux ajoutés (avec la fin du prologue au premier chant, qui promet à Octave la divinisation) : Virgile y exalte d'abord son propre triomphe. Il a surmonté toutes les difficultés, il a pu suivre, jusqu'au sommet de l'Hélicon, la voie que personne, jusqu'à lui, n'avait ouverte. Il a conquis l'immortalité, et, comme les triomphateurs, il va élever un temple, dans sa patrie, sur les rives du Mincio, et, devant le sanctuaire, se dressera la statue d'Octave, comme devant le temple de Vénus

Genitrix, à Rome, l'autre César, le dictateur, avait élevé sa propre statue. Il y aura des jeux solennels, comme faisaient les triomphateurs, comme l'on avait fait pour César et aussi comme à Actium, en avait fondés Octave, pour perpétuer le souvenir de sa victoire, et des images diverses rappelleront celles qu'il avait ensuite remportées en 30 et en 29, lorsqu'il pacifia l'Orient. Octave a définitivement vaincu les Parthes (là où Antoine avait échoué). Il prépare (croit-on) une expédition contre les Bretons, et ainsi s'affirmera sa royauté universelle. A ce moment, Virgile ajoute :

" On verra se dresser, aussi, des marbres de Paros, statues que l'on croirait douées de vie, la descendance d'Assaracos et les grands noms de la race issue de Jupiter, Tros, l'ancêtre, et le dieu du Cynthe, créateur et garant de Troie. De son côté, l'Envie, impuissante, redoutera les Furies, le sombre fleuve du Cocyte et les serpents enroulés d'Ixion, et l'affreuse roue, et le rocher que l'on ne saurait vaincre " (III, v. 34-39).

Ce passage est loin d'être clair. Parfois on explique cette succession de symboles en disant que Virgile y annonce, pour la première fois, son dessein de chanter les exploits d'Octave en les rattachant aux héros troyens. Mais c'est forcer le texte. Et, s'il en était bien ainsi, pourquoi le nom d'Enée n'est-il pas prononcé? Il semble y avoir aussi quelque naïveté à croire que Virgile, en ce début du troisième chant, ait seulement voulu annoncer son œuvre future. Si l'on y regarde de plus près, des intentions plus profondes apparaissent. Ce prologue célèbre la victoire, une double victoire, celle d'Octave et celle du poète lui-même; une victoire qui rend l'Envie impuissante. Contre qui? La plupart des commentateurs répondent en affirmant que le poète pense à celle qui le menace lui-même, et aux critiques de ses détracteurs. Certes, il y eut des détracteurs de Virgile, depuis le temps des *Bucoliques,* à commencer par Agrippa qui jugeait son style affecté, ce qui n'était pas étonnant, disait-il, chez une créature de Mécène! Mais la correspondance établie dans ce prologue entre le triomphe des Julii et la « damnation » de l'Envie suggère que ce tableau (on peut penser aux deux moitiés d'un fronton) est un symbole de caractère politique. Ce n'est point parce que les Julii ont triomphé, avec Octave, que Virgile sera à l'abri des envieux. Le fait que l'Envie devienne impuissante intéresse le sort de Rome tout entière, et la vie politique elle-même.

Il n'est pas de meilleur commentaire à ce texte qu'un passage de Lucrèce, au livre V de son poème. Lucrèce commence par rappeler que, au début de l'histoire humaine, les sages apportèrent les germes de la civilisation. Puis, ces rois jetèrent les bases d'une organisation de caractère aristocratique, en répartissant les troupeaux et les terres entre les hommes « les plus beaux et les plus forts » : beauté et vigueur étaient alors tenus en honneur. Puis la richesse et, surtout, l'or, enlevèrent leurs privilèges à la beauté et à la force; désormais, les « aristocrates » furent les riches, " *car,* dit Lucrèce, *il arrive le plus souvent que les riches trouvent pour les suivre les hommes forts et ceux dont le corps est le plus beau* " (I, v. 115-116).

Nous rencontrons ici l'analyse que nous avons mentionnée, et qui justifiait la défiance des Romains à l'égard de la richesse mobilière. Mais, continue Lucrèce, en accord avec la doctrine d'Epicure lui-même, cette prédominance accordée à la richesse est contraire à l'ordre naturel, car la véritable richesse consiste, pour l'homme, à modérer ses désirs et à vivre de peu : la nature fournit toujours ce qu'il faut pour que soit maintenue la vie. En fait, une opinion perverse a poussé les hommes à rechercher toujours plus d'argent, avec l'idée que, s'ils sont assez riches, leur situation deviendra stable, bien assise, et ne sera jamais menacée. D'où l'ambition, la lutte pour parvenir aux honneurs; cette lutte les expose à mille dangers; même s'ils atteignent le sommet, " *l'éclair de l'Envie les frappe et les précipite de ce sommet, ignominieusement, dans l'horrible Tartare* " (I, v. 1125-1126). L'Envie est comparée à la foudre, qui frappe les cimes. Si bien, conclut Lucrèce, qu'il vaut mieux et de beaucoup, obéir paisiblement plutôt que de gouverner en maître absolu et d'être roi (I, v. 1129-1130).

Dans les vers de Virgile, les rapports sont inversés : ce n'est plus l'Envie qui précipite les humains dans le Tartare, c'est elle-même qui s'y voit plongée, réduite à l'impuissance. Le parallélisme est évident, et l'on ne peut douter que Virgile, qui s'inspire si souvent de Lucrèce, qui l'imite, ne fasse ici allusion à ce passage célèbre. La victoire d'Octave a brisé le cycle infernal des révolutions. Depuis le triomphe qui a suivi Actium, il y a quelque chose de changé dans l'ordre du monde. Octave est à l'abri de l'Envie, il ne risque pas d'être précipité dans le Tartare; c'est la fin des rivalités entre les citoyens, et de cette discorde qui était la cause des guerres civiles. Mais il y a plus encore : le triomphe d'Octave, en donnant au monde un maître que plus personne ne contesterait, rend aux hommes la tranquillité et la paix.

Dans cette mesure, les paroles de Lucrèce se sont révélées prophétiques, *a contrario :* dans la cité nouvelle, issue du triomphe d'Octave, les luttes qui avaient déchiré Rome, et qui n'avaient pour but que la conquête du pouvoir et l'accumulation des richesses n'auront plus leur raison d'être. Le bonheur épicurien régnera, puisque, ainsi que le dit Lucrèce, il vaut mieux obéir paisiblement plutôt que de donner libre cours à des ambitions sans mesure ni fin. D'ailleurs, la terre fournit aisément tout ce qu'il faut pour apaiser la faim et la soif et parvenir à l'ataraxie.

Lorsqu'il écrivait ces vers du livre V, Lucrèce pensait probablement à la situation troublée des dernières années de sa vie, et, peut-être, plus particulièrement, au sort de Crassus, qui avait tant intrigué pour obtenir le gouvernement de la Syrie et le commandement d'une guerre contre les Parthes, tout cela pour mourir tragiquement, son armée vaincue, au début de l'été de l'année 53. Et l'on disait que cette catastrophe avait été voulue et provoquée par un tribun qui avait accompagné de ses malédictions Crassus, lorsqu'il partit de la Ville pour rejoindre son armée : l'*Invidia,* l'Envie, ou, pour lui donner le nom qu'elle portait dans la superstition populaire, le Mauvais Œil, avait eu raison de lui. Or, chacun le savait, le mobile qui animait Crassus était l'avidité, le désir de richesses toujours plus grandes, précisément ce que dénonce ici Lucrèce.

Mais, avec le triomphe d'Octave, tout était changé. Octave lui-même est assuré dans sa victoire, et l'Envie ne pourra rien contre lui; elle sera également exorcisée dans les rapports entre les citoyens. Le bonheur paisible est à portée de la main pour la cité. Ainsi, la série des succès qui avaient donné le pouvoir à l'héritier du dieu César paraît avoir provoqué chez Virgile une réflexion qui remettait en question un aspect au moins de la doctrine épicurienne. Celle-ci voulait que les affaires du monde fussent régies par un mécanisme dans lequel n'intervenaient pas les divinités. Pour Epicure, le Destin est aveugle, il *" fait naître les causes qui sont à l'origine des grands biens ou des grands maux "*, mais c'est aux humains eux-mêmes à réaliser, librement, leur bonheur.

Certes, on pourrait penser que la victoire d'Octave est l'effet de ce Destin aveugle, et, dans une certaine mesure, cela est vrai, mais Virgile, en dressant, au sommet du fronton, le dieu du Cynthe, Apollon, réintroduit l'intervention divine, et, en évoquant, plus précisément, la lignée de Tros et d'Assaracos, il affirme la vocation des Julii : depuis César, tout le monde savait que cette *gens* remontait à Enée et à Vénus, dont il était le fils, et l'on répétait une antique prédiction, rapportée par les poèmes homériques : la race d'Enée obtiendrait la royauté, après la destruction de Troie, et régnerait sur le monde. Octave réalise cette prédiction. C'est donc que l'on doit reconnaître dans sa victoire l'intervention d'un dieu, Apollon, et aussi celle d'une déesse, cette Vénus Mère *(Venus Genitrix),* qui, dans la cinquième *Eglogue,* avait pleuré la mort de Daphnis-César et salué son apothéose. Les divinités interviennent donc dans la conduite des affaires du monde, elles interviennent en faveur de tel ou tel, et le Destin n'est pas aveugle! Nous avons dit, déjà, que le régime monarchique avait les préférences des épicuriens parce qu'il supprimait les ambitions particulières. Sur ce point, Virgile était donc, depuis longtemps, préparé à l'accueillir. Mais, ce qui était nouveau, c'est que ce régime semblait voulu par les dieux.

On peut se demander si Virgile, en acceptant cette idée, étrangère à l'épicurisme, se comportait seulement en poète courtisan, ou si son poème témoigne d'une ardeur et d'une foi véritables. Il nous semble que le glissement de l'épicurisme à la religion du héros providentiel s'est d'abord produit d'une manière insensible : le « jeune dieu » de la première *Eglogue,* le « sauveur » invoqué dans la première *Géorgique* n'étaient encore que des « figures », conformes, nous l'avons dit, à l'évhémérisme épicurien, et il nous a semblé aussi que l'apothéose de César, dans la cinquième *Bucolique,* était rapprochée, consciemment, de celle d'Épicure – un vers de Lucrèce marquait le lien. Après Actium, une bataille où, disait-on, l'action d'Apollon, protecteur d'Octave, avait été décisive, il devenait difficile de penser l'événement dans les cadres de l'épicurisme. Le divin faisait irruption en force, et l'on peut imaginer que Virgile ne put s'empêcher d'en reconnaître l'action. En ce sens, on peut sans doute parler d'une « conversion » du poète. Et l'on pense à celle d'Horace, avouant que, jusqu'alors, il n'a rendu aux divinités que des hommages « chiches et rares », abusé qu'il était par une philosophie délirante (il parle de l'épicurisme, qu'il avait professé au temps où il composait le premier livre des *Satires*), mais un « miracle » l'a détrompé : il a entendu un coup de tonnerre éclater dans un ciel serein. C'est donc que le tonnerre n'est pas, comme le disent les épicuriens, un phénomène purement physique, il est un signe, une arme, entre les mains des dieux et surtout de Jupiter, de qui dépend la Fortune, qui donne et enlève le pouvoir aux rois (*Odes,* I, v. 24). Même si l'ode d'Horace est symbolique, si le « coup de tonnerre » n'est qu'une image commode pour rendre sensible la transformation qui s'est opérée dans l'esprit du poète, cette évolution de sa pensée n'en est pas moins réelle : lui non plus, comme Virgile, il ne croit plus que les affaires du monde soient abandonnées au hasard. La Fortune est l'instrument d'une Providence. Il est probable que ce « retournement » d'Horace est l'effet, comme la « conversion » de Virgile, des événements de 31 et 30 av. J.-C., la montée d'Octave et l'abaissement d'Antoine et de Cléopâtre.

La fin, si attendue, des guerres civiles, le dénouement rapide de la guerre, tout cela ne pouvait manquer de frapper les imaginations : l'espoir renaissait, et, par un mouvement naturel, on craignait pour cet espoir fragile, et l'on se tournait vers les dieux. On ne cherche plus les causes de tous les malheurs dans une malédiction, que ce soit celle qui suivit les parjures de Laomédon ou la souillure entraînée par le meurtre de Rémus, mais dans l'impiété des Romains. Horace est le témoin de ce retour aux dieux, avec les six premières odes du livre III, celles que l'on appelle les « odes romaines ». Dans la dernière (qui date peut-être de 29 av. J.-C.), il n'hésite pas à déclarer :

“ *Sans l'avoir mérité, tu expieras, Romain, les fautes de tes pères, aussi longtemps que tu n'auras pas reconstruit les sanctuaires et les temples des dieux et relevé leurs statues salies par une fumée noire* ” (*Odes*, III, v. 6). Et Horace énumère les conséquences de cette impiété : décadence morale, dévergondage des femmes, qui ne donnent plus le jour à une descendance pure et légitime; les « vertus » antiques ne se transmettent plus, le sang romain est souillé. Le seul remède est le retour à la piété d'antan. Or, l'année 29, celle de cette ode, est aussi le moment où Virgile écrit le prologue du chant III et reconnaît l'intervention d'un Destin divin dans le train du monde. Et nous savons aussi, par la grande inscription dans laquelle Auguste dresse le tableau de ses actes, que, dès l'année suivante, commença une politique de restauration des sanctuaires, dont nul n'avait pris soin, pendant les guerres civiles. Assez curieusement, il fut encouragé dans cette voie par Atticus, l'ami de Cicéron, qui, pourtant, avait des sympathies pour l'épicurisme. Ce qui nous conduit à nous interroger sur la « religion de Virgile », son attitude envers les dieux et les croyances traditionnelles, pendant la période au cours de laquelle il composait les *Géorgiques*.

S'il est vrai que le poème des *Géorgiques* fut composé non pas d'une seule venue, mais par morceaux, avec des reprises, que nous avons essayé de déceler, nous ne pouvons nous attendre à y trouver, sur les points qui concernent la théologie, une doctrine cohérente. Il nous a semblé déjà que Virgile s'était sensiblement détaché de l'orthodoxie épicurienne, au moins dans les passages qu'il avait écrits tardivement, et cela non seulement sous l'influence des événements politiques mais aussi par la logique de sa propre méditation. Lorsqu'il compatit aux souffrances des animaux, il s'interroge sur des propos d'Epicure, tels ceux qu'il pouvait lire dans la *Lettre à Ménécée :*

“ *Car,* écrivait Epicure, *ce ne sont ni des beuveries et des festins à n'en plus finir, ni la jouissance de jeunes garçons ou de femmes, ni la dégustation de poissons et de toute la bonne chère que comporte une table somptueuse, mais c'est un entendement sobre, qui sache rechercher les causes de tout choix et de toute aversion et chasser les opinions fausses, d'où provient pour la plus grande part le trouble qui saisit les âmes...* " Epicure place le bonheur dans l'exercice de la pensée, et pourtant il y fait entrer l'affectivité, qui est le lieu du plaisir, la pensée rationnelle ne faisant que peser celui-ci, le juger. Les animaux ne goûtent que des plaisirs naturels et nécessaires (comme le dit Epicure); ils devraient donc participer, eux aussi, à la vie philosophique. Or si leurs plaisirs sont purs, leurs souffrances ne peuvent pas, comme celles de l'homme, être contenues par la raison. Dans la même *Lettre*, Epicure écrivait en effet : " *Y a-t-il quelqu'un que tu juges supérieur au sage? Il a sur les dieux des opinions pieuses; il est constamment sans crainte au sujet de la mort; il a, par sa réflexion, compris la fin que se propose la nature; il sait que le souverain bien peut s'acquérir entièrement et facilement, qu'au contraire la limite du mal est étroitement fixée dans la durée ou dans l'intensité, il rit de la fatalité, que certains présentent comme la souveraine absolue de l'univers.* " Certes, de tels propos sont valables pour les hommes (" *la douleur est ou bien faible, et peut être vaincue, ou violente, et alors elle provoque rapidement la mort* "), ils ne le sont point pour les animaux, qui ne disposent pas de la consolation d'un pareil raisonnement. Les animaux ont peur de la mort, le taureau de labour souffre lorsque meurt son compagnon de joug, et les yeux d'un animal blessé contiennent une tristesse sans fond. Pourquoi cela? Il se peut qu'une réponse commence à se dessiner dans l'esprit de Virgile, lorsqu'il décrit la « peste » du Norique : l'idée que la vie existe en soi, et n'est pas un accident du mécanisme qui l'aurait créée. Nous avons dit aussi qu'au livre des abeilles Virgile est tenté par les doctrines qui font de leur « âme » une émanation de celle du monde, et constaté enfin que le « miracle » d'Actium semble lui avoir révélé qu'il était possible de discerner dans le monde, au moins pour les « grandes affaires », une finalité, une volonté des dieux, ou du dieu (celui que la religion traditionnelle nomme Jupiter – le Zeus des stoïciens), qui s'exerçait sur une très longue durée. A ce moment, qui est celui d'une véritable illumination, Virgile va être séduit par le projet qui prend corps en lui : suivre le déroulement de ce destin, voulu par le dieu, ou accepté et réalisé par lui (c'est là un point à débattre), jusqu'à l'avènement de ce monde nouveau qui commence avec le triple triomphe d'Octave. En ce sens, le prologue au livre III des *Géorgiques* annonce bien l'*Enéide,* mais non pas à la manière d'un prospectus d'éditeur, il la prépare « en esprit », au moment où le poète éprouve cette étincelle initiale de la création, la première onde de ce grand mouvement intérieur sans lequel rien ne saurait jamais être écrit.

Pourtant l'on aurait tort de croire que Virgile, dès le début des *Géorgiques,* acceptait l'intervention des dieux dans le monde. Dans la pensée antique, et particulièrement à Rome, tout ce qui concernait la divinité était fort complexe. Et il ne suffit pas de retrouver ce que pensait Virgile lui-même, il convient de se référer aussi aux opinions et croyances diverses existant dans l'esprit et le cœur de ses lecteurs, si l'on veut comprendre la manière dont l'œuvre était entendue. Car les opinions relatives au sacré et au divin constituent un langage, qui doit être commun, éveiller chez le lecteur des images analogues à celles que le poète porte en lui, et cette nécessité n'est pas sans entraîner des équivoques, le même mot prenant, chez celui qui l'écoute, un sens qu'il n'a pas chez celui qui l'emploie. Nous avons vu, à propos de la divinisation de Daphnis, comment, tout en rejetant l'idée d'une action divine dans le monde, l'épicurisme ne nie pas l'existence des dieux et ne s'interdit pas de se référer à eux, de les prendre pour garants de sa morale, le bonheur, les perfections du sage étant les images et comme l'imitation des dieux, que nos rêves nous donnent de voir, pendant notre sommeil, lorsque les sens sont assoupis et que l'âme est capable de recevoir les impressions les plus subtiles, celles que provoquent les « simulacres » émis par les corps divins et qui traversent nos paupières fermées. C'est pourquoi la piété envers les dieux était considérée par les épicuriens comme une vertu cardinale; la contemplation sereine des divinités était l'une des sources de l'ataraxie. Mais c'était là une piété personnelle, vécue dans l'intimité de la conscience par le sage ou l'aspirant à la sagesse. Les disciples d'Epicure, en outre, pratiquaient la religion « publique », avec ses sacrifices, son rituel, ses fêtes, mais dans un esprit de désintéressement total, en s'efforçant de n'avoir, au sujet des dieux, que des pensées « pieuses », évitant de leur attribuer des passions, comme la colère ou la faveur. C'est en ce sens, pensons-nous, qu'il convient de comprendre le célèbre passage du second chant, dans lequel le poète, reprenant l'enseignement d'Epicure, s'écrie :

" *Heureux qui a pu comprendre la cause de ce qui est, qui a foulé sous ses pieds toutes les craintes et le destin inexorable et le fracas de l'Achéron avide! Bienheureux, aussi, celui qui connaît les dieux des champs, Pan et le vieux Sylvain et les Nymphes, qui sont sœurs!* " (II, v. 490-494). Si, comme l'enseigne Epicure, la connaissance de la physique, en « démystifiant » les terreurs de la religion populaire, permet d'atteindre au bonheur, il est vrai aussi (Virgile l'ajoute) que la connaissance – c'est-à-dire l'intuition, la vision mystique, au sens épicurien – des divinités rustiques conduit au même résultat. Ce ne sont pas ces divinités qui donnent le bonheur, par un acte de grâce, mais leur contemplation qui purifie l'âme et lui assure le calme, à l'abri des passions, surtout de l'ambition et de l'avarice.

Dans de tels passages, le poète reste fidèle à l'inspiration épicurienne et, en même temps, son langage, parce qu'il était identique à celui de la religion populaire, demeurait intelligible à tous : Pan, Sylvain, les Nymphes, tous ces noms évoquaient des images familières, multipliées par la peinture, les reliefs et aussi la poésie mythologique. Virgile incitait seulement à méditer sur elles et à en dégager la signification pour la vie morale. Là est la nouveauté. Le début du troisième chant, qui en fut, sans doute, le prologue original, avant les additions de 30 ou 29, nous révèle que Virgile fut parfaitement conscient de cet appel lancé aux hommes par sa poésie, lorsqu'il écrit :

" *Toi aussi, grande Palès, et toi, illustre pasteur des rives de l'Amphryses nous vous chanterons, et vous aussi, bocages et cours d'eau du Lycée. Les autres sujets, qui eussent tenu sous le charme des esprits frivoles, tous sont trop connus; qui ne connaît l'impitoyable Eurysthée ou les autels de l'affreux Busiris? Qui n'a raconté l'enfant Hylas et Délos, l'île de Latone et Hippodamie et Pélops, célèbre par son épaule d'ivoire, prompt à pousser ses chevaux* " (III, v. 1-8).

Les sujets que dédaigne Virgile sont ceux qu'aimaient traiter les « nouveaux poètes », comme Gallus ou, un peu plus tard, Properce. L'enlèvement d'Hylas par les nymphes, les travaux imposés par Eurysthée à Hercule, la course de chars dans laquelle Pélops surpassa Œnomaos, le père d'Hippodamie, et obtint la main de la jeune fille ont fait l'objet de trop nombreux poèmes, et, surtout, ces récits sont parfaitement « gratuits », ils n'ont d'autre fonction que de charmer les loisirs d'auditeurs oisifs. Virgile, lui, chantera pour proposer aux hommes un bonheur proche d'eux et pourtant négligé. Pour cela, il chantera Palès (la divinité, dieu ou déesse on ne savait trop, qui protégeait les troupeaux de moutons) et Apollon Nomios, devenu bouvier en Thessalie. Nous avons vu que, dans cette partie de son poème, pas plus que dans les autres, Virgile n'avait pu totalement se dispenser de recourir aux ornements empruntés à la mythologie, mais son dessein n'est pas de raconter, il veut inviter ses lecteurs à méditer sur un mode d'existence dont ces divinités nous offrent l'exemple, avec les deux aspects qu'ils symbolisent de la vie pastorale. Pour reprendre ses propres termes, le fait de *connaître* Palès et Apollon Bouvier est déjà un grand pas vers le bonheur.

Varron, qui avait un vif penchant pour les classifications, avait établi une distinction célèbre entre trois théologies, trois formes de religion. Au plus haut degré de spiritualité (et de vérité) il place la religion des philosophes, au plus bas, la religion populaire, tout en superstitions et en pratiques, souvent déraisonnables. Entre ces deux théologies, la religion des poètes, avec tout son légendaire, qui n'impliquait pas vérité ni croyance « à la lettre » (on ne pensera pas que Jupiter s'est transformé en cygne pour conquérir Léda, ni en pluie d'or pour pénétrer dans la prison où est enfermée Danaé), mais qui était source de beauté et de rêve. Cette distinction permet de mieux comprendre la « religion » de Virgile. Celui-ci, comme le faisait Lucrèce, reconnaît aux mythes une signification symbolique; ces récits constituent comme une approche vers la Vérité et, en même temps, ils sont beaux, ce qui est une forme d'éternité. On reconnaît ici le grand dessein de Mécène. Placer toutes les activités agricoles, quelles qu'elles soient, sous le patronage d'une divinité, c'est d'une part, se conformer à la « religion populaire », qui invite à prier tel ou tel dieu, lui offrir tel ou tel sacrifice, « pour l'heureuse issue des récoltes » – Cérès pour les blés, Bacchus pour le vin, Minerve pour les olives, etc. – mais c'est aussi arracher ces activités à la banalité du quotidien, au discrédit qui s'attache généralement à ce qui est seulement utile, et leur conférer une valeur d'éternité.

On comprend alors pourquoi Virgile, bien qu'il ne croie pas que les dieux « bénissent » les champs et les troupeaux et soient à l'origine d'heureuses récoltes, ne laisse pas d'invoquer au début de son poème les astres du ciel, et Liber Pater (Bacchus) et Cérès, puis les Faunes et les Dryades (les nymphes des arbres), Neptune et Pan, Minerve et Sylvain, et, sans le nommer, mais en le désignant clairement, Jupiter qui, de là-haut, envoie la pluie sur la terre. Si Virgile commence par cette invocation, c'est qu'il veut baigner tout son poème comme d'une lumière sainte – celle qui illumine l'âme, selon les épicuriens, lorsqu'elle *voit* les divinités. Il veut élever les choses simples, trop souvent dédaignées, de la terre jusqu'à leur dimension divine. Les « philosophes » sauront faire la part du symbole; les autres, enfermés dans les croyances traditionnelles, percevront malgré tout l'essentiel du message et l'accueilleront d'autant plus volontiers qu'ils y retrouveront les mots qui leur sont familiers. Les *Géorgiques* prépareront ainsi les Romains à retrouver les valeurs essentielles, non seulement celles de leur race et de leur cité, mais celles de la Sagesse.

On voit que les réserves que Virgile est appelé à faire sur la théologie d'Epicure, les inquiétudes qu'il laisse par moments transparaître ne modifient pas, encore, à ce stade de son œuvre poétique, son attitude à l'égard des théologies, philosophique, poétique ou vulgaire (Varron disait « politique » parce que les pratiques officielles du culte tendent à maintenir la cohésion de la cité) : il ne pense pas, et n'a jamais pensé que les divinités intervenaient quotidiennement dans notre vie; elles sont garantes de l'ordre du monde, et procèdent selon des lois, elles ne sont pas capricieuses; les adorer comme elles sont, c'est se conformer à l'ordre du monde. Virgile, pour cela, n'avait pas à se « convertir » au stoïcisme. S'il existe une Providence, elle procède selon des lignes générales, qui ne concernent pas le bonheur quotidien. La modification introduite par le poète se situe très haut, dans la méditation philosophique. La faille dans sa pensée est encore indécelable. L'intuition épicurienne demeure.

Et, à ce moment, nous retrouvons Mécène, dont nous avons esquissé le portrait. Il nous a semblé qu'il était, par son raffinement, les recherches de sa vie, le contraire d'un *rusticus,* d'un paysan. C'est un homme de la ville, et Virgile le sait bien. Mécène est riche, et vit dans le luxe, et il tente, vainement, d'apaiser par ce moyen ses souffrances morales. Pour cela, il recourt à une imitation de la Nature, au bruit des cascades, au chant des oiseaux et aux musiques assourdies entendues de loin – tout ce que la nature véritable offre spontanément au *rusticus.* Epicure était d'avis que le sage « devait vivre aux champs », car la ville était contraire, par toutes les tentations qu'elle offrait, au repos de l'âme. Lui-même passait son existence dans le fameux jardin, aux portes d'Athènes. Ce jardin ne ressemblait pas à celui de Mécène, c'était, apparemment, un simple enclos consacré à des cultures potagères. Aussi, lorsque Virgile exalte la vie « aux champs », avec les mots célèbres : *" O, trop heureux les paysans... ",* cela peut être considéré comme un conseil donné à Mécène. Virgile rappelle (ce qui pouvait toucher Mécène) que le luxe est impuissant à calmer les soucis (Mécène pouvait déjà lire cela dans le poème de Lucrèce), et que la nature donne, en mieux, ces éléments du bonheur *" les grottes et les pièces d'eau vive et la fraîcheur de Tempé* [le célèbre vallon thessalien], *et le mugissement des bœufs et de doux sommeils sous un arbre "* (II, v. 468-469). Nous avons rappelé, déjà, que Mécène était insomniaque!

Certes, Virgile, en écrivant les *Géorgiques,* ne conseille pas à Mécène d'abandonner ses richesses et de se faire paysan. Il lui montre seulement que le bonheur se rencontre, plus durable et plus stable, dans la nature toute simple. Horace, vers le même temps, l'écrivait à son ami Aristius Fuscus. La vie rustique imite, dira plus tard Sénèque, l'existence des dieux, qui ne possèdent rien, mais jouissent de tout l'univers.

Et c'est là, sans doute, le sens que Virgile a voulu donner à la « fable » (au mythe) du vieillard de Tarente, cet ancien corsaire cilicien, déporté au temps de Pompée et installé à Tarente, sur un lopin de terre dont personne ne voulait. En dépit de sa pauvreté, ce vieillard " *égalait en esprit sa richesse à celle des rois* ". Epicure disait, nous l'avons rappelé, qu'une pauvreté joyeuse équivalait aux trésors des rois. Son petit jardin lui fournissait en abondance la nourriture pour calmer sa faim, et aussi le luxe des fleurs et des plantes odorantes. Le soir, revenant chez lui, " *il chargeait sa table de mets qui n'avaient rien coûté* " (IV, v. 133). Après avoir chanté tous les aspects de la vie agricole, même (sur le conseil de Mécène) l'élevage extensif, qui doit assurer aux grands propriétaires de quoi tenir leur rang, Virgile en revient à ce qui est l'essentiel : la conquête de l'ataraxie, à la fois grâce à un travail attentif, qui ne permet pas à l'esprit humain de s'endormir dans une lourde torpeur, et au mépris des richesses, qui ont conduit Rome si près de sa perte.

CHAPITRE IV

Le temps d'Auguste

Ecrire une épopée

Virgile, depuis sa jeunesse et le temps où il écrivait la *Ciris* et le *Moucheron,* n'avait jamais renoncé à l'espoir de composer une épopée. Nous avons vu cette ambition s'affirmer à plusieurs reprises. Lorsque, sous l'influence de Pollion, il s'était consacré au genre bucolique, le renouvelant, le modifiant, lui donnant une portée qu'il n'avait jamais eue dans la tradition sicilienne de Théocrite, il l'avait fait en abandonnant, pour un temps, une entreprise commencée. Nous avons situé cette tentative d'épopée romaine aux environs de 41. La *Vie de Virgile,* que nous avons souvent citée, place celle-ci avant le début des *Bucoliques,* c'est-à-dire avant 42, mais peut-être simplement pour établir un classement net, dans lequel les périodes se succèdent sans empiéter l'une sur l'autre – ce qui est un postulat arbitraire. Il est bien plus probable que, pendant ces années où Virgile se cherchait, le poète se soit engagé simultanément dans plusieurs directions. Quant au sujet de l'épopée entreprise vers ce moment, la *Vie de Virgile* dit simplement qu'elle concernait *" les affaires romaines ", res romanas,* et nous avons supposé qu'il s'agissait des guerres civiles. Un passage du commentaire de Servius émet d'autres hypothèses : Virgile aurait, dès ce moment, songé à la légende d'Enée (ce qui, alors, est tout à fait improbable), ou encore à l'histoire des rois d'Albe (pratiquement inexistante, chez les auteurs qui avaient traité de la préhistoire de Rome, chacun de ces rois n'étant guère qu'un nom), enfin, Servius mentionne les guerres civiles, et là nous sommes sur un terrain plus solide. Virgile pouvait se sentir provoqué à chanter, en des vers épiques, les grands épisodes de la politique contemporaine lorsqu'il voyait d'autres « poètes nouveaux », Furius Bibaculus et Varron de l'Aude, exalter de cette manière les exploits de César. Mais Apollon (ou, plus prosaïquement, Pollion) l'en avait détourné.

L'ambition n'en continuait pas moins, comme un aiguillon secret. Elle réapparaît dans le courant de l'année 40 (une fois que Pollion eut abandonné le gouvernement de Cisalpine; mais c'est sans doute là une pure coïncidence), avec la sixième *Eglogue*. Le Silène, qui en est le personnage central, esquisse une épopée cosmologique, qui commence comme le poème de Lucrèce *Sur la nature* en racontant la formation du monde et qui finit, comme les *Métamorphoses* d'Ovide, par l'évocation d'une série de légendes, enchaînées selon un ordre approximativement chronologique : d'abord le déluge de Deucalion, qui permet une nouvelle création de la race humaine, celle qui connaît le « règne de Saturne » (l'âge d'or), puis vient Prométhée, à l'origine des temps nouveaux, ensuite un épisode de l'expédition des Argonautes, puis diverses légendes qui conduisent au début des temps historiques, avec le règne de Minos et la métamorphose de Scylla, qui, dans cette version, est contemporaine du roi de Crète, enfin l'allusion à Térée, qui nous reporte à l'époque, apparemment proche de la précédente, des premiers rois de l'Attique. La seconde partie du chant de Silène, la narration, enchaînée d'épisode en épisode, de légendes empruntées au monde mythique, n'est évidemment qu'un jeu, destiné, peut-être, à servir de livret à un mime. Elle n'en forme pas moins comme une esquisse d'épopée, dans la mesure où elle présente ces tableaux dans le déroulement du monde.

Mais Virgile ne pouvait se satisfaire de ces ébauches, qui trahissent seulement ce besoin qui l'anime de dépasser le cadre trop étroit de l'*Eglogue* et de traiter un vaste sujet, concernant un aspect au moins de « ce qui est ». La notion même d'épopée était loin d'être claire : on appelait de ce nom, naturellement, les poèmes homériques, l'*Iliade* et l'*Odyssée,* réunis sous un même vocable, en dépit des grandes différences de ton et de sujet qui les séparent. Ces poèmes sont « épiques », dans la mesure où ils racontent des exploits, de caractère surhumain, accomplis par l'un ou l'autre des personnages familiers à la « mémoire collective » des cités, en rapport avec les divinités, dont ils sont issus et qui les inspirent, et qui vivent en des temps où le divin et l'humain ne sont pas encore clairement distingués : c'est le temps des « héros », des demi-dieux. Certes, ces mêmes personnages sont repris par les poètes tragiques, mais d'une autre manière. Tandis que la tragédie est un poème mis en scène, et composé de plusieurs sortes de mètres, l'épopée est un récit continu, écrit dans un mètre unique : en Grèce, depuis Homère, un vers formé de six mesures – dactyle (une syllabe longue suivie de deux brèves) ou spondée (deux syllabes longues) – l'hexamètre dactylique dont les temps forts, à la récitation, sont marqués par une note frappée sur la lyre; à Rome, la plus ancienne épopée, l'*Odissia,* traduite de l'*Odyssée* homérique par Livius Andronicus, était écrite non pas en hexamètre, mais en un vers appelé « saturnien », fondé, semble-t-il, sur le rythme naturel de la langue latine, et dont la nature ne nous est pas claire. Puis ce vers saturnien (c'est-à-dire « italique », Saturne ayant été, selon la légende, le plus ancien roi d'Italie) avait été remplacé, au temps d'Ennius, dans les premières années du IIe siècle av. J.-C., par l'hexamètre dactylique grec.

Dès la Grèce archaïque, l'hexamètre avait étendu son domaine; il ne servait plus seulement au récit des exploits héroïques. Hésiode l'avait utilisé dans sa *Théogonie* et dans *Les Travaux et les Jours.* La première racontait une sorte d'épopée, antérieure à celles des hommes; elle exposait la manière dont étaient nées les divinités. Les seconds (qui avaient aidé Virgile à concevoir ses *Géorgiques*) offraient le tableau de la vie rustique, prétexte à conseils moraux.

Le terme d'épopée s'applique donc, par une tradition vieille presque d'un millénaire, au temps de Virgile, à un poème narratif, essentiellement caractérisé par son rythme continu, qui le distingue des autres formes poétiques – les « drames », tragédie ou comédie – et des chants lyriques. L'épopée est récitée, et non pas chantée; elle s'apparente au discours suivi, en prose, et l'on se demandera sérieusement, dans les écoles romaines, vers le IVe siècle de notre ère, si Virgile était un poète ou un rhéteur. A mesure que se diversifient les moyens d'expression, en prose comme en vers, le rythme épique s'enrichit, il se prête à l'éloquence, avec les harangues placées dans la bouche des héros, dans l'action ou le conseil, puis à des recherches de pittoresque, non seulement dans les tableaux de bataille, mais aussi les tempêtes, des scènes nocturnes, des consultations d'oracles, des descriptions de paysages, des scènes de banquets; on y trouvait aussi les festins des dieux, leurs délibérations, leurs interventions en faveur de tel ou tel héros, ou contre lui. L'*Odyssée* fournissait des modèles, pour tous ces ornements, mais peu à peu, ceux-ci, qui étaient à l'origine seulement plaqués sur le récit, tendent à prendre une importance décisive et à devenir l'essentiel. Une épopée comme celle d'Apollonios de Rhodes, écrite vers 280 av. J.-C., ressemble plus à un roman qu'à une épopée de style homérique. Non seulement le sujet n'en est plus essentiellement guerrier, centré autour des exploits d'un héros, Achille ou Ulysse, mais une histoire d'amour, entre Jason et Médée – le prétexte étant la conquête de la Toison d'or –, mais les scènes de genre y tiennent la première place; le monde évoqué est objet de descriptions pittoresques, longuement filées pour elles-mêmes, et le plaisir qu'y prend le poète.

A côté des *Argonautiques,* assez long poème, en quatre chants, nous avons vu qu'un autre genre était né, l'*épyllion,* la « petite épopée », dont Callimaque, d'une génération antérieure à Apollonios, avait donné des modèles.

On voit que le terme d'épopée recouvrait, au temps de Virgile, bien des réalités diverses. Il existait, cependant, un ou deux caractères communs, outre la forme métrique. Le récit concerne un moment du monde où se forme un aspect durable de celui-ci : quelque chose qui naît, un grand bouleversement, un devenir déterminant. Pour cette raison, le ton de l'épopée est le plus élevé qui soit, il est le « sublime » par excellence, car il concerne les plus grandes affaires et les intérêts les plus hauts : la naissance des dieux ou la fin d'une ville illustre, ou un grand exemple moral, comme la figure d'Ulysse, qui, malgré tant d'épreuves, resta ferme dans sa volonté et sa fidélité. Par extension, l'épopée racontera aussi la formation du monde – et ce seront les « cosmogonies », que composeront les philosophes antérieurs à Socrate, celle d'Empédocle, par exemple, qui servira de modèle poétique au poème de Lucrèce. Une épopée sera le poème des origines, et l'on comprend pourquoi Callimaque, qui avait en horreur les « longs poèmes », composera des petites épopées dont chacune racontera une « cause », la légende ou le mythe qui explique un état présent du monde.

Aristote avait pressenti cette nature profonde du genre épique, lorsqu'il disait que la poésie était plus « philosophique » que l'histoire, en ce sens qu'elle s'attachait aux causes, aux raisons cachées des choses, et non au détail des événements, qui relèvent du contingent.

A Rome, après la traduction de l'*Odyssée* par Livius Andronicus, un autre genre d'épopée s'était développé, avec la *Guerre punique,* de Nævius – épopée de caractère historique et national, qui racontait les luttes de Rome contre Carthage et célébrait les exploits des grands capitaines jusqu'à la victoire définitive, la bataille de Zama, remportée par Scipion l'Africain sur Hannibal, enfin chassé d'Italie et contraint de défendre sa patrie en Afrique. Nævius (nous n'avons plus que des fragments de son poème) mêlait la légende et l'histoire, et c'est lui, croit-on, qui avait le premier imaginé une rencontre entre Enée, ancêtre des Romains, et la reine de Carthage, Didon. Mais, ce qui était original, et constituait une innovation, il donnait à l'histoire de Rome, à des événements réels, dont certains étaient presque contemporains, la dimension épique. Certes, il existait, en Grèce, des tentatives pour exalter de la même manière un conquérant comme Alexandre – tentatives peu heureuses, nous dit-on – mais, dans le poème de Nævius, ce n'était pas tel ou tel héros qui était célébré, c'était Rome entière, comme entité vivante, dans sa continuité historique. A cet égard, Nævius redécouvrait la fonction essentielle de l'épopée, qui est d'être une explication : la grandeur de Rome s'y trouvait justifiée, par les « vertus » de ses soldats et aussi une certaine prédestination, voulue par les dieux.

Quelques années plus tard, Ennius reprenait la formule de cette épopée historique, mais il l'élargissait à l'ensemble de l'histoire de Rome, depuis les amours de la vestale Rhéa et du dieu Mars, la naissance de Romulus et Rémus, fruits de ces amours, et toute la suite des *Annales* de la Ville (c'était le titre de cette épopée), racontée, cette fois, non plus en saturniens, mais en hexamètres dactyliques. Ennius, en donnant à son poème le nom d'*Annales,* s'inscrivait dans la tradition romaine, où le temps était divisé par années, dans les registres tenus par les pontifes. Les institutions de la République, dans lesquelles les magistrats ne sont élus que pour un an, imposaient ce cadre; elles empêchaient du même coup qu'un homme prît une importance plus grande que les autres et ne s'élevât au-dessus de ses concitoyens. Comme dans le poème de Nævius, il n'y avait pas de héros particulier, il n'y avait qu'un « héros », c'était Rome elle-même, la Cité, comme être collectif.

Ennius, plus sensible que Nævius aux courants de la littérature hellénistique, avait mis dans son poème quelques-uns des « ornements » désormais traditionnels, depuis Apollonios de Rhodes. Le hasard de la transmission du texte nous fait ainsi connaître le « songe d'Ilia » (autre nom de la vestale Rhéa), traité comme un épisode romanesque, dans un paysage de rêve. Au demeurant, cette épopée comportait tous les éléments proprement épiques, le récit des batailles, les tempêtes, et le reste. Ennius, enfin, avait créé pour son épopée une langue de ton sublime, riche en allitérations, en images hardies, n'hésitant pas à forger des composés, noms ou adjectifs, qui sonnaient étrangement en latin, mais y faisaient entendre comme un écho de la langue d'Homère et ajoutaient à la solennité du ton.

Tels étaient les éléments devant lesquels se trouvait Virgile pour écrire, à son tour, un poème épique : les traditions diverses, venues du fond des âges (avec Homère), ou bien proposées par les « modèles » alexandrins, ou, plus récemment, par l'œuvre d'Ennius, qui passait, depuis plus d'un siècle et demi, pour le « Père » de la poésie romaine, et que l'on honorait, comme Jupiter ou les grands dieux de Rome, de ce titre de *Pater.* Lucrèce, lorsqu'il avait voulu transposer en latin les épopées cosmogoniques des Grecs, avait adopté la langue d'Ennius, ses formules et ses rythmes. Virgile pouvait choisir. Il préféra opérer, une fois encore, une synthèse : dans l'*Enéide,* il y aurait un roman d'amour, comme dans les *Argonautiques,* l'histoire de Didon et d'Enée; il y aurait des navigations, comme dans l'*Odyssée,* au cours desquelles s'affirmeraient les vertus d'endurance et de piété dont feraient preuve Enée et ses compagnons; il y aurait aussi, naturellement, des combats, traités comme des duels entre des chefs, selon le modèle de l'*Iliade;* les dieux interviendraient, prendraient parti, seraient contraints par Jupiter de respecter les Destins, comme dans l'*Iliade,* mais on y trouverait aussi des légendes, destinées à « expliquer » des rites ou des aspects, des monuments de la Rome contemporaine du poète, comme dans les petites épopées de Callimaque. Mais ce qu'il n'y aurait pas – sinon par allusions – ce serait la récente histoire de Rome. Même si Mécène insistait, depuis longtemps, pour que Virgile chantât les exploits d'Octave (il semble l'avoir demandé à tous les poètes qui l'entouraient), l'ami fidèle résista, peut-être même parce qu'il était plus fidèle. Il sembla, un moment, qu'il fût sur le point de céder. Dans l'enthousiasme de la victoire, il promit, au prologue du chant III des *Géorgiques,* de chanter les « ardents combats de César » (c'est-à-dire d'Octave), et de leur assurer une gloire immortelle. Promesse faite un peu légèrement, et qui resta sans lendemain. Il ne « sentait » pas son épopée sur le modèle des médiocres panégyriques composés pour Alexandre. Il la concevait comme le développement, sur une très longue durée, de cet étrange destin, unique jusque-là dans le monde antique (ainsi que le constatait déjà Polybe, un siècle et demi plus tôt), de la « race romaine »; en cela il se rapproche d'Ennius et de l'épopée romaine. Le héros du poème sera Enée, certes, mais il se dressera *avant* Rome, tout en haut d'une lignée qui, de conducteur d'hommes en triomphateur, aboutit à Octave.

Pendant les années où il vit, à Naples, dans la retraite, ne se rendant à Rome que rarement, Virgile peut enfin réaliser son ambition : composer une épopée qui *explique* Rome, comme, naguère, il avait (s'il faut l'en croire) rêvé de donner, dans un grand poème cosmogonique, les raisons qui rendent compte du mouvement des astres, des tremblements de terre, des marées et des saisons. Il aurait ainsi continué, ou plutôt recommencé la partie du livre VI de

Lucrèce où étaient étudiés, sommairement et en désordre, ces phénomènes. En d'autres termes, lui qui avait utilisé, au chant I des *Géorgiques,* le poème stoïcien d'*Aratos,* les *Phénomènes,* lorsqu'il traitait des présages, il lui aurait plu d'écrire un poème analogue, mais, sans doute, d'inspiration épicurienne. Au principe de ses ambitions épiques, il existe chez Virgile une attitude philosophique, qui réfléchit sur les causes et veut dépasser les apparences.

Mais, de même que la tentative d'entreprendre un poème « sur les affaires romaines », vers 41 av. J.-C., n'avait pas eu de lendemain, de même le projet d'une épopée cosmogonique, conçu peut-être au moment où la rédaction des *Géorgiques* l'avait amené à s'intéresser plus directement aux phénomènes dont dépendait la vie rustique (outre son penchant, affirmé dès sa jeunesse, pour la science « mathématique »), ne reçut aucun commencement d'exécution. Ce projet remonte probablement à l'époque où Virgile rédigeait le chant II des *Géorgiques* et, plus particulièrement, l'éloge de la vie rustique, qu'une allusion au problème posé par l'agitation des Daces semble dater de 35 ou 34 av. J.-C. Virgile donne, comme excuse, que *" le sang, autour de son cœur, est trop froid "* pour traiter un si vaste sujet (*Géorgiques,* II, v. 484). On peut penser que, après le « miracle » d'Actium, et les *Géorgiques* terminées, il parut plus urgent à Virgile de retracer le déroulement des Destins qui rendaient aux Romains la grandeur promise. Là aussi, il valait la peine de rechercher les causes. Il convient donc de croire que l'*Enéide* fut l'aboutissement, entre autres raisons et sentiments qui déterminèrent Virgile à l'écrire, d'une longue ambition, obstinément affirmée : cet homme modeste, timide, ennemi de la foule comme du faste, familier des plus grands, d'Octave triomphant, de Mécène, qui aurait pu, s'il l'avait voulu, partager avec les vainqueurs les dépouilles des vaincus – recevoir, par exemple, comme Horace, une villa dont le produit eût assuré son aisance –, portait en lui un seul désir : pénétrer par la seule force de son esprit les secrets les plus cachés de l'Univers et en apporter la révélation sous la forme d'un poème épique, où seraient contenues à la fois une philosophie du monde (ce sera la révélation d'Anchise, au livre VI) et une philosophie de l'Histoire, dans la mesure où celle-ci était tout entière contenue dans le Destin de Rome. Celui-ci serait dominé par l'émergence d'un certain modèle humain, incarné en la personne du Fondateur, Enée, puis répercuté de génération en génération jusqu'au « jeune héros » que l'on apercevrait, au loin, dans la forêt des symboles et des mythes.

Rien ne permet de penser que ce soit un autre que Virgile qui ait eu l'idée première de l'*Enéide*. Mécène eût sans doute préféré un poème de sujet plus moderne, plus directement romain, peut-être aussi; c'est l'épopée de Rome, depuis la fondation jusqu'à la victoire d'Octave, qu'il invite Properce à écrire, au moment où Virgile était déjà bien engagé dans son entreprise. Quant à Octave, il semble avoir éprouvé pour le poème naissant une curiosité qui indique qu'il découvre l'œuvre, au fur et à mesure de sa composition. Nous avons conservé quelques lambeaux de la correspondance qu'il échangea avec Virgile pendant qu'il se trouvait en Espagne, engagé dans une guerre contre les Cantabres (la région actuelle des Asturies), entre 27 et 25 av. J.-C. Octave (qui portait, depuis deux ans le nom d'Auguste) écrivait à Virgile : *" Pour l'Enéide, envoie-moi un premier sommaire ou tout au moins quelque partie. "* Virgile venait seulement alors d'entreprendre le poème, et tout restait assez vague. Il répondit en faisant allusion aux impatiences d'Auguste : *" Oui, je reçois de toi beaucoup de lettres... Mais, au sujet de mon* Enée, *si j'avais quoi que ce fût qui soit digne de tes oreilles, je te l'enverrais bien volontiers, mais j'ai entrepris un sujet si immense que j'ai l'impression d'avoir presque été fou en m'imposant une si lourde tâche, alors surtout, comme tu le sais, que je consacre à cette œuvre d'autres études, bien préférables. "*

Que voulait dire Virgile? A quelles études fait-il allusion? S'agit-il de recherches érudites sur le plus ancien passé de Rome? Lecture de mythographes et d'historiens? Peut-être. Lecture des vieux poètes, de Nævius, d'Ennius? Mais il les connaissait bien. Recherches poursuivies sur le terrain, comme à Lavinium et dans la région d'Ostie, où devait aborder son héros? Nous verrons que, sur le point de terminer son ouvrage, il sera pris de scrupule, et désirera se rendre aux endroits de Grèce et d'Orient où Enée avait passé. Mais peut-être aussi les « études » de Virgile entreprises au début de son poème concernent-elles les « sciences sacrées » : droit des pontifes, règles de l'augurale et, plus généralement, de la communication entre les hommes et les dieux. S'il est vrai, comme nous l'avons supposé, que Virgile, après le triomphe d'Octave, en est venu à reconnaître la présence du divin dans le monde, il dut être amené à s'interroger sur les modalités de son action, ce qui l'entraînait vers des recherches à la fois philosophiques et religieuses. Recherches qu'il regardait désormais comme primordiales – d'où le terme de « préférables » qu'il leur applique, préférables parce qu'elles importent à la destinée humaine, autant qu'à celles des empires et de Rome même. Nous entrevoyons ici un Virgile à qui il ne suffit plus d'être poète, d'ouvrir des chemins nouveaux dans le bois sacré des Muses, et de donner à Rome l'éclat d'une gloire inconnue jusque-là, mais qui veut apporter aux hommes une révélation. Ce serait l'origine de la figure qu'il revêtira, bien des siècles plus tard, lorsqu'il sera considéré comme un « mage », assez inquiétant par les prodiges qu'on lui prêtera, mais assez proche de la spiritualité chrétienne pour que Dante le choisisse comme compagnon dans une partie au moins de son voyage.

Ces recherches de Virgile comprirent certainement une initiation aux écrits orphiques et aux diverses doctrines eschatologiques qui avaient cours en ces temps-là. Tout cela se retrouvera au chant VI de l'*Enéide,* et l'on verra que des éléments divers, ici comme dans le reste de son œuvre, ont été dominés et combinés par le poète, qui ne s'est jamais astreint à suivre une doctrine donnée, et une seule, mais s'est inspiré de plusieurs, depuis le platonisme jusqu'aux croyances typiquement romaines sur le sort qui attend les âmes après la mort.

A ce moment, on peut se souvenir d'un autre poème, où Virgile faisait aussi figure de hiérophante : la quatrième *Eglogue,* qui accumule déjà toute une érudition sur les destins du monde, et où chaque commentateur peut retrouver des arguments en faveur de l'idée qui lui est chère, avait montré que Virgile pouvait jouer de connaissances multiples pour appuyer son mythe du « nouvel âge d'or » : néopythagorisme, sans doute, poèmes sibyllins, mais peut-être aussi messianisme juif sur lequel il put être informé par les Juifs de la Diaspora qui vivaient à Rome et manifestèrent bruyamment leur chagrin lorsque César fut assassiné. La même *Eglogue* contient aussi des allusions à la religion dionysiaque. Il ne s'ensuit pas que Virgile ait ajouté réellement foi à chacune de ces doctrines; à ce moment-là, l'essentiel était pour lui, croyons-nous, de composer un poème mi-plaisant mi-sérieux, ultime développement d'un thème qui, nous l'avons dit, se trouve chez Théocrite et que Virgile avait graduellement élargi jusqu'à en faire une sorte de révélation apocalyptique, adaptée aux circonstances politiques de l'année 40.

Auguste dut donc attendre que Virgile eût amassé toutes les connaissances qu'il jugeait nécessaires avant d'avoir une vue générale suffisamment précise de l'œuvre naissante. Le même passage de la lettre de Virgile, qui nous l'apprend, laisse entendre qu'il avait eu, avec Auguste, avant le départ de celui-ci pour l'Espagne, une conversation relative à ses projets d'épopée. C'est du moins ce que l'on peut conclure de ce *ut scis, " comme tu le sais "*. La tradition antique veut que Virgile ait commencé son poème immédiatement après l'achèvement des *Géorgiques,* c'est-à-dire, au plus tard, en 28, peut-être dès la fin de l'année 29. Deux ans (ou un an et demi) après cette date, il n'avait encore rien écrit qui lui semblât satisfaisant.

Nous sommes assez bien renseignés sur ses méthodes de travail. Un témoignage, rapporté par la *Vie* souvent citée, et remontant sans doute aux amis de Virgile, peut-être à Varius, nous apprend qu'il avait commencé par rédiger en prose ce qui devait être le contenu du poème, puis il avait divisé cette matière en douze livres – ce nombre, peut-on croire, par référence aux vingt-quatre chants de l'*Iliade* et aux vingt-quatre, aussi, que comprenait l'*Odyssée.* Chaque chant de l'*Enéide* aurait une longueur voisine de celle des quarante-huit chants homériques, ce qui ferait que le poème latin serait quatre fois moins long que l'ensemble des deux épopées attribuées à Homère. Virgile avait ainsi, dès le principe, fixé à son œuvre des dimensions relativement restreintes. Dans son état actuel, l'*Enéide* compte 9 895 vers. Les *Argonautiques* d'Apollonios en avaient 5 835. Virgile se situe donc, sur ce point de la longueur de l'œuvre, objet de débats entre poètes alexandrins, à mi-chemin entre Apollonios et Homère. Callimaque avait posé en principe qu'un « long poème était un grand fléau », et Apollonios avait été vivement critiqué pour n'avoir pas, sur ce point, suivi son maître. Virgile manquait donc, d'emblée, et consciemment, à l'esthétique callimaquéenne. Nous savons que les *Annales* d'Ennius comprenaient au moins dix-huit livres; malheureusement, l'état fragmentaire du poème nous empêche d'évaluer le nombre de vers pour chaque chant, mais il est tout à fait certain que les *Annales* étaient plus longues que ne devait être l'*Enéide.* Virgile s'en tenait donc à des dimensions moyennes. Il le faisait *a priori,* comme un sculpteur ou un peintre détermine à l'avance les proportions de l'œuvre qu'il entreprend. Les *Géorgiques* sont longues de 2 188 vers : avec quatre chants seulement, elles sont quatre fois et demie moins longues que les douze chants de l'*Enéide* – la longueur moyenne des chants des *Géorgiques* est de 547 vers; celle des chants de l'*Enéide* est de 824. Ce qui signifie que l'épopée « héroïque » se développera avec plus d'ampleur que le poème didactique et lyrique (au sens où nous l'entendons aujourd'hui) dont le sujet demeure, en dépit des élargissements conçus par Virgile, généralement « humble ». Il reste encore, dans les *Géorgiques,* un peu des « humbles tamaris » que chantaient les *Bucoliques,* dont chaque pièce n'atteint généralement pas une centaine de vers. Il y a là une progression qui reflète la hiérarchie des sujets et des tons correspondants. A l'épopée « linéaire » d'Apollonios, qui raconte, à la manière d'un récitant bavard, des épisodes ajoutés les uns aux autres, à l'épopée en miniature de Callimaque, aux interminables rhapsodies homériques, dont l'agencement ne remonte pas au vieux poète, mais résulte d'un inventaire assez tardif, Virgile opposera une œuvre possédant une architecture intérieure bien définie, et assez brève pour que l'on puisse en retenir aisément l'articulation.

Le centre du poème serait la descente d'Enée aux Enfers. Elle se placerait au chant VI, et avec elle se terminerait la première partie de l'épopée, celle qui, dans l'esprit même de Virgile, devait être une sorte d'*Odyssée,* racontant les voyages d'Enée, depuis la Troade jusqu'à son débarquement en Latium. Les six chants suivants étaient une *Iliade,* retraçant les combats d'Enée et des Troyens contre les peuples indigènes groupés autour de Turnus.

Ainsi le poète pourrait, sans risquer de se laisser entraîner ni par la continuité du récit ni par le plaisir qu'il prendrait à composer tel ou tel épisode, à des digressions qui auraient compromis l'unité du poème et, surtout, sa signification profonde : le Temps, ici, n'est pas linéaire, il n'est pas le lieu du contingent, il est celui des causes. La révélation d'Anchise en explique la raison, lorsqu'il dit que les âmes des morts entreront dans des cycles au terme desquels leur sort changera, la plupart d'entre elles recommençant une vie terrestre. Le devenir, dans l'univers entier, est inclus dans une série de cycles. Virgile retrouve ici, et apparemment en y ajoutant foi, la doctrine pythagoricienne des « grands mois » et des « grandes années » qu'il avait utilisée pour sa quatrième *Eglogue* et aussi la croyance romaine aux *saecula,* aux intervalles de temps (de cent à cent dix ans) au terme desquels le monde se renouvelle. Dans cette perspective, la marche du temps, dans l'*Enéide,* ne saurait être quelconque : elle est ponctuée par des jalons – la série des faux espoirs et des débarquements sur des terres qu'il faut bientôt abandonner, en Thrace, à Délos, en Crète, en Sicile, puis la mort d'Anchise, que suit bientôt l'arrivée à Carthage; une année s'écoule pendant le séjour auprès de Didon et c'est à l'anniversaire de la mort d'Anchise qu'Enée revient en Sicile, pour célébrer les jeux rituels auprès du tombeau. Tous ces événements s'enchaînent, en une série de causes, chacun voulu par les dieux (et le Destin), mais leur série n'est pas claire dès l'origine au héros qui cherche, d'abord dans la nuit, la terre qui lui est promise, et ne voit le jour se lever et la lumière apparaître que graduellement, comme l'aube chasse progressivement les ténèbres. De plus, à l'intérieur de ce temps chargé de finalité, s'en esquisse un autre, de plus vaste durée : les débarquements dans des pays de l'Egée, parce qu'ils ne sont que l'effet d'une erreur sur les intentions des dieux, n'impriment pas à ces pays une destinée romaine. A Carthage, la présence d'Enée s'achève par une malédiction et les deux cités – Rome, et le royaume de Didon – devront, plus tard, s'affronter. En Sicile, l'imprégnation troyenne est plus profonde. Déjà on devine que certaines de ses villes, celles, précisément, où les Troyens d'Enée rencontrent leur compatriote Aceste, et où la terre recouvre les ossements d'Anchise, entreront dans l'allégeance romaine – ce qui devait être le cas pendant la première guerre punique où les villes de l'Ouest sicilien favoriseront les armes de Rome. Au fur et à mesure que le temps, ainsi structuré, se déroule, c'est l'Empire de Rome que nous voyons se former, dans les brumes du futur. Il n'était donc pas question pour Virgile de laisser son poème aller librement, au gré de l'inspiration. Le problème, et la difficulté, étaient de ne pas décourager celle-ci, en la subordonnant à un dessein de caractère philosophique, mais de ne pas lui lâcher totalement les rênes. Il semble que Virgile ait suivi, pour écrire son poème, les conseils qu'il donnait aux vignerons pour discipliner la vigne : l'inspiration, qui dicte les premiers vers, est encore fragile, et il faut l'épargner, mais lorsque " *les sarments auront embrassé les ormes, et seront devenus robustes, alors pince leur chevelure, émonde leurs bras* [...], *exerce alors impitoyablement ton autorité et maintiens dans le devoir les rameaux qui débordent* " (*Géorgiques,* II, v. 367-370).

En pratique, nous savons que Virgile, après avoir écrit en prose l'ensemble de l'*Enéide,* prenait, çà et là, un épisode, au gré de sa fantaisie, et en composait les vers, sans se soucier de l'ordre. C'était le moment de l'inspiration, à laquelle il donnait libre cours. Nous avons vu, à propos des *Géorgiques,* qu'il dictait des vers, un peu comme ils venaient, et se réservait, ensuite, de corriger, de limer ce premier texte. Il suivait, pour écrire l'*Enéide,* une méthode semblable, se fiant à son discours intérieur, qui trébuchait parfois, comme il nous arrive à tous; alors, sans s'arrêter à poursuivre les mots récalcitrants, qui ne parvenaient pas à s'insérer dans le rythme, il laissait le vers incomplet, et poursuivait sa dictée, sans ralentir son élan. Parfois, lorsque la lacune ainsi créée aurait été trop grave, il se contentait d'esquisser quelques vers qu'il jugeait lui-même mauvais, plats ou insuffisamment riches de sens, pour la combler provisoirement. Il les appelait des « étais », comme ceux que l'on pose pour soutenir les murs d'une maison qui menace ruine. Le choix de ce mot, qui est de Virgile, montre bien qu'il assimilait son poème à une architecture dans laquelle les différents développements se correspondaient et se soutenaient les uns les autres, comme les claveaux d'une voûte. Puis, soudain, le vers rétif se présentait à lui, et son secrétaire, nommé Eros, qui était son affranchi, racontait volontiers comment ces inspirations soudaines se produisaient au cours des lectures que Virgile donnait souvent à quelques amis des passages qu'il venait de composer. Chacune de ces lectures le replaçait dans l'élan créateur, et la musique du vers, prononcé à haute voix, créait le sens. Eros en donne un exemple significatif. Au chant VI, Virgile avait évoqué la marche d'Enée, suivi du « fidèle Achate », revenant vers les siens, après avoir entendu les oracles de la Sibylle. A ce moment, ils voient, sur le rivage, le cadavre de Misène, le Troyen, qui n'avait pas d'égal lorsqu'il fallait faire retentir la trompette guerrière. Là, Virgile avait trébuché; après avoir nommé *" Misène, fils d'Eole ",* et tenté de le caractériser par sa fonction principale : *" entraîner les hommes ",* il n'avait pu relier ces deux indications et le vers était resté en suspens – deux vers, même, car ce qu'avait fourni l'inspiration était seulement, par deux fois, le début d'un hexamètre, auquel faisait défaut le second hémistiche. Mais voici que soudain, au cours d'une lecture, les deux hémistiches manquant viennent prendre leur place, d'eux-mêmes, dans le tissu rythmique. Misène, fils d'Eole trouve son épithète, *" qui n'a pas son égal pour entraîner les hommes et enflammer Mars de ses accents "* (VI, v. 164-165). Cet exemple, pieusement recueilli par Eros, nous fait comprendre que la poésie de Virgile repose non sur une écriture minutieuse, laborieuse, vers après vers, mais sur la continuité d'un discours dont l'élan est proche de celui qui anime un orateur. En cela, il ne se conformait plus à l'esthétique des « poètes nouveaux », qui se souciaient plus des ciselures que de l'élan. Certes, il était très sensible à la perfection formelle, et il n'avait pas renoncé à « lécher » longuement les vers informes, comme il le faisait pour les *Géorgiques,* mais l'essentiel n'était pas le « plaisir » de la beauté, il résidait dans la communication d'une vérité intérieure, perçue instinctivement par le poète. Il y a quelque chose d'oraculaire dans l'*Enéide,* comme si le poète n'était pas seul dans sa création, comme si des forces profondes s'emparaient de lui et lui dictaient au moins quelques-unes de ses paroles. Un certain nombre de vers (il y en a 58, demeurés incomplets dans le poème) en portent encore aujourd'hui le témoignage.

Nous savons, par un mot d'Ennius, que rapporte Cicéron, que les peuples italiques, et parmi eux les Romains, confondaient, à l'origine, poètes et devins, sous le seul terme de *vates,* que les modernes traduisent, faute de mieux, par deux mots, ceux de « poète inspiré ». Mais, pour les modernes, l'inspiration n'est guère qu'une notion vague, dont la signification pleine n'a pas survécu à la fin du paganisme. Pour un Romain, un *vates* est le porte-parole des puissances immanentes à ce qui est ; peut-être est-il un sorcier de village, dans la forêt primitive, possédé par les êtres qui hantent le sous-bois ; il peut être aussi, dans les bourgades du Latium, un devin, qui perçoit le futur ; et c'est ainsi que Plaute emploie le mot dans une de ses comédies. Virgile apporte, dans un vers des *Bucoliques,* un témoignage précieux. Parlant de lui-même, Lycidas, le berger déclare : " *Moi aussi les Piérides m'ont fait poète ; il existe des poèmes, qui sont aussi de moi ; et les bergers disent que moi aussi je suis un* vates, *mais je ne le crois guère* " (*Bucoliques,* IX, v. 32-34). Deux notions et deux mots s'opposent ici : le *poeta* et le *vates.* Lycidas reconnaît que les Muses lui ont donné la faculté d'écrire des vers – et c'est là une simple habileté technique, exprimée par le terme grec, technique lui aussi, de *poeta,* « celui qui fabrique » – mais les bergers, avec une nuance de crainte respectueuse, lui attribuent un pouvoir que nous dirions surnaturel, celui du *vates.* Les bergers, c'est-à-dire les hommes simples, qui, eux, « connaissent » des divinités rustiques et leur puissance.

Lorsque Ennius avait rompu avec les traditions poétiques anciennes et adopté la technique grecque, il avait dit son mépris pour les *vates,* dont les vers lui semblaient sauvages et hirsutes. Mais, en même temps, il semblait renoncer à la conception oraculaire des poètes, à ce que leur discours conservait de mystérieux, d'irrationnel. Et voici que, au temps d'Auguste, le mot *vates* a retrouvé sa pleine signification ; il n'est plus question de dédain : le poète apporte un message, qui le dépasse, qui vient de plus profond que son être. Médiateur, il est le prophète d'une vérité plus qu'humaine. C'est ainsi que se pense Horace, lorsqu'il dédie les trois premiers livres de ses *Carmina* (que les modernes appellent les *Odes*) à Mécène et forme le souhait d'être compté parmi les *vates,* les poètes qui, par la seule force de leur inspiration (c'est-à-dire de leur dialogue avec l'éternel), deviennent les porte-parole des dieux. Poésie et philosophie se rejoignent ici, s'il est vrai que le philosophe découvre la Vérité et que le poète la communique, dans ce qu'elle a d'inexprimable en termes de raison.

Virgile est parfaitement conscient de ce caractère quasi pythique de la poésie, et de la sienne propre. On nous dit que, lorsqu'il éprouvait quelque doute sur ce qu'il avait écrit, il en faisait la lecture à un public composé de ses amis, pour éprouver sur eux la qualité du passage. Le critère de cette qualité lui était donné par la réaction de ce public non seulement au sens des vers, mais à leur musique et à leur pouvoir d'enchantement. La *Vie de Virgile* insiste sur la manière dont il « disait » ses vers, sur le charme de sa voix et son étonnante puissance de séduction. Un auditeur, Julius Montanus, lui-même poète, déclarait qu'il eût volontiers dérobé quelque chose à Virgile s'il avait pu lui dérober aussi et sa voix, et l'expression de son visage, et sa manière de « jouer » son poème; il ajoutait que les mêmes vers, lorsque c'était Virgile lui-même qui les disait, « sonnaient bien », mais que, sans lui, ils semblaient vides et muets. Pour Virgile, la poésie ne prend son sens plein que lorsqu'elle est animée par la voix du poète – ou de l'aède. Alors, elle est capable – pour reprendre un mot dont Ennius caractérisait sa propre poésie – *" de verser aux mortels des vers de flamme jusqu'au fond de leurs moelles "*, c'est-à-dire jusqu'au fond de leur être, la moelle passant alors pour être le siège de la chaleur vitale, de la vie elle-même.

Ces lectures que faisait Virgile connurent très vite un grand retentissement. Le bruit courut, dans les cercles littéraires, qu'une œuvre d'une portée considérable était en train de naître. Properce écrit, vers 25 av. J.-C. : *" Soyez humbles, écrivains de Rome, soyez humbles, écrivains grecs : je ne sais quoi de plus grand que l'Iliade est en train de naître "* (*Elégies,* II, 34, v. 65-66). Il sait que ce poème *" ranime les combats du Troyen Enée et les murailles implantées sur le rivage de Lavinium* " (*ibid.*, v. 63-64). Deux ou trois ans plus tard, en 22, Virgile était en mesure de lire, devant Auguste et sa sœur Octavie trois chants complètement achevés, le second, le quatrième, le sixième, et la *Vie de Virgile* rapporte qu'en entendant les vers consacrés au jeune Marcellus, mort à l'automne de 23, Octavie, sa mère, s'évanouit. Ces vers sont restés célèbres; ils expriment toute la pitié et la tristesse humaines, devant une tombe ouverte trop tôt. Après avoir évoqué le Marcellus futur, sa beauté, l'éclat de ses armes, il conclut en disant : " *Tu seras Marcellus. Donnez des lis à pleines mains, je répandrai des fleurs pourpres et comblerai, au moins, de ces présents, l'âme de mon descendant, je lui rendrai ce vain hommage* " (VI, v. 883-886). Tandis que le poète disait ces vers, Octavie et Auguste versaient des larmes; revenue de son évanouissement, Octavie ne voulait pas que Virgile continuât sa lecture, mais c'était la fin du chant, il s'en fallait d'une quinzaine de vers, et le poète eut licence de terminer.

Ordonner le désordre

Quelles que puissent être ses intentions métaphysiques et l'effet que l'on puisse en attendre sur les âmes, une épopée, essentiellement, raconte une histoire, et, nous l'avons dit, elle doit montrer que cette histoire traduit un moment de l'Univers. L'illumination provoquée dans l'âme de Virgile par le triomphe d'Octave lui avait suggéré de remonter très haut dans le temps, jusqu'aux premiers principes de la destinée romaine et à la dynastie des rois troyens. C'était là une très ancienne tradition; les modernes disputent sur son degré véritable d'ancienneté. Mais on ne peut nier que, dès le VIe siècle, ou du moins le début du Ve av. J.-C., le personnage d'Enée ne soit présent sur le sol italien, tout près de Rome, dans la ville étrusquisée de Véies, où l'on a trouvé des statuettes archaïques, montrant Enée qui porte sur ses épaules son père Anchise; ces ex-voto de la piété populaire attestent simplement que la légende d'Enée, de son départ de Troade, après la chute d'Ilion, était familière à tous, en pays étrusque, au moins vers 450 av. J.-C., et il est certain qu'elle doit y avoir pénétré beaucoup plus tôt. Quelle signification lui était-elle attachée? Nous l'ignorons. Mais il est certain que le personnage d'Enée appartenait aux traditions, multiples, qui rattachaient les temps les plus anciens des cités italiques aux héros du cycle troyen. Ulysse, Diomède y figurent. Parfois on raconte que la fondation de Rome est due à Ulysse et Enée, réconciliés. Ou bien la Ville passe pour avoir été fondée par Enée seul, qui lui aurait donné son nom en l'honneur de sa fille Rhomé (ce qui, en grec, signifie Force). La tradition la plus solide paraît être celle qui s'est formée autour de la petite ville de Lavinium, au sud du Latium, à quelques milles de la mer (aujourd'hui Prattica di Mare), où l'on voit maintenant, à la suite de fouilles heureuses, que l'influence hellénique s'était exercée depuis une date très haute; là existait un « tombeau d'Enée », qui a été retrouvé récemment. Il apparaît que le nom d'Enée y est relativement récent (peut-être depuis le IVe siècle av. J.-C.), et qu'il a été donné à une sépulture beaucoup plus ancienne. Mais, au temps de Virgile, cette attribution était considérée comme parfaitement authentique : Enée, croyait-on, avait débarqué sur les plages voisines de Lavinium, il avait même, peut-être, fondé la ville, en tout cas, il avait épousé *Lavinia* la fille du roi indigène, et il était mort sur les bords de la petite rivière qui traverse le pays, le Numicius; là, il avait été divinisé, et son « tombeau » n'était qu'un cénotaphe élevé à sa mémoire. Et Virgile avait pu voir de ses yeux cette trace « manifeste » laissée par le héros de son poème.

Nous ne pouvons que rappeler ici brièvement les principaux témoignages littéraires concernant la venue d'Enée en Latium : la première apparition de la légende est généralement attribuée au poète choral Stésichore, né à Himère, en Sicile, et qui vécut pendant la première moitié du VIe siècle. Puis vient un fragment d'Hellanicos, l'historien, originaire de Lesbos, dont l'œuvre se place au début du Ve siècle, et qui donne quelques précisions. Pour Hellanicos, Enée et Ulysse se seraient rencontrés sur le site de Rome. Enée, pour venir en Italie, aurait traversé le « pays des Molosses », c'est-à-dire l'Epire – un détail que conservera Virgile – et il se serait arrêté sur les bords du Tibre parce que les femmes troyennes qui accompagnaient Enée et ses compagnons avaient mis le feu aux bateaux, pour contraindre enfin les hommes à s'arrêter et à fonder un établissement stable – ce qui est encore un épisode utilisé par Virgile, au livre V, mais en déplaçant le lieu de la scène. Peu à peu cette idée d'une origine troyenne de Rome s'était imposée dans les esprits. Au IIIe siècle, un historien sicilien, lui aussi, Timée de Tauromenium (l'actuelle Taormina), vient visiter Lavinium et le Latium; il apprend, sur place, que Lavinium conserve les Pénates de Troie, qui y sont déposées depuis la venue des Troyens. Timée n'est pas autorisé à voir ces Pénates, qui restent enfermés dans leur sanctuaire, loin des regards humains, mais d'autres auteurs savent qu'il s'agit de statuettes, en marbre, en bois ou en terre cuite. A la vérité, tous les auteurs anciens ne sont pas d'accord à leur sujet; certains en font de grands dieux, qui ne seraient autres qu'Apollon et Neptune, d'autres voudraient les identifier aux Grands Dieux de Samothrace, objets d'un culte à mystère. Ces Pénates jouent un grand rôle dans l'*Enéide :* ils sont les dépositaires et le symbole de la « race troyenne », un peu comme un fragment, arraché au sol phrygien, de la patrie. Là où ils seront, sera la patrie. Au livre I du poème, après le naufrage qui a dispersé sa flotte, pendant la traversée qui, de Sicile, devait le conduire vers l'Italie, Enée aborde en Afrique et là, sa mère, Vénus, se présente à lui, sous les apparences d'une jeune chasseresse. Enée l'aborde et, aux questions qu'elle lui pose, répond : " *Je suis le pieux Enée, et je transporte sur ma flotte les Pénates, que j'ai arrachés à l'ennemi, et mon nom est connu au-dessus du plus haut des cieux* " (*Enéide,* I, v. 378-379). Les Pénates sont le cœur, la racine profonde. Ils sont aussi la source du pouvoir; stables, immortels, ils résisteront à toutes les révolutions et à tous les voyages. Pendant une escale des Troyens en Crète, ils apparaissent, en rêve, à Enée, pour lui dire que le véritable lieu où les Destins veulent qu'il fonde la nouvelle Troie se trouve plus loin vers l'ouest, en " *Hespérie* ". Et ils ajoutent, ce qui est fort important, que cette terre, " *antique, aux armes puissantes, à la glèbe féconde* " est la patrie originelle des Pénates, et le voyage qu'ils sont en train d'accomplir, sur les navires d'Enée, est seulement un retour. Déjà ces mêmes Pénates figuraient dans le poème de Nævius, sur la *Guerre punique :* Anchise y offrait un sacrifice solennel aux Pénates, lorsqu'il avait, comme un augure romain, aperçu l'oiseau qui, traversant le *templum,* apportait une réponse favorable des dieux.

A partir de ce moment (le début du IIe siècle av. J.-C.), les lignes principales de la tradition sont fixées : un point demeure solide, la localisation d'Enée à Lavinium, c'est-à-dire dans la capitale fédérale des cités latines, avant que ne se soit affirmée la prédominance de Rome. Caton le censeur, contemporain d'Ennius, achève le récit des aventures d'Enée dans son livre des *Origines* [11]. Il fait arriver en Latium Enée et son père Anchise (Virgile fera mourir celui-ci en Sicile, nous l'avons dit) ; tous deux fondent une ville, qu'ils appellent Troia (Troie), et le roi du pays, Latinus, leur concède un petit territoire puis il donne sa fille en mariage à Enée. Mais les Troyens se révèlent pillards, et leurs déprédations provoquent une guerre, à l'issue de laquelle Latinus est tué et (son gendre?) Turnus roi des Rutules (un peuple voisin) doit s'enfuir auprès du roi étrusque Mézence. Tous deux recommencent la guerre. Turnus est tué par Enée, qui ne tarde pas à disparaître, noyé dans les eaux du Numicius et, comme plus tard Romulus, transporté parmi les dieux. Ascagne, le fils d'Enée, poursuit la lutte contre Mézence, qui est finalement vaincu. Trente ans plus tard, Ascagne abandonnera Lavinium et s'en ira fonder la ville d'Albe, plus au nord.

Tous ces noms, tous ces personnages, vont se retrouver dans l'*Enéide,* et peupler le poème, comme protagonistes et comme figurants. Mais cette partie de la légende n'interviendra que dans les six derniers livres. Virgile, pendant les six premiers, développe d'autres aspects, qu'il ne trouvait pas aussi clairement précisés, parce qu'ils appartiennent moins à l'histoire des origines de Rome qu'à un ensemble de légendes, assez floues, qui concernent les événements postérieurs à la prise de Troie, toute une littérature de *posthomerica* (« après Homère »), dont nous n'avons plus que des traces chez des commentateurs antiques ou des poètes postérieurs à Virgile. Ces ouvrages retraçaient les aventures de tous les personnages qui figuraient dans les poèmes homériques, et d'Enée parmi eux. La figure d'Enée y était évoquée de diverses manières, certains auteurs allant jusqu'à expliquer le salut d'Enée, au moment de l'assaut final, en disant que le héros l'avait dû à des tractations secrètes qu'il avait menées avec les vainqueurs; d'autres, sans aller jusqu'à le soupçonner de trahison, assuraient que les vainqueurs avaient respecté sa piété et son sens inné de la justice; mais, la plupart du temps, on racontait qu'il avait défendu la ville jusqu'au dernier moment, rassemblant les défenseurs dans la citadelle et ne s'était décidé à quitter la ville que lorsque la situation était devenue désespérée. Ces diverses versions ne ressortissaient pas de l'histoire mais de la fantaisie des poètes, inspirée, semble-t-il, en certains cas par des considérations de politique. Les légendes, épiques ou tragiques, servaient souvent d'arguments aux orateurs et aux hommes d'Etat pour justifier des ambitions ou des revendications.

Il existait, en Orient, des vestiges que l'on rattachait à la migration vers l'ouest des Troyens conduits par Enée. On leur attribuait des fondations de villes et de sanctuaires, dans diverses régions. Un historien grec contemporain d'Auguste, Denys d'Halicarnasse, nous a conservé un certain nombre de ces traditions. Et ce qu'il nous dit ne laisse pas de nous surprendre, parfois. Par exemple, il cite un historien de Lycie, Ménécratès de Xanthos, qui (sans doute au IVe siècle av. J.-C.) adopte la thèse de la trahison et ajoute qu'Enée devint « *l'un des Achéens* », à la suite de l'aide qu'il avait apportée à ceux-ci. Et de telles affirmations nous font mieux comprendre pourquoi ce Troyen, ennemi des Grecs (les Achéens), est malgré cela considéré comme un héros hellène. Virgile en fera un hôte et un ami de l'Arcadien Evandre. Et cela explique aussi comment les Grecs ont pu attribuer à Enée des fondations un peu partout sur le sol hellénique. D'abord en Thrace, où, sur la presqu'île de Palléné, ils consacrèrent un temple à Aphrodite (Vénus) et fondèrent la ville d'Aeneia. De là ils se rendirent à Délos, où régnait le roi Anios; Denys d'Halicarnasse affirme que de nombreux vestiges attestant la présence des Troyens subsistèrent longtemps dans l'île; malheureusement, il ne nous donne aucune précision. On peut penser à de très anciens sanctuaires, remontant à la période mycénienne, mais nous ne savons pourquoi ces reliques des temps très anciens étaient attribuées aux Troyens d'Enée. De Délos, ils se rendirent à Cythère, où ils édifièrent, ici encore, un temple à Aphrodite. De Cythère, ils se rendirent en Arcadie, où plusieurs traditions affirment leur présence. De l'Arcadie, ils passèrent dans l'île de Zacynthe (l'île de Zante, en mer Ionienne), élevèrent, comme de coutume, un sanctuaire à Aphrodite, instituant des jeux solennels, en particulier une course à pied qui portait, encore à l'époque historique, le nom de « course d'Enée et Aphrodite ». Après Zacynthe, on les retrouve à Leucade, avec, là aussi, un temple à Aphrodite Aeneas. Leur présence est attestée, dans cette région, par deux temples élevés à la même divinité, l'un à Ambracie, l'autre à Actium. A Ambracie, existait, près du temple, une petite chapelle consacrée à Enée; on y voyait une très ancienne statue, en bois (un *xoanon*) qui, disait-on, représentait le héros, auquel des prêtresses particulières, appelées « servantes » offraient des sacrifices.

A ce moment, Anchise, avec la flotte, fit relâche à Buthrote (aujourd'hui Butrinto), tandis qu'Enée et les plus vigoureux de ses hommes allaient jusqu'à Dodone, consulter le célèbre oracle de Zeus. Ils y trouvèrent une colonie troyenne, avec Hélénos, l'un des fils de Priam qui, comme sa sœur Cassandre, était prophète. Il avait rendu quelques services aux Grecs, en leur révélant les conditions auxquelles Troie pourrait être prise, ce qui lui avait valu la vie sauve et la liberté. Finalement, il avait épousé Andromaque, la veuve d'Hector, après quelques aventures de celle-ci. Chaque fois, l'étape est marquée par la fondation d'un temple à Aphrodite et le voyage se poursuit, de sanctuaire en sanctuaire, sur les côtes de l'Italie méridionale puis de la Sicile, où, au cap Drépanon (près de Trapani) ils rencontrèrent d'autres Troyens sur lesquels régnait le roi Aegeste, dont la famille avait fui la tyrannie sanguinaire de Laomédon!

Parmi les « preuves » attestant la venue d'Enée en Sicile, la plus célèbre était le temple de Vénus sur le mont Eryx; il existait aussi un sanctuaire élevé à Enée – comme de coutume. Enfin, les Troyens arrivèrent en Italie, et l'on retrouvait leur trace au cap Palinure, sur la mer Tyrrhénienne, non loin de la ville grecque de Velia, en Lucanie, puis dans la petite île de Licosa, ensuite au cap Misène (qui protège la baie de Naples), puis dans l'île de Prochyta (Procida), puis à Gaète, et finalement, ils débarquèrent sur le territoire des Laurentes, non loin de Lavinium.

Visiblement, Denys d'Halicarnasse est gêné par la prolifération des légendes concernant Enée; il s'efforce de montrer qu'il est naturel de rencontrer, en divers endroits, plusieurs tombes d'Enée : si, évidemment, une seule peut avoir contenu le corps du héros, il n'en reste pas moins que plusieurs cités, qui lui devaient de la reconnaissance, lui avaient élevé des cénotaphes ou des *heroa,* des sanctuaires comme en recevaient les fondateurs de villes. Car Enée était considéré, dans tout le monde méditerranéen, comme un héros bienfaisant. Il avait, disait-on, empêché la destruction totale de Troie, établi une partie de la population sur des terres voisines, où elle prospéra. Il avait fondé plusieurs cités, et l'on s'accordait à reconnaître qu'il s'était partout conduit avec la plus grande humanité. Dès avant Virgile, il est le héros « pieux » par excellence, et l'on disait que les dieux le protégeaient, en raison, précisément, de cette vertu. Aussi, un peu partout, son passage était accompagné de prodiges, comme le jaillissement de sources, chez les Laurentes, tandis que les Troyens, débarqués, n'y trouvaient que des eaux saumâtres et souffraient de la soif. Virgile n'a pas retenu ce miracle, mais il a « utilisé » une autre histoire, qui avait cours parmi les gens de Lavinium, et que l'on racontait encore du temps d'Auguste : tandis que les Troyens prenaient leur premier repas, après avoir bu l'eau envoyée par les dieux, beaucoup d'entre eux mirent sous la nourriture qu'ils prenaient du persil pour « servir de table ». D'autres (et Virgile les suivra) parlent de galettes de farine pour remplir cet office, au lieu de persil. Quoi qu'il en soit, une fois consommée la nourriture qu'ils avaient posée sur ces « tables », certains d'entre eux se mirent à manger ce persil (ou ces galettes) et quelqu'un s'écria : “ *Tiens, nous avons mangé nos tables !* ” Et l'on se souvint d'un oracle, reçu, selon la version de Denys, au sanctuaire de Dodone, selon d'autres, proféré par une sibylle, ordonnant aux compagnons d'Enée de se diriger vers l'ouest, et de ne s'arrêter que “ *lorsqu'ils auraient dévoré leurs tables* ”. (Virgile s'en souviendra au chant III du poème.) Puis, continuant, l'oracle les invitait à suivre un *“ animal à quatre pattes ”*, qui les guiderait et, lorsque l'animal fatigué se coucherait, ce serait là qu'ils devraient fonder la ville.

La seconde partie de l'oracle ne tarda pas à se réaliser : pour marquer par un sacrifice la fin de leurs voyages, les Troyens avaient trouvé, quelque part dans les champs, une truie pleine. Et tandis que le prêtre s'apprêtait à l'égorger, l'animal se libéra et se sauva. Enée comprit qu'elle était ce « quadrupède » dont avait parlé l'oracle. Il la suivit donc et lorsqu'elle s'arrêta, à environ quatre kilomètres et demi de la mer, il regarda autour de lui et vit que le pays ne semblait guère favorable pour fonder une ville : sol apparemment peu fertile et trop loin de la mer, la côte, de plus, n'offrant aucun ancrage commode ni sûr. Enée, incertain, s'en prenait aux dieux dont les oracles se révélaient si contraires au bon sens. Alors, il entendit soudain une voix qui sortait d'un bois voisin – une voix sans corps – qui lui enjoignait de ne pas tenir compte des objections qui se présentaient à lui, et de ses raisonnements trop humains, et de fonder sa ville sur cette terre, qui, sans doute, était stérile, mais qui serait le point de départ d'un vaste Empire.

Tels étaient (en partie, car les légendes concernant Enée sont innombrables, et beaucoup fort anciennes) les matériaux dont disposait Virgile pour construire son poème.

De plus, assez récemment, semble-t-il, des prolongements romains avaient été donnés à ce qui était, jusque-là, une « suite » italienne et orientale. Dans la tradition grecque, et les légendes que nous avons résumées, Enée avait un fils, appelé Ascagne, et les historiens grecs assuraient parfois que ce fils avait fondé un royaume en Orient, où il avait régné paisiblement. Mais d'autres auteurs faisaient de lui un enfant encore jeune au moment où la ville de Troie avait été prise; Enée l'aurait emmené avec lui, tandis que la ville s'effondrait dans les flammes, et ainsi s'était créée l'image « canonique » d'Enée portant sur son épaule son vieux père Anchise et tenant par la main le petit Ascagne. C'est elle que nous avons rencontrée à Véies. Or, à un moment quelconque, difficile à préciser, Ascagne avait changé de nom; il s'appelait désormais *Iulus*. Servius, le commentateur de Virgile, nous apprend que César fut le premier à donner ce nom au fils d'Enée : le jeune homme aurait été ainsi nommé, après sa victoire sur Mézence (dans la tradition catonienne) soit parce qu'il était habile à tirer de l'arc (*iobolos,* en grec) soit parce qu'à ce moment sa barbe commençait de naître (*ioulon,* en grec, désigne la première barbe). Ces étymologies sont évidemment fantaisistes; il semble bien (comme Virgile lui-même l'a bien vu lorsqu'il présente l'enfant, au premier livre de l'*Enéide*) que ce nom soit en rapport avec celui d'un ancien roi de Troie, *Ilos,* fondateur de la citadelle, *Ilion.* Une vieille famille du Latium avait *Iulius* pour nom gentilice, et l'on peut penser que le rapprochement s'était établi d'assez bonne heure avec la tradition troyenne : la *gens Iulia* se réclama (on ne sait pas au juste à quel moment) du roi Ilos, ou plutôt de son descendant, dont on fit le successeur d'Enée et, plus tard, le fondateur de la ville latine d'Albe. Il n'était pas rare qu'une *gens* romaine prétendît descendre d'un ancêtre troyen ou grec. Ce fut, au Ier siècle avant notre ère une manie d'antiquaires, dont Virgile se fera l'écho au livre V de l'*Enéide,* lorsqu'il énumère les participants aux régates, affirmant que du Troyen Sergeste était issue la *gens* Servia, du Troyen Mnestheus la *gens* Memmia, de Cloanthe la *gens* Cluentia. Il établissait ces correspondances, très probablement, en s'appuyant sur un traité publié par Varron vers 37 av. J.-C., et intitulé *« Sur les familles troyennes » (De troianis familiis).* Varron, écarté de la vie politique par la victoire de César, ayant reçu son pardon des vainqueurs, mit son immense érudition et ses curiosités au service du mythe troyen, que César avait ranimé.

Cela s'était passé en 63, au moment où César s'était fait élire au grand pontificat et avait publié, sans doute à cette occasion, un ouvrage où il racontait comment cette dignité appartenait, à l'origine, à l'ancêtre de sa *gens* [12]. Cette version de l'histoire nous a été conservée, cette fois encore, par Denys d'Halicarnasse : Enée aurait eu, de Lavinia, la fille de Latinus, un fils posthume, qu'elle nomma Silvius (l'homme de la forêt). Lavinia, redoutant qu'Ascagne-Iulus ne cherchât à se débarrasser et d'elle et de son frère, s'enfuit dans la forêt, où elle vécut, sous la garde d'un ancien porcher de Latinus, nommé Tyrrhenus, jusqu'à ce que le peuple, alarmé de sa disparition, accusât Ascagne de l'avoir assassinée. Tyrrhenus raconta toute l'aventure, et Lavinia revint dans sa ville de Lavinium. Un débat s'éleva entre Ascagne et Silvius pour savoir qui devait régner. Le peuple décida que le pouvoir royal appartiendrait à Silvius, puisqu'il était le descendant de Latinus; quant à Ascagne-Iulus il recevrait le pouvoir religieux. Telle aurait été l'origine du grand pontificat, que César réclamait ainsi, comme son dû, et qu'il obtint du peuple – première marche de son ascension vers le pouvoir absolu.

Ainsi se trouvait dessinée la ligne conductrice du poème : à l'origine, il y avait la fondation de Troie, la venue de Dardanos, qui serait parti de Cortone, en pays étrusque, pour se rendre en Orient, où le roi de Troie, Teucer, l'accueillit avec bienveillance et lui donna la main de sa fille, Batéia. Il est vrai que Dardanos était le fils de Zeus et d'Electra, elle-même fille d'Atlas. Puis, à partir de ce moment, se déroulait la généalogie qui conduisait à César : Dardanos avait eu un fils, nommé Erichthonios, lui-même père de Tros, qui engendrait Ilos et Assaracos. Il donnait naissance à Laomédon, le roi félon et tyrannique que nous avons rencontré, dans les angoisses des Romains, et à Assaracos. De Laomédon était issu Priam; d'Assaracos, Capys, père d'Anchise et, d'Anchise, uni à Aphrodite, enfin, Enée. Généalogie parfaitement satisfaisante pour les Romains du Ier siècle avant notre ère, qui se réjouissaient de ne pas appartenir à la branche troyenne qui passait par Laomédon et Priam, le premier traître, le second infortuné, mais par Assaracos et Anchise, qui étaient exempts de la malédiction dont les dieux avaient frappé l'autre branche.

A partir d'Enée, tout devenait plus clair et plus proche. Iulus avait fondé Albe, ou peut-être (c'était la variante « césarienne ») il était devenu grand pontife dans cette ville, fondée par son demi-frère Silvius, et la suite des rois d'Albe se déroulait jusqu'à la naissance de Romulus et de Rémus, issus des amours de Rhéa (appelée aussi Ilia) et du dieu Mars.

Cette longue généalogie est précisément celle que Virgile voulait faire figurer au fronton du temple qu'il devait élever dans la plaine du Mincio, et qu'il décrit comme nous l'avons rappelé dans le prologue du chant III des *Géorgiques :*

" La descendance d'Assaracos et les grands noms de la race issue de Jupiter, Tros, l'ancêtre et le dieu du Cynthe, créateur et garant de Troie " (*Géorgiques* III, v. 35-36).

La victoire d'Actium, remportée – précisément à Actium sous le regard d'un Apollon qui passait pour avoir été installé en ce lieu par les Troyens d'Enée –, donnait soudain tout leur sens aux traditions multiples qui promettaient l'empire du monde aux lointains descendants d'Assaracos. Ainsi, par cette intervention visible de la Providence divine, s'établissait et s'affirmait l'existence d'un Ordre dans le déroulement des Destins. Cet Ordre, ce serait à l'épopée conçue dès 29 par Virgile de le mettre en lumière, en montrant de quelle manière la race d'Enée avait pu s'implanter sur la terre latine et les Pénates, issus de cette terre d'Hespérie c'est-à-dire d'Occident), retrouver leur patrie.

Le poème et l'Histoire

Virgile a tiré de cette masse énorme de légendes et de traditions, une œuvre dont on peut admirer l'unité. Cela commence, brusquement, après seulement quelques vers de préparation qui limitent le sujet au départ d'Enée, chassé de Troie, et à ses aventures jusqu'au moment où il retrouve ses racines en Latium. Enée vogue sur une mer calme, il vient de Sicile et se dirige vers l'Italie. La déesse Junon voit cette flotte, du haut de l'Olympe, et son cœur est plein de colère, car, ennemie des Troyens depuis que Pâris lui a refusé le prix de la beauté, pour le donner à Vénus, elle les poursuit de sa haine. Elle obtient aisément du vieil Eole, qui garde les vents enfermés dans une caverne, aux îles Lipari, qu'il déchaîne leur puissance et suscite une tempête. Et c'est la description célèbre de celle-ci, qui disperse les navires troyens, en engloutit quelques-uns, jette le reste sur les côtes d'Afrique. Dès qu'il s'aperçoit du désastre, Neptune rétablit le calme. Les Troyens ont abordé sur le territoire de la ville de Carthage, où règne la Phénicienne Didon. Vénus demande à Jupiter pourquoi les Troyens éprouvent tant de malheurs.

Le dieu la rassure, et lui fait entrevoir les Destins, d'Enée jusqu'à César, dont il évoque l'apothéose. Sous ce nom de César, il convient sans doute de reconnaître Auguste, mais l'équivoque est maintenue avec l'autre César, celui qui est mort aux ides de mars, et que le poète a célébré sous le nom de Daphnis : les promesses de paix, que contenait la cinquième *Eglogue*, n'ont été réalisées qu'après Actium, mais, comme il aime à le faire, Virgile superpose plusieurs moments, en une description synthétique. La continuité de la lignée, entre le premier César et le second, est garantie par l'identité de leurs noms et, à son tour, elle garantit celle des politiques et des rôles dans la Rome nouvelle.

Cependant, un groupe de Troyens, séparé d'Enée par la tempête, a pu atteindre le port même de Carthage et va se présenter à la reine. Dans le même temps, Enée, qui a abordé dans une crique ombragée par une forêt, avec les autres navires, explore le pays. Il rencontre Vénus, qui lui apparaît sous les traits d'une jeune chasseresse. Cette scène rappelle, d'une manière très consciente, chez Virgile, celle d'Ulysse et de Nausicaa, lorsque Ulysse, naufragé lui aussi, se trouve en la présence de la jeune fille du roi sur le rivage du fleuve, dans l'île des Phéaciens. Mais tandis que Nausicaa est une mortelle, une fille désireuse de trouver un époux et très vite séduite par l'étranger qui sort des buissons, Vénus est une déesse, et la mère d'Enée; entre eux, naturellement, aucun trouble. Vénus vient (comme d'ailleurs Nausicaa) renseigner le héros sur le pays où il se trouve et, se disant “ *instruite dans l'art des augures* ”, elle désigne le ciel où douze cygnes, qui volaient joyeusement, ont été brusquement attaqués et dispersés par un aigle, l'oiseau de Jupiter, mais le péril s'est éloigné; ils ont repris leur vol et les voici qui se préparent à se poser sur la terre dont ils reprendront ainsi possession. Vénus interprète pour Enée ce présage, évident aux yeux d'un Romain : comme les cygnes, les navires ont été dispersés dans le péril, mais la tempête s'est calmée, et l'ensemble de la flotte, dit la déesse, est en train d'aborder au port de Carthage. Ayant ainsi rassuré Enée, elle reprend son apparence divine – qui se reconnaît, selon une croyance bien établie, à la manière dont elle glisse sur le sol, sans marcher. A cette vue, Enée se plaint de ne jamais pouvoir s'entretenir avec sa mère, mettre sa main dans sa main; mais la déesse disparaît à ses yeux – et il en ira souvent ainsi, dans tout le reste du poème; les divinités apparaissent à Enée, mais toujours dans un rêve, ou sous quelque déguisement, qui rend leur présence comme incertaine. Virgile s'est-il souvenu de la théologie épicurienne, même lorsqu'il recourait, comme le voulait le genre épique, à la « théologie des poètes »? Les épiphanies, les apparitions des dieux aux mortels restent pour lui des choses de l'esprit plutôt que des sens et de la réalité charnelle.

En quittant Enée et Achate, Vénus les a rendus invisibles. C'est ainsi qu'ils parviennent devant la ville de Carthage, vaste chantier où est en train de naître une cité, avec ses rues dallées, ses temples, son théâtre. Et bientôt ils voient entrer leurs compagnons, entourés de gardes; ils les voient se présenter à la reine Didon et ils entendent les bonnes paroles qu'elle prononce. Les luttes soutenues par Troie contre les Grecs sont connues de tous, cela suffit à leur gagner la sympathie de Didon. A ce moment, le nuage qui entoure Enée se déchire et il apparaît au regard de la reine, empreint d'une beauté que sa mère a répandue sur lui. Première rencontre entre ces deux êtres qui vont connaître les tourments de l'amour. Didon aperçoit, dans les malheurs d'Enée, un lien avec elle, qui a aussi beaucoup souffert. Et, en même temps qu'elle éprouve de la pitié, elle dit l'admiration qu'elle a, de tout temps, ressentie pour le peuple vaillant de Troie. Les malheurs d'Enée ne le diminuent pas à ses yeux.

Vénus, qui regarde cette scène, depuis le haut du ciel, est inquiète : elle sait que Carthage est la ville de Junon, et elle craint pour Enée, s'il s'attarde dans le domaine de son ennemie. " *Elle redoute cette maison douteuse et les Tyriens à la langue double* " (I, v. 661) – et voici, avec ce vers, que s'insinue l'histoire future. Virgile reprend ici le reproche, traditionnel, adressé par les Romains aux Carthaginois, celui de mauvaise foi, allusion, déjà, aux traités violés, pendant la première guerre punique et, surtout la seconde, celle d'Hannibal. Vénus, pour protéger son fils, recourt aux armes qui lui sont familières : elle va rendre Didon amoureuse d'Enée, et, pour cela, elle substitue à Ascagne son fils divin,

Amour, qui prend les traits du fils d'Enée, et lorsque, pendant le banquet, la reine fait venir le faux Ascagne auprès d'elle, c'est l'Amour qui verse en son âme le poison de la passion. Pour Didon, ce banquet ne durera jamais assez longtemps, et elle demande à Enée de lui conter les événements survenus durant les sept années pendant lesquelles il a couru les mers, depuis la chute de Troie.

Virgile a précisé le temps de ces « erreurs », ce que ne faisaient pas, évidemment, les traditions que nous avons rappelées. Cela signifie qu'il construit son épopée dans les cadres d'une histoire, les historiens romains découpant année par année les événements qu'ils rapportaient : ce qui, jusque-là, était légende vague devenait récit d'une chronique fondée sur des faits réels. Toutefois, le poète ne parle pas d'années, mais d'étés : " *Voici maintenant le septième été qui t'entraîne, errant sur toutes les terres et tous les flots* " (I, v. 755-756). L'été : c'est la saison où l'on peut naviguer; cela va du mois d'avril à celui d'octobre. L'hiver, on garde les bateaux au mouillage, ou, plus souvent, tirés à sec sur le rivage, la proue dirigée vers la mer, et les équipages hivernent, occupés à des travaux variés et aussi, à se procurer leur subsistance. L'été est le moment où « il se passe quelque chose », où l'existence quotidienne cesse d'être l'essentiel et laisse place à l'aventure.

Ces aventures d'Enée sont racontées par le héros lui-même au banquet de la reine, le soir même de son arrivée. Elles forment la matière des livres II et III actuels; le second livre traitant de la chute de Troie, des combats et des prodiges qui l'accompagnèrent, et se terminant avec le départ d'Enée, emmenant son père et le petit Ascagne; le troisième est celui des navigations, depuis Troie jusqu'en Sicile, et il se termine avec le rappel, en un seul vers, de la tempête qui a poussé la flotte troyenne sur les rives africaines : " *Comme je quittai ce pays* [c'est-à-dire Trapani, où était mort Anchise] *un dieu me poussa jusqu'à votre rivage* " (III, v. 715). Un dieu, dit Enée; il sait bien que ce fut la colère d'une déesse, de Junon, qui a déchaîné la tempête – du moins ce que lui a dit, en Epire, Hélénos, sur la nécessité d'apaiser la colère de la déesse le lui laisse entendre – mais il sait aussi que Junon est la protectrice de Carthage, qu'elle en est la divinité majeure. Comment pourrait-il l'accuser, sans provoquer l'hostilité de ce peuple, et de la reine? Il préfère parler d'un « dieu », qui devient du même coup un dieu favorable, puisqu'il a conduit les Troyens dans une ville où ils sont reçus avec bienveillance. Ne voyons pas là seulement une habileté de diplomate accoutumé à présenter les choses sous une couleur favorable; les Anciens avaient coutume de regarder avec suspicion les mortels que semblait poursuivre la colère divine, croyant que le malheur, s'il était voulu par les dieux, pouvait être une punition ou l'effet d'une souillure dont ils redoutaient les conséquences et la contagion.

Comme le fait Ulysse dans l'*Odyssée,* Enée va donc raconter à ses hôtes, au cours d'un banquet, ce qui lui est arrivé depuis la prise de Troie. Pour satisfaire la curiosité de Didon (comme celle des nobles Phéaciens et du roi Alcinoos, chez Homère), le héros revient sur le passé. C'est ce que les théoriciens antiques de la poésie appelaient, nous l'avons dit à propos des autres œuvres de Virgile, un renversement du temps (hystéron protéron), procédé aussi vieux que l'art de conter : les événements présentés dans leur moment temporel servent de cadre à des récits mis dans la bouche d'un seul personnage, comme lorsque tel conteur suspend un moment le cours de l'histoire qu'il raconte pour en mettre une autre dans la bouche de l'un de ses héros. Ce procédé présente plusieurs avantages, et d'abord celui de ranimer l'attention des auditeurs (car les poèmes épiques se sont formés, chacun le sait, à l'intérieur d'une littérature orale, ils sont récités avant d'être lus, et cette origine demeurera sensible à travers les œuvres et les siècles) : l'énumération des événements, comme sur un journal de bord, tenu jour après jour, a quelque chose de lassant. Mais il y a plus : ce renversement du temps, ce retour en arrière, qui résume, ici, en une seule soirée, sept « étés » de voyages et d'actions diverses, met en lumière la série des causes qui ont abouti au présent; ce qui est précisément l'un des desseins du poème épique, dans la mesure où il s'efforce de discerner la logique interne, ou du moins la continuité rationnelle du devenir.

Virgile, donc, s'est inspiré des « récits chez Alcinoos » dans la manière dont il a construit les trois premiers livres de l'*Enéide :* une tempête, un naufrage, et un retour sur le passé. Mais l'imitation ne va pas plus loin, elle ne concerne qu'une structure formelle. Il n'y a guère que des liens contingents, dans l'*Odyssée,* entre les diverses aventures courues par Ulysse. Calypso, avant elle Circé, puis l'île où paissent les bœufs du Soleil, et la caverne du Cyclope, et les Lestrygons ne sont que des escales du navigateur hellène. Ulysse (le début de l'*Odyssée* l'avoue et le souligne) est un spectateur du monde, dans sa diversité. Il lutte pour revenir dans sa patrie, et retrouver les siens et sa maison. Qu'il réussisse ou non, l'avenir des hommes n'en sera pas changé. Ce n'est pas le cas pour Enée. Rome est toujours présente, visible, à l'horizon, tout est déterminé par ce futur. Il faut que le héros lui-même apparaisse déjà romain.

L'un des problèmes qui se posaient à Virgile, et qu'il ne pouvait résoudre en rédigeant, en prose, le détail de l'action, était le « caractère » qu'il convenait d'attribuer à Enée. Chaque vers, chaque mot qu'il lui prêterait devaient contribuer à donner de lui une image cohérente et conforme à une certaine idée. Comme le fait observer Horace, quelques années plus tard, dans l'*Art poétique,* si l'on prend comme héros un personnage souvent chanté ou porté à la scène, il suffira de se conformer à la tradition : Achille sera énergique, irascible, impitoyable, toujours prêt à recourir à la violence; Médée sera « farouche », Ino pleurera sans cesse, et ainsi de suite. La silhouette est dessinée une fois pour toutes, le poète n'a qu'à suivre la voie qui lui est tracée. Virgile, lui, ne pouvait se contenter de cette solution facile. Son héros n'était pas l'un de ceux dont le personnage avait été fixé par une longue série de poètes. Il possédait bien, dès l'*Iliade,* un certain nombre de caractéristiques, que nous avons rappelées : courage, piété envers les dieux, sagesse dans le conseil, mais tout cela restait assez extérieur. Dans la vie quotidienne, dans l'action, et surtout si le poète tentait de nous faire pénétrer jusqu'au plus intime de la conscience que le héros prenait de lui-même, quel personnage découvririons-nous?

La difficulté commence avec les récits chez Didon, les livres II et III de l'*Enéide.* Enée y parle de lui-même, et livre ses plus secrètes pensées. Quelle image veut-il nous présenter? Il ne peut manquer d'y avoir, en raison de la situation ainsi créée, non pas une image, mais deux : le portrait « à la première personne » et l'autre, celui que l'auditeur se forme. Les deux, évidemment, ne coïncident pas!

Enée, racontant la dernière nuit de Troie, ne met aucun orgueil à avoir participé à cette illustre catastrophe. En d'autres temps, Fabrice, le héros de *La Chartreuse de Parme,* se trouvera dans une situation analogue, à Waterloo. Il est au milieu des événements, mais, d'abord, ne les domine pas. Lorsque les Troyens s'interrogent devant le cheval gigantesque que les Grecs ont laissé sur le rivage, que les uns affirment qu'il faut accepter ce présent et l'introduire dans la ville, que les autres le tiennent pour suspect et veulent s'assurer qu'il ne présente aucun danger, nous ignorons l'avis d'Enée; il est entraîné par les mouvements d'opinion, pense, comme tout le monde, que les deux serpents qui mettent à mort Laocoon et ses deux fils sont envoyés par les dieux pour punir le sacrilège du prêtre qui a frappé le cheval de sa lance. Il n'est encore chargé d'aucune responsabilité particulière dans la cité. Mais la nuit est tombée, et voici qu'en rêve il voit Hector qui lui révèle le danger. Hector l'a choisi parce qu'il le considère comme celui qui peut, seul, sauver ce qui peut l'être. Enée se sent alors investi d'une tâche sacrée : emporter loin de la bataille et du pillage les objets saints, et notamment ces Pénates auxquels est attaché l'être mystique de la ville. Enée se lève et prend conscience de la situation; il saisit ses armes, dans un mouvement dont il nous dit qu'il n'est pas entièrement maître, et nous discernons son humilité; au lieu d'exalter le courage réel dont il fit preuve alors, il parle d'égarement, de colère, d'un état presque de panique, d'une « fuite en avant », avec, flottant sur cet océan d'orage, des lambeaux de lieux communs, l'idée *" qu'il est beau de mourir en soldat ".* A la vérité, il a peur; il se réfugie dans l'action, et, surtout, dans la conscience qu'il prend, soudain, d'être devenu le chef des quelques compatriotes qu'il rassemble pour une contre-attaque désespérée.

Peu à peu, Enée comprend à la fois l'ampleur et les raisons de la catastrophe : ce sont les dieux qui détruisent Troie. Vénus, qui lui apparaît, les lui montre à l'ouvrage; ainsi *" la Troie de Neptune est arrachée de ses fondations " :*

c'est le châtiment du parjure commis, envers ce même Neptune, par Laomédon et, si Enée est choisi pour assurer la survie de la ville – il le comprend, alors, mais s'abstient de le dire devant Didon –, c'est parce qu'il appartient à l'autre lignée, celle d'Assaracos. La vision que lui a ménagée Vénus est la seconde investiture qu'il reçoit, la première résultant du songe pendant lequel lui est apparu Hector. Mais, en véritable Romain (déjà!), Enée ne se fie pas à un seul, ou même deux présages; il veut que les dieux les confirment; il veut des prodiges objectifs, et Anchise fait de même. Le vieillard refuse de partir, sur la simple invitation de son fils. Il faut qu'une flamme mystérieuse entoure la tête de Iule pour qu'il commence à être ébranlé; et encore a-t-il besoin d'une confirmation; à sa prière, Jupiter fait entendre, à gauche, un coup de tonnerre, et une étoile filante, traînée de lumière, traverse la nuit et tombe dans les forêts de l'Ida : c'est la route à suivre. Anchise est enfin persuadé. Alors, tous se mettent en route; mais Créüse, la femme d'Enée, s'égare et meurt, sans que l'on sache comment; elle apparaît à son mari et lui dit seulement qu'elle figure maintenant parmi les compagnes de la Grande Mère des dieux, Cybèle. Désormais, le « roman » d'Enée est placé sur son véritable terrain, qui est celui de la prédestination divine. Enée en a pleine conscience, mais pour lui cette prédestination crée plus de devoirs qu'elle ne lui apporte de joie. Car il avance dans la nuit, et les présages que lui envoient les dieux sont plus terrifiants qu'encourageants; pour les interpréter, Enée ne se sent pas assez de force ni d'assurance. Il interroge chaque fois Anchise et les plus notables parmi les Troyens – comme un magistrat romain présente un rapport au Sénat. Le mot est le même, l'institution déjà esquissée.

Chef d'un peuple à la recherche d'une terre, Enée est l'intermédiaire choisi par les dieux et par le peuple pour établir la communication nécessaire entre le divin et l'humain. Il joue le rôle qui sera celui des *imperatores* de la République; c'est lui, comme eux, qui consulte les dieux et prend les auspices. Ainsi en Thrace, puis à Délos, puis en Crète, enfin chez Hélénos – car Virgile a conservé ces épisodes des traditions antérieures, en opérant un choix de manière à ordonner les escales en un itinéraire cohérent, dans des pays avec lesquels les Romains sont depuis longtemps familiers. Une fois de plus, la légende devient Histoire.

Au cours de cette longue navigation, quelques épisodes romanesques, ainsi les Harpyes, monstres ailés, attaquant les Troyens et l'une d'elles Celaeno, prédisant qu'un jour, ils « mangeront leurs tables » et, traitée plus longuement, la rencontre avec la veuve d'Hector, Andromaque, tandis que, non loin de la ville de Buthrote, elle offre, dans un bois sacré les libations rituelles aux mânes de son époux. Il est possible que Virgile ait ainsi voulu préfigurer une fête célébrée à Rome les 9, 11 et 13 mai de chaque année, les Lemuria, qui comportaient des offrandes aux morts, et, plus particulièrement, aux ancêtres de la famille. Mais il l'a fait à la manière d'une épopée en miniature, un *epyllion,* destinée à expliquer l'origine du rite. Et cet *epyllion,* formant un épisode à lui seul, présente un caractère émouvant. Andromaque y verse beaucoup de larmes; Hélénus ne ménage pas non plus les siennes; Enée, lorsqu'il pénètre dans la ville, élevée par Hélénos à l'image de Troie, est saisi d'une vive émotion, il embrasse le seuil de la porte. Ce qui est un réflexe de Romain : un seuil, qu'il soit de ville ou de maison, est un lieu sacré, qui possède ses divinités protectrices. Enée retrouve, devant celui de la ville d'Hélénos, l'équivalent des dieux de Troie qui ont si longtemps interdit aux Grecs de le franchir. Sa sensibilité porte surtout sur les choses, dans la mesure où elles sont chargées de sacré. Andromaque, Hélénus pleurent sur le passé, et le souvenir qu'ils gardent des personnes; ce sont les êtres qui les émeuvent. Enée, en raison même de la mission qui lui a été confiée, ou plutôt imposée, a plus volontiers les dieux comme compagnons.

Mais voici que le long récit est achevé. Didon sent en elle une blessure secrète; fidèle jusque-là au souvenir de son mari Sychée, elle n'avait pas songé à se marier de nouveau. La vue d'Enée, l'image de lui-même qu'il a donnée par ses récits, l'impression de force et de courage qu'il a produite sur elle, tous les malheurs qui n'ont pas réussi à l'abattre ont ému la reine plus qu'elle ne le peut dire, plus même qu'elle ne le croit. Elle se refuse à céder, mais en l'affirmant, elle envisage une possible faiblesse. Et commence alors une scène que l'on pourrait croire empruntée à quelque tragédie (une *Phèdre,* par exemple), voire à la scène comique ou à une élégie : la sœur de Didon, Anna, est sa confidente, et, tout naturellement, comme les confidentes de théâtre, elle se fait tentatrice. Elle représente les mouvements de la nature, face aux serments que Didon s'est faits à elle-même, elle lui tient un discours que ne désavouerait pas un rhéteur consommé : pourquoi sacrifier sa jeunesse et l'espoir de mettre au monde des enfants, à des cendres inanimées? Elle a écarté bien des prétendants; mais elle ne se sentait pas attirée par eux. Aujourd'hui le Troyen ne lui déplaît pas. Qu'elle songe aux peuples qui entourent sa ville; il faudra soutenir des guerres, qui s'annoncent inévitables. C'est un dieu qui a envoyé les Troyens et Enée pour assurer la sécurité, puis la gloire de Carthage. Il faut le retenir. Nous apprenons incidemment que la saison de la navigation est terminée, pour l'année : circonstance favorable sur laquelle insiste Anna, qui se conduit ainsi en nourrice de théâtre.

Virgile a longuement filé cette histoire d'amour, dont il avait trouvé la première esquisse chez Nævius. Ce chant, avec le second (peut-être le troisième?) et, ce qui est assuré, le sixième, était achevé lors de la lecture dont nous avons parlé, en présence d'Auguste et d'Octavie, ou vers ce moment-là. Ce qui indique que Virgile avait été attiré, d'abord, par trois des sujets qu'il avait à traiter : la dernière nuit de Troie, sujet riche en pathétique et en pittoresque, souvent repris par les poètes tragiques, en Grèce et à Rome, puis le roman de Didon, enfin, le chant de la descente aux Enfers. Ainsi l'œuvre progressait et le poète était, au fur et à mesure qu'Enée se trouvait placé dans des conditions différentes, contraint de préciser son personnage et ses réactions. Le chant IV, qui se souvient des amours de Médée et Jason dans les *Argonautiques* d'Apollonios, plaçait Enée, tel que nous avons commencé de le découvrir, en face d'une terrible tentation, ourdie par les divinités elles-mêmes, puisque Junon avait formé le projet de le retenir à Carthage, et de capter en faveur de sa propre ville ce que les Destins promettent à la nouvelle Troie. Et c'est ainsi qu'au cours d'une chasse, Enée et Didon, surpris par un orage de grêle, se réfugient ensemble, et sans leur escorte, dans une grotte. Là, Junon (divinité des mariages) fait en sorte qu'ils s'unissent, noces auxquelles président les grandes forces de la Nature : *Tellus,* la Terre, réserve de vie, à laquelle on sacrifiait lors du mariage, à Rome; Junon, qui joue le rôle de la *pronuba,* la femme qui conduisait la mariée à son époux; les nymphes de la forêt et de la montagne, accompagnent de leurs hurlements cette union, imitant, peut-être, les cris de joie du cortège, mais, ici, le terme dont se sert Virgile *(ululare)* évoque aussi les pleurs bruyants des cérémonies funèbres. Didon, cependant, ne se soucie pas du présage; elle est tout à son bonheur; elle croit que ces noces, consommées loin de son palais, dans le secret d'une grotte, sont un mariage véritable : *"Didon ne pense pas conduire une intrigue cachée, elle appelle leur amour un mariage et, sous ce nom, dissimule sa faute"* (IV, v. 172). Quelle est donc la faute commise par la reine? Il ne s'agit nullement d'une sorte de « péché » vis-à-vis des dieux. Le mariage romain n'était à aucun degré un « sacrement »; il consistait essentiellement en une promesse mutuelle, prononcée devant des témoins, après la consultation des présages – les oiseaux qui passaient dans le ciel, les entrailles des victimes sacrifiées. On offrait des sacrifices à plusieurs divinités, certes, mais ils étaient destinés à attirer sur les époux la bienveillance des dieux, ils ne constituaient pas le mariage en lui-même. Celui-ci (au moins dans sa forme solennelle) impliquait l'échange des consentements, symbolisé par l'union des mains droites, chacun des deux époux prenant la main de l'autre et concluant ainsi un pacte par lequel ils engageaient leur vie. Ce pacte possède une valeur légale, il est un contrat non écrit, sans doute, mais de caractère sacré. Or, Didon n'a pas obtenu d'Enée cet engagement; elle n'est pas véritablement « mariée »; leur union est le résultat d'un entraînement des sens. De plus, la reine a manqué à son serment de rester fidèle à Sychée, son premier, et son seul mari. Elle a manqué à l'honneur, au devoir de *pudor,* à ce qu'elle se doit à elle-même.

Lorsque Jupiter, informé de ce qui se passe à Carthage, envoie Mercure, son messager, rappeler à Enée que les Destins ne lui permettent pas de rester à Carthage, mais lui imposent de se rendre en Italie, Enée ne peut hésiter. Il abandonnera Didon pour suivre les ordres du dieu. Virgile, pour composer cet épisode, s'est évidemment inspiré du chant de l'*Odyssée* dans lequel Zeus ordonne à Calypso, par l'intermédiaire d'Hermès (le Mercure romain) de donner à Ulysse les moyens de repartir, pour gagner Ithaque. Les « droits » de Calypso sur Ulysse sont les mêmes que ceux de Didon sur Enée : ceux que donne l'amour; mais que valent les désirs et les chagrins au regard des dieux? Le rapprochement entre Didon et Calypso était évident pour les lecteurs antiques; et cela faisait que la reine apparaissait sous un jour défavorable, celui de la séductrice, de la femme dangereuse, dont l'amour était destructeur pour celui qui en était l'objet.

Mais Virgile ne s'est pas contenté de ces associations, un peu sommaires et du jugement qu'elles impliquaient. Il a regardé aussi la « passion » de la reine, au double sens que peut prendre ce terme, le désir qui l'entraîne et sa longue agonie. Et, ici encore, le « roman » est devenu Histoire. Sur le point de se suicider, Didon prononce contre Enée et sa race des imprécations qui se sont réalisées. Elle appelle de ses vœux un vengeur inconnu – et chacun pense à Hannibal; elle souhaite qu'Enée meure avant l'âge, et demeure sans sépulture – prédiction qui se réalisera presque, puisque Enée, tombé pendant la bataille, ou noyé dans le Numicius (la tradition restait incertaine) ne sera pas retrouvé. Assurément, Hannibal a finalement été vaincu et Enée divinisé, mais les présages ne font jamais qu'esquisser la réalité. Ainsi, la malédiction des Harpyes, qui prédisent que les Troyens seront, un jour, si affamés qu'ils mangeront leurs tables, se révèle finalement anodine, comme si les terreurs projetées dans le futur ne faisaient que voiler celui-ci dans un brouillard déformant.

Didon, abandonnée par le Troyen qui s'embarque, avec ses compagnons, avant que ne commence le temps de la navigation, se perce de l'épée qui avait appartenu à Enée et périt sur le bûcher qu'elle avait elle-même préparé au sommet du palais. Les Troyens, au large, en aperçoivent les reflets dans la nuit. Chacun, parmi les lecteurs ou les auditeurs du poème, pensait à un autre incendie, qui avait consumé la femme d'Hasdrubal, le dernier défenseur de Carthage, lors de la prise de la ville par Scipion Emilien en

146 : après avoir tué ses enfants, elle s'était jetée avec leurs cadavres dans le brasier en maudissant son mari. Ainsi, par deux fois, une femme, des imprécations à la bouche, s'était suicidée sur les hauteurs de la ville.

Partis de Carthage, les Troyens abordent en Sicile. C'est le jour anniversaire de la mort d'Anchise. Virgile a pris soin de nous donner cette indication chronologique. De même que les offrandes au tombeau (vide) d'Hector annonçaient les *Lemuria* de mai, de même les Jeux funèbres célébrés en l'honneur d'Anchise annoncent les *Feralia* de février, dédiées aux *divi parentum,* les « âmes divinisées » des ancêtres. On leur offrait les mêmes offrandes que celles qu'Enée apportait au tombeau : du vin, du lait, etc. Le rite des *Feralia* s'étendait sur neuf jours, du 13 au 21 février. De la même façon, Enée consacre neuf jours à honorer son père, avant que ne commencent les Jeux.

On a remarqué [13] que les cinquième et sixième livres étaient les « livres d'Anchise ». Enée y découvre progressivement le caractère divin de son père; cela va des sacrifices offerts à son tombeau, d'où sort un serpent, qui semble personnifier l'âme du défunt, jusqu'à la grande révélation par laquelle culmine le récit de la descente aux Enfers. Anchise, dans la tradition antérieure à l'*Enéide,* ne mourait pas avant que les Troyens n'aient atteint le but de leur voyage; si Virgile l'a fait mourir en Sicile, c'est, nous dit-on, pour une raison de convenance, parce qu'il eût été indécent que l'aventure amoureuse d'Enée se déroulât sous ses yeux. Le roman aurait dégénéré en comédie bourgeoise. Peut-être faut-il regarder un peu plus haut : il était nécessaire qu'Enée fût seul, en face de la tentation et, aussi, en face des dieux. Anchise, jusque-là, avait interprété prodiges et oracles, avec plus ou moins de bonheur; la responsabilité de l'action retombait sur Enée, et lui seul. Mais il fallait bien qu'à un certain moment il devînt le seul guide de son peuple. Déjà les Pénates s'étaient adressés à lui; c'est à lui qu'Hélénos avait apporté la révélation de ses oracles. Un *imperator* romain peut attendre des avis de ses conseillers humains, mais l'inspiration profonde, qui, finalement, lui dictera sa décision, lui est envoyée directement par les dieux.

Et c'est là tout le problème d'Enée : comment discerner ce qui vient des dieux et ce qui n'est qu'illusion?

Telle est la difficulté qu'il rencontre lorsque, pendant le séjour en Sicile, les femmes troyennes, à l'instigation de Junon, incendient les vaisseaux. Cet épisode était traditionnel dans les légendes qui s'étaient formées autour de la migration troyenne. Virgile l'a placé ici, pour plusieurs raisons : d'abord, il s'agissait d'expliquer l'alliance entre Rome et les habitants de Ségeste; alliance qui avait eu son plein effet pendant la première guerre punique. Ensuite, cet incendie constitue une épreuve pour le nouveau « charisme » d'Enée : devant cette catastrophe, il se demande si ce n'est pas un avertissement divin : le délire qui s'est emparé des Troyennes constitue à lui seul un prodige. Certes Enée a adressé une prière à Jupiter, et celui-ci a fait tomber une pluie violente qui a éteint les flammes, mais est-il sûr de bien interpréter ces phénomènes contradictoires? Tandis qu'il hésite, l'ombre d'Anchise se présente à lui et lui parle : qu'il laisse en Sicile les femmes, les faibles, les cœurs lâches, une guerre redoutable, qui l'attend en Latium, aura besoin de tous les courages. Qu'il reprenne donc la mer et, avant d'aborder sur la terre promise, qu'il descende dans les demeures des morts, pour venir le retrouver. Et il lui promet de lui révéler "*toute sa race et quelles murailles lui seront données*". Puis l'ombre d'Anchise s'évanouit, au moment où l'aube va paraître. Alors, le moment venu de hisser les voiles, une joie délicieuse monte dans l'âme d'Enée. La flotte vogue sur une mer calme, si calme que le pilote du navire d'Enée, Palinure, se laisse tromper par le sommeil et tombe à l'eau. Toutefois, Enée s'aperçoit vite de l'absence du pilote et il prend en main le gouvernail; bientôt il arrive sans autre accident sur le rivage de Cumes.

Pourquoi cette mort de Palinure? Certes, la tradition imposait de rappeler cette origine du nom donné au cap. Mais pourquoi Virgile a-t-il jugé nécessaire de le faire? L'explication, assez sinistre, est fournie par un mot qu'il prête à Neptune : "*Il n'y aura qu'un homme à te manquer, perdu dans le gouffre : un seule vie donnée pour en racheter beaucoup*" (v. 814-815). Ainsi, Palinure sera sacrifié pour le salut de la flotte, victime expiatoire. Palinure est innocent.

C'est un dieu, celui du Sommeil, qui s'abat sur lui et le précipite à la mer. On ne résiste pas au sommeil. Ici le dieu est l'agent du Destin, qui exige, par une sorte d'équilibre – l'équité des dieux? – qu'un bonheur, une heureuse chance, soient payés d'un chagrin. Les Romains, s'ils ont réussi à mettre fin aux sacrifices humains dans tout leur Empire, les ont eux-mêmes pratiqués, jusqu'à la guerre d'Hannibal. Guerriers, ils savent aussi qu'une victoire s'achète par du sang.

A Cumes, où il aborde, Enée est en pays grec. Un temple consacré à Apollon se dresse sur l'acropole de la ville, colonie fondée par des hommes venus d'Eubée. Apollon prend, dans le poème, une importance accrue. Et cela aussi préfigure l'Histoire, annonce le temple qu'Auguste est en train d'élever sur le Palatin, sa colline natale. Les rapprochements avec le rituel de la religion romaine deviennent, en même temps, de plus en plus nombreux et de plus en plus précis. Nous avons vu que le séjour d'Enée en Sicile débute le 12 février, veille des *Parentalia*. Nous verrons aussi que le débarquement d'Enée à Pallantée (sur le site de la Rome future) coïncide avec la fête du Grand Autel *(Ara Maxima)* consacré à Hercule. Or cette fête est célébrée le 12 août. Les événements racontés dans le livre VI doivent donc se dérouler entre les mois de février et d'août. D'autre part, avant de quitter la Sicile, Enée fonde le temple de Vénus sur le mont Eryx; il existait à Rome un sanctuaire de la même déesse, et le jour anniversaire de sa fondation était le 23 avril; et, avant de fonder le temple d'Eryx, Enée avait fondé la ville de Ségeste, ville sœur de Rome, dont l'anniversaire est le 21 avril. Les Troyens ne peuvent donc avoir quitté la Sicile pour se rendre à Cumes que vers la fin du mois, peut-être même au début de mai. Et lorsque Enée arrive à Cumes, c'est pour s'entendre imposer par la Sibylle de rendre, toute affaire cessante, les honneurs funèbres au trompette Misène, que vient de tuer le dieu marin Triton, jaloux de son talent. Or, Misène est le patron des joueurs de trompe (instrument militaire), que l'on fêtait le 23 mai, lors du *Tubilustrium* (la « purification des trompes »). Ainsi, de proche en proche, nous sommes conduits, pour la descente d'Enée aux Enfers, à une date très voisine de celle à laquelle, tous les siècles, devaient être célébrés les Jeux séculaires, l'extrême fin du mois, la nuit du 31 mai au 1er juin, ces jeux qui avaient pour intention de marquer la fin d'un cycle, un *saeculum,* et le commencement d'un autre, dont on attendait le renouvellement du monde. C'est donc en pleine connaissance de cause que le vieil Anchise peut, aux Enfers, annoncer à son fils que César Auguste " *recommencera le siècle d'or* " que connut autrefois le Latium (VI, v. 792). Ainsi la progression du « roman » d'Enée est calquée sur l'évolution de la politique contemporaine : il y avait longtemps que les Romains voulaient célébrer des Jeux séculaires; le temps normal était passé, mais les circonstances créées par les guerres civiles, l'impression d'incertitude, l'angoisse du lendemain n'étaient guère favorables à ce rituel d'espérance et de joie. Auguste, en 23, semblait disposé à le faire, mais il tomba malade, et son gendre, Marcellus, en qui reposait l'avenir de la *gens Iulia,* mourut à l'automne. Il fallut attendre. Finalement, Virgile ne verra pas cette célébration, qui eut lieu en 17, et que chanta Horace; mais il l'avait annoncée dans l'*Enéide.*

Au livre VIII encore – celui pendant lequel Virgile conte l'arrivée à Rome de son héros, venant demander l'alliance de l'Arcadien Evandre –, cette « finalité à rebours », qui confère aux lieux et aux dates comme le pressentiment de ce qu'ils seront dans la Rome augustéenne, s'affirme avec netteté. Le but de ces correspondances n'est pas seulement de dessiner le futur à travers le récit et de proposer au lecteur des énigmes plus ou moins transparentes, il est à la source même de l'épopée, s'il est vrai que celle-ci doit son caractère poétique au contraste que ressent le lecteur entre l'inconscience des acteurs, accomplissant avec simplicité des gestes dont nous savons qu'ils enchaînent l'avenir, et la volonté clairvoyante des dieux. C'est ainsi qu'en faisant arriver Enée sur le site de Rome le 12 août, Virgile révèle des intentions qui ne pouvaient échapper à son public : ce jour était la veille de celui où, en 29, Auguste avait commencé la célébration de son triple triomphe. Lorsque le vieil Evandre raconte au Troyen comment Hercule, revenant des pays du Couchant, a triomphé du « méchant » Cacus, le brigand qui lui avait dérobé ses bœufs, et comment cette victoire était commémorée, chaque année, au Grand Autel, tout le monde pensait aux prétentions affichées naguère par Antoine d'être le descendant et le protégé d'Hercule : il s'opposait, comme « herculéen », à l'« apollinien » Octave. Mais sa défaite et son suicide à Alexandrie avaient prouvé que le véritable et le seul « herculéen » était Octave. Celui-ci n'avait certainement pas choisi au hasard la date du 13 août pour son triomphe. L'épisode du livre VIII souligne cette intention et l'insère dans le calendrier religieux du récit.

Mais cela entraîne, pour la manière dont Virgile composa son poème, des conséquences assez importantes. Puisque, nous le savons, l'ensemble fut d'abord écrit en prose, dans sa structure générale et aussi, évidemment, avec les épisodes qui venaient, ici ou là, s'insérer dans le plan d'ensemble, il faut que Virgile, *dès l'origine* (c'est-à-dire dès 29) eût prévu tout cela et fût maître de ses intentions et des allusions, au moins de celles qui tiennent à l'organisation du poème. Certaines correspondances étaient faciles à établir : ainsi les malédictions de Didon, réalisées par la guerre d'Hannibal, la célébration par Enée de Jeux solennels à Actium, préfigurant ceux que devait instituer Auguste au même endroit après sa victoire, la fondation de Ségeste par Enée, expliquant l'antique alliance entre Rome et cette ville, tout cela appartenait au domaine public, et pouvait être prévu dès la version en prose. Il n'en allait pas de même pour l'épisode du chant VIII et l'arrivée d'Enée sur le site de la Ville future. Chacun savait qu'Apollon était le protecteur d'Octave, et l'on racontait même qu'il en était le père. La protection d'Hercule, revendiquée par Octave, était chose nouvelle. Elle n'apparut qu'en 29, avec le choix du jour où serait célébré le triomphe. En prévoyant dans l'*Enéide* d'accorder une aussi large place à cette « coïncidence », Virgile secondait les intentions d'Octave, qui désirait détourner à son profit la « religion » d'Hercule. Non seulement, il montrait la vanité des prétentions émises naguère par Antoine, mais il captait, du même coup, la bienveillance d'un autre Hercule, celui que Pompée avait choisi pour patron de son théâtre, lorsqu'il l'avait inauguré, en 53, précisément le 12 août. Donc, en plaçant à cette date l'arrivée d'Enée à Rome – et en décidant de le faire dès l'origine –, Virgile montre qu'il est au courant du dessein d'Octave, de la manière dont il entend se situer par rapport aux divinités. On peut imaginer qu'Octave l'en avait informé lors des conversations qu'ils eurent ensemble, en présence de Mécène, au début de l'été de l'année 29, lorsque Virgile lui donna lecture des *Géorgiques*. Le poète se trouvait donc le dépositaire des pensées du vainqueur, peut-être même avait-il contribué à les préciser, et, à ce moment, il avait vu, ressenti, et compris le présent de Rome en le replaçant dans l'ensemble du devenir. Ce qui était, nous le savons, l'essence même d'une vision épique.

Avec la révélation d'Anchise (au chant VI), et la présentation des héros qui devaient faire la grandeur de Rome, l'autre révélation du futur est, au chant VIII, la description du bouclier. Le thème est homérique, mais les images représentées par Vulcain dans le métal sont romaines. Virgile y reprend quelques-unes des scènes qu'il avait imaginées pour le temple de Mantoue, la grande bataille qui opposa l'Occident à l'Orient, le Tibre au Nil, Octave à Antoine et Cléopâtre. L'idée grandiose conçue par le poète en 29 est transposée dans le registre épique : la bataille d'Actium, au centre du bouclier, était le couronnement d'une longue suite d'épisodes, depuis Romulus et la louve jusqu'à la divinisation de César. Ainsi le poème s'ordonne, parallèlement au déroulement de l'Histoire. Les Romains, grâce à Virgile, et par lui, prenaient conscience de leur place dans l'univers et de la mission que leur avait confiée la Providence : Anchise la résume dans les dernières paroles qu'il prononce. D'autres, dit-il, seront plus habiles à façonner le bronze, à faire sortir du marbre des visages vivants, à plaider, à suivre sur une sphère les mouvements du ciel, " *toi, Romain, pense que ton rôle est de conduire les peuples, sous ton pouvoir, c'est cela, ce que tu sais faire, et aussi de discipliner la paix, pardonner à ceux que tu as soumis, et abattre les superbes* " (VI, v. 851-853). Virgile a donné, en ces trois vers célèbres, la formule de l'Empire, tel qu'Auguste vient de le fonder à nouveau : l'impérialisme de Rome ne consiste pas, comme au temps de Verrès, à piller les sujets, mais à établir une loi qui assure la justice et le droit.

Mais voici qu'Enée, fils modèle, qui affronte les terreurs de l'au-delà pour retrouver son père et proposer aux Romains l'exemple de la *pietas,* cet amant douloureux, qui n'a jamais oublié Didon, la retrouve aux Enfers et verse des larmes sur la volonté cruelle des dieux qui les a séparés, cet Enée, chef incertain en face de prodiges et d'oracles peut-être trompeurs, va devenir un guerrier impitoyable, digne d'Hector, d'Achille ou d'Ajax, tels que les montrait l'*Iliade.*

Depuis l'Antiquité, on s'interroge sur ce que l'on juge une incroyable transformation, et l'on en cherche plusieurs explications. Souvent, par exemple, on dit que cet esprit de décision est venu à Enée après la révélation explicite qui lui a été faite aux Enfers par Anchise, qu'il est désormais sûr de lui et de son destin. On dit aussi – et la raison est moins bonne – que Virgile, désireux de rattacher l'une à l'autre une *Odyssée* et une *Iliade,* l'a fait avec gaucherie, qu'Homère lui-même (ou les poèmes homériques) montraient deux figures d'Ulysse, difficilement conciliables, le voyageur douloureux et obstiné de l'*Odyssée* et le guerrier terrible de l'*Iliade.* Virgile se serait-il senti à ce point lié par la tradition épique? A la réflexion, on peut se demander si l'impression que l'on ressent à la lecture des six derniers chants de l'*Enéide,* de ce contraste entre deux visages d'Enée, est véritablement justifiée? Enée a-t-il réellement changé, d'une moitié à l'autre du poème?

Certes, il n'est plus hésitant devant les volontés divines qu'il discernait mal. Il sait où il va. Mais il se comporte de la même manière qu'un *imperator* qui a pris les auspices, et les a trouvés favorables. Ce général à qui les dieux ont témoigné leur confiance, par le vol des oiseaux ou l'appétit des poulets sacrés, sait qu'il n'a plus besoin, pour vaincre, que de conseils humains, des règles du métier et de courage. Il est aussi certain de la victoire que peut l'être un homme qui se sent aimé des dieux.

Dans la seconde moitié de son poème, Virgile a rencontré, après avoir défini la mission civilisatrice, philosophique de sa patrie, l'autre visage de Rome : celui de la violence et de la guerre. C'est là un problème dont les Romains ont été conscients dès l'origine. Pour eux, la guerre est un autre monde, qui a ses lois propres, bien différentes de celles de la paix, un monde où l'on entre par des rites, et d'où l'on ne peut sortir que par d'autres rites. Ils ont inventé une notion, celle de la guerre « juste » – entendant ainsi bien autre chose que ce que ces mots nous suggèrent. Le *iustum bellum* est la guerre entreprise selon les formes du droit, et, par conséquent, en accord formel avec la divinité, comme les « justes noces » sont celles qui entraînent des effets conformes au droit, au statut des personnes. Les citoyens, lorsqu'ils sont enrôlés dans la légion, deviennent soldats en prêtant un serment solennel à leur chef, qui les recrute. Ce serment les sacralise; ils deviennent autres, au regard des dieux, ils sont habilités à tuer les ennemis, sans encourir de souillure; lorsqu'ils sont autorisés par leur chef à quitter temporairement l'armée, ils redeviennent, pendant leur absence, des citoyens ordinaires; on raconte que tel ou tel, étant ainsi « en permission », et entendant le bruit d'une bataille, revint prendre part au combat. Mais il commettait ainsi un véritable sacrilège; délié pour quelque temps de son serment, il avait perdu le droit d'user de ses armes.

Cette différence entre les deux domaines, celui de la paix et celui de la guerre, était matérialisée par les portes du temple où résidait Janus. Si les portes étaient ouvertes, Rome était en état de guerre, et les quirites, les citoyens paisibles, se transformaient en soldats. Si elles étaient fermées, c'étaient les lois et les vertus du temps de paix qui régissaient la cité. Il serait absurde de dire que ce rite « transformait » le caractère des citoyens, il transformait leur situation juridique et religieuse, en fonction du rôle qui était devenu le leur.

Le monde de la guerre différait de l'autre par bien des aspects : il relève d'un autre ordre, d'autres lois et d'autres excellences. A celles du temps de paix, Justice, Piété, Foi, succèdent Violence et *Furor,* cet élan qui arrache l'être à lui-même et le transforme en une force de mort. Bien des sociétés appelées « primitives » connaissent cette métamorphose des êtres, dans la guerre; certaines essaient de la contrôler, d'autres de la provoquer, par divers moyens, car, quelque dangereuse qu'elle puisse être pour la cité en paix, elle est précieuse au moment des périls. Dans la mesure où

Enée personnifie et symbolise à lui seul la cité romaine, il doit connaître ce double aspect, sans que cela concerne, en quoi que ce soit, son « caractère », qui reste immuable.

Virgile, au livre VII, a proposé une image de la manière dont un être, jusque-là tranquille et sensé, peut être soudain saisi par le *furor;* Turnus, le roi d'Ardée, l'époux promis à Lavinia, fille de Latinus et d'Amata, dormait paisiblement, rien, dans les événements récents (l'arrivée des Troyens, leur ambassade, etc.) ne l'avait ému. Mais voici que l'une des Furies, Allecto, s'approche, et jette sur lui une torche, qu'elle lui enfonce dans le cœur. Aussitôt le jeune homme perd la faculté de raisonner; il réclame ses armes, il s'élance et entraîne avec lui la jeunesse d'Ardée. La guerre que commence Turnus n'est que le tumulte d'une colère dans laquelle la raison ne joue aucun rôle. Elle n'est à aucun degré une guerre « juste ».

Allecto, une fois allumée la passion guerrière dans le cœur de Turnus, devait trouver le prétexte qui déchaînerait les combats. Tyrrhus, le maître des troupeaux du roi Latinus, avait une fille, Silvia, qui chérissait un cerf apprivoisé. Dans la journée, ce cerf errait dans les bois; le soir, il revenait à la maison. Cependant, les Troyens, qui avaient installé leur camp sur les bords du Tibre, parcouraient la campagne et le jeune Ascagne en profitait pour chasser. Si bien que les chiens de sa meute, excités par la Furie, lancèrent le cerf de Silvia, et Ascagne le blessa d'une flèche. Silvia, lorsqu'elle le vit revenir, douloureux, perdant son sang, donne l'alarme, avec des cris de pleureuse. Les paysans d'alentour, les bûcherons de la forêt accourent, avec des armes improvisées. La colère et l'esprit de la Furie s'emparent d'eux. Ils marchent contre le camp des Troyens; ceux-ci font une sortie en masse, et la bataille s'engage. Il y a des morts du côté des Latins. Alors, c'est un soulèvement général; le peuple entier réclame la guerre – une guerre que Virgile qualifie de « scélérate ». Il restait à transformer ce qui n'était qu'un mouvement spontané du peuple, en une guerre « juste ». Pour cela, il fallait que le roi Latinus ouvrît les « portes de la guerre ». Virgile, à ce moment, évoque le rite romain, dont il dit qu'il existait déjà dans la ville de Latinus, et qu'il fut transmis à Rome par l'intermédiaire des cités albaines. Mais le poète précise que l'ouverture des portes, et, par conséquent, le début d'une guerre sont entourés, à Rome, d'un cérémonial qui exclut la colère et les entraînements passionnels. Il faut qu'il y ait un avis « assuré » des Pères, c'est-à-dire un décret du Sénat, pris dans la clarté, avec une forte majorité et des votants en nombre, en faveur de la guerre; dûment autorisé et mandaté de la sorte, le consul, en habits sacerdotaux, vient ouvrir la porte et l'état de guerre est ainsi établi. Latinus, et lui seul, en sa qualité de roi, pouvait accomplir ce geste, dans sa ville. Il s'y refuse. Aucune autorité légitime ne peut donc déclencher le *justum bellum.* Junon elle-même, qui, en tant que déesse, ne se sent pas retenue par des considérations légalistes, va ouvrir les portes sacrées, ces portes " *qui retardent la guerre* ", et le fait avec une telle force qu'elle brise le chambranle (VII, v. 620-622).

C'est ainsi que, contrairement aux Destins et à la volonté de Jupiter, s'engage une guerre sacrilège. Une guerre que Turnus n'avait pas le droit de déclencher, mais dont il va prendre le commandement, à partir du moment où la déesse en aura pris l'initiative.

Cette *Iliade,* succédant à l'*Odyssée* des six premiers livres, a été annoncée par Virgile avec quelque solennité : au moment où la flotte d'Enée vient de pénétrer, joyeusement, dans une bouche du Tibre, qu'ombrage une forêt, peuplée d'oiseaux, dont le chant rendait le ciel mélodieux, le poète interrompt le récit. Il invoque une Muse, Erato, et lui demande de l'assister, car, dit-il, " *voici que naît pour moi un ordre plus grand des choses, je mets en marche une œuvre plus grande* " (VII, v. 44-45), vers assez déconcertants pour les lecteurs modernes, qui considèrent volontiers que la première partie du poème, les six premiers chants, sont les plus importants, en tout cas les plus achevés; et peut-être Virgile en aurait-il convenu, puisque c'étaient les chants qu'il avait composés d'abord, avec prédilection. Mais, avec les six derniers chants, l'épopée sort des brumes de la légende pour pénétrer dans la réalité politique. Jusque-là Enée rêvait Rome, il en avait aperçu le fantôme aux Enfers; maintenant, il va commencer de la construire et, avec elle, inaugurer un « ordre » politique solide, qui ira se développant à travers les générations, jusqu'à César Auguste.

Un autre étonnement est le choix d'Erato, qui préside à la poésie amoureuse. Servius le remarque et voile son ignorance en disant : Erato, ou une autre Muse, c'est la même chose! D'autres font observer que, dans les *Argonautiques* d'Apollonios, le chant III, celui des amours de Jason et Médée, commence, lui aussi, par une invocation à la même Erato. Pourtant, le parallèle n'est pas entièrement convaincant : c'est l'amour inspiré par Jason à Médée qui permettra à celui-ci d'accomplir l'exploit pour lequel il est venu, s'emparer de la toison d'or. Ici, rien de semblable, Lavinia n'est pas consultée sur le choix d'un époux. Latinus l'offre à Enée sur la foi des oracles. La jeune fille ne paraîtra qu'une fois, assez indirectement; elle assistera à la discussion qui oppose Latinus et Turnus, en présence d'Amata, sa mère, et lorsque celle-ci supplie Turnus de ne pas s'exposer imprudemment, car il est, dit-elle, tout l'appui de leur maison, la jeune fille se met à pleurer et elle rougit, ce qui trouble Turnus, éveille son amour et lui inspire un violent désir de combattre Enée : c'est leur combat singulier, longtemps différé par plusieurs épisodes, qui va décider de la guerre. Combat qui est livré pour la possession de Lavinia.

On comprend, dans ces conditions, le choix d'Erato pour présider à ces chants. Le sort du Latium et du monde dépend, en dernière analyse, de ce mariage : Turnus a été choisi par Amata, sinon par Latinus (que gênent les oracles) pour être l'époux de Lavinia. Il devait ainsi devenir le successeur du vieux roi, en vertu de l'antique coutume latine et romaine qui transmettait le pouvoir du beau-père au gendre (ainsi Julie et Marcellus, puis Agrippa...). Mais la résistance de Latinus; et aussi la vue de Lavinia ont éveillé en lui d'autres sentiments que l'ambition. Il va combattre Enée comme le rival qui tente de lui ravir celle qu'il aime, et l'invocation à Erato est parfaitement justifiée. Turnus, à la fois entraîné par la Furie Allecto et par le sentiment amoureux, se jette dans la bataille contre toute raison; il a véritablement perdu la maîtrise de lui-même. Le sort du monde ne saurait être réglé de cette manière, dépendre d'un entraînement et, finalement, du hasard. Nous sommes ici à l'opposé du roman de Didon. A Carthage, l'entraînement passionnel est du côté de la reine, et la raison d'État la justification d'Enée : dans les deux cas, la passion a pour effet la mort. Cette vision est conforme à l'esprit romain, qui a toujours regardé avec défiance le désir amoureux et s'attache à faire que, dans le mariage, son rôle soit aussi réduit que possible. Le mariage est destiné à transmettre de génération en génération le « sang » de la *gens;* il doit assurer la perpétuité de la cité : ce sont les « justes noces ». La tendresse n'intervient guère, même si, comme il est naturel, elle peut apparaître et se développer, à mesure que la vie partagée, et les enfants qui naissent tissent des liens de plus en plus étroits entre les époux. Mais cette tendresse ne doit s'exprimer publiquement qu'en de rares circonstances, par exemple lorsqu'un décès frappe un être cher, ou que la menace d'une condamnation capitale justifie un appel à la pitié des juges – il est permis, alors, d'évoquer ce que l'on appelle les « gages », les *pignora,* enfants, épouse, proches parents dont la vie sera ruinée par le malheur de l'accusé.

C'est ainsi que l'union d'Enée et de Lavinia aura lieu, sans qu'il l'ait vue, et sans qu'elle-même l'ait aperçu. Ainsi, dans les maisons des nobles Romains, le père, parfois, revenait et annonçait à sa femme qu'il avait fiancé sa fille. Et la mère s'informait, demandait qui serait son gendre, pour savoir s'il était de bonne maison et si ce mariage servirait la gloire de la famille. C'est ainsi également qu'Auguste maria Julie autant de fois qu'il le fallut pour s'assurer un successeur.

Une grande partie de l'*Iliade* nouvelle se déroule en l'absence d'Enée. Après le débarquement aux bouches du Tibre, il ne s'était pas rendu lui-même auprès du roi Latinus, mais avait dépêché des ambassadeurs; ainsi se présentait-il en chef d'Etat et non en exilé ou en errant. Il avait appris et les paroles bienveillantes du vieux roi et les menaces de guerre suscitées par Junon, l'appel lancé par Turnus aux Rutules et le soulèvement des bûcherons et des bergers latins. Pour le moment, les Troyens étaient à l'abri derrière la palissade du camp qu'ils avaient établi, devançant ainsi et annonçant la pratique des soldats romains. Mais ils ne pourraient tenir indéfiniment, derrière ces fortifications de fortune, en face d'armées nombreuses. Enée le savait, et son esprit *" flottait sur une mer de soucis ",* tandis qu'il errait, dans la nuit, sur les bords du Tibre. A la fin, le cœur las, il s'étend sur le sol et le dieu Tibre lui apparaît, pour lui apporter une ultime révélation. Le dieu est l'une des divinités majeures de ce pays, auquel ses eaux apportent la vie. Il se présente au héros endormi sous la forme d'un vieillard vêtu de lin glauque, et des roseaux couronnent sa tête. On le distingue à peine du brouillard qui flotte entre les peupliers, mais ce fantôme parle, et remercie Enée de ramener en Latium les Pénates emportés à Troie autrefois par Dardanos. Leur retour garantit le salut des Troyens, qui ont sur cette terre une « demeure certaine ». Et le dieu continue en indiquant qu'Enée va trouver, couchée sur la rive, une truie blanche, entourée de trente petits qu'elle vient de mettre bas. Cela indiquera que l'apparition du Tibre n'a pas été un songe vain. Au demeurant, le dieu du fleuve indique à Enée où il trouvera des alliés : dans la ville de Pallantée, qui a été fondée, sur les bords du Tibre, par des Arcadiens, venus en Italie sous la conduite de leur roi Evandre. Dès son réveil, Enée se met en devoir d'obéir au dieu, il choisit, dans sa flotte, deux navires, qu'il fait armer, prêts à remonter le fleuve.

Mais voici que le prodige annoncé par le dieu se produit : une énorme truie, avec ses trente petits, est là, couchée sur le rivage. Enée s'en empare et offre la mère et sa portée en sacrifice à Junon. Cet épisode, que nous avons déjà rencontré parmi les traditions antérieures à l'*Enéide,* a semblé si important aux contemporains du poète que la décoration de l'autel de la Paix Auguste *(ara Pacis Augustae)* en a fixé le souvenir. Sur l'un des grands reliefs, on voit Enée accomplissant le sacrifice, selon un rite traditionnel à Rome et présentant à la divinité une coupe pleine de fruits. Il est assisté de deux jeunes gens *(camilli)* et suivi par un personnage dont on ne voit que le bras droit, tenant une lance. Sur un rocher, à l'arrière-plan, un petit édifice en forme de temple abrite les Pénates. Le sens de cette représentation ne fait aucun doute : Enée, à son arrivée sur le sol italien, sacrifie à la Terre, pour se la concilier, certes, mais aussi pour des raisons mystiques. Virgile, il est vrai, dit expressément que Junon est la bénéficiaire de ce rite, mais on doit penser qu'il transpose, dans le cadre du « roman » d'Enée (poursuivi par la haine de la déesse) une religion de la Terre *(Tellus)* qui avait pour victime favorite, dans la religion romaine, précisément une truie. Et nous découvrons ici l'un des aspects les plus profonds de la sensibilité du poète, et de ses contemporains.

Nous avons rappelé, au début de ce livre, la conception que Virgile se faisait de la terre, comme d'un être vivant, ayant sa physiologie propre; de cette terre vivante sont sortis les vivants. Plus particulièrement, c'est de la terre italienne (*Saturnia Tellus,* la terre de Saturne) qu'est issu Dardanos, l'ancêtre des Troyens et d'Enée. Le dieu de Délos, Apollon, lorsqu'il s'adresse aux Troyens, leur dit :

" *Durs descendants de Dardanos, la terre qui première vous porta, aux origines de vos pères, la même, en son sein fécond, accueillera votre retour. Cherchez la Mère antique* " (III, v. 95-96; trad. J. Perret). Apollon lui-même confirme ainsi que Dardanos est né de la terre, et que la venue d'Enée en Latium n'est qu'une « transplantation », comparable à celle de la vigne, dont Virgile avait dit, dans les *Géorgiques,* de quelles précautions elle devait s'accompagner. Le dieu emploie ici un vocabulaire de caractère agricole; il se sert du mot *tulit* (traduit ici par " *porta* "), qui s'applique à toutes les productions du sol et de *stirps* (souche), qui évoque, littéralement, le foisonnement des jeunes tiges sortant d'un tronc enfoncé dans la terre.

En fait, cette idée que les humains sont, au même titre que les animaux et les plantes, " *fils de la terre* " court à travers l'œuvre entière de Virgile, depuis la sixième *Bucolique* jusqu'à l'*Enéide,* en passant par les *Géorgiques,* où on la retrouve, tantôt sous forme de mythe (celui de Deucalion, créant des êtres humains en jetant par-dessus son épaule des pierres qui germent et prennent la forme d'un homme, tandis que Pyrrha, par le même procédé, suscite des femmes), tantôt sous la forme d'une véritable théorie scientifique, au second chant, à propos de la description du printemps. C'est au printemps, en effet, dit Virgile, que furent réunies pour la première fois les conditions nécessaires à la naissance de tous les vivants et à leur développement. Et, parmi tous les êtres, de toute nature, qui surgirent alors de la terre, figure la race humaine, une " *lignée de terre* " *(terrea progenies),* formée à partir des éléments qui sont contenus dans le sol, en nombre infini et de toute nature, comme l'enseignait Lucrèce.

Virgile, en acceptant une telle conception, développée magnifiquement par Lucrèce, reste fidèle à l'épicurisme. Lucrèce avait essayé d'imaginer comment avait pu se passer cette apparition de la vie; il parle de matrices issues de racines profondes; ces matrices, fécondées on ne sait trop comment (par la pluie des atomes?) s'ouvrirent, une fois leur fruit mûr, et des enfants en sortirent, nourris par les sucs que dirigeait vers eux la terre maternelle. Virgile, sans reprendre ces détails, n'en retient pas moins l'essentiel lorsqu'il écrit dans l'*Enéide* que Dardanos est *" fils de la terre italienne "*, de la *Saturnia Tellus.* Mais le contexte dans lequel se trouve cette référence à la « science » épicurienne lui confère une valeur et une signification nouvelles.

La Terre, en effet, n'était pas seulement l'objet de récits mythiques, dans la religion des poètes, ou de spéculations savantes de la part des philosophes, elle figurait au cœur même des croyances et des rites dans la religion « populaire » et « politique » des Romains. Elle était liée en particulier à la religion des morts, et c'est à ce titre qu'elle joue un rôle important dans l'*Enéide.*

On a attiré naguère l'attention sur la signification des cérémonies célébrées par Enée en l'honneur des cendres d'Anchise et sur les prodiges qui se produisirent alors [14]. Il est clair que le poète s'y réfère au rituel funéraire du calendrier romain, dans cette préfiguration des *Parentalia* de février et qu'il accepte, dans la mesure où il use du vocabulaire traditionnel, la conception « populaire » de l'au-delà. Ainsi lorsque son pilote Palinure lui annonce qu'il leur faut, par prudence, faire relâche en Sicile, il lui répond :

" Pour moi, où irais-je de meilleur gré, où voudrais-je d'un meilleur cœur faire relâcher nos vaisseaux fatigués qu'en la terre qui me garde le Dardanien Aceste et serre dans son sein les os de mon père Anchise " (V, v. 28-31; trad. J. Perret). Ces os d'Anchise recèlent ce qui survit de ce père révéré : les cendres sont le lieu des mânes; elles ne sont pas des ossements inertes, mais la vie s'y continue; c'est là que s'était réfugiée la sensibilité, au creux des moelles et, ce qui est plus important, c'est à partir de là que renaissaient les

générations. Pour reprendre les termes de J. Bayet, dans le mémoire que nous avons cité :

“ On comptait sur les morts, aussi bien incinérés qu'inhumés, pour susciter et maintenir un courant procréateur entre la terre féconde et les vivants. [...] *Même passés au feu du bûcher funéraire, les ossements consacrés des défunts étaient les agents nécessaires de ce flux vital qui reliait mystérieusement les générations. ”*

Or, ces croyances, dont les origines remontent assurément très en-deçà des débuts de l'Histoire, s'étaient intégrées dans la religion de la Terre, dont elles expliquent plusieurs aspects, en apparence hétérogènes, et qui justifie le sacrifice de la truie, sur les rives du Tibre. C'est la Terre, divinité maternelle, qui accueille le mort et qui, plus tard, réveille les germes de vie qui dorment avec lui, en lui. Toute une série de sacrifices, offerts à Cérès dans le rituel romain historique, sont destinés en fait à la Terre : les deux déesses étaient indissociables, sans être cependant confondues, et l'on voit pourquoi Enée pouvait sacrifier nominalement à Junon (déesse du mariage) une victime qui appartenait, de droit, à la Terre. La Terre jouait, en effet, un rôle essentiel dans les cérémonies qui accompagnaient le mariage. Et les Troyens, en reprenant possession de la terre italienne, retrouvaient le courant « vital » qui les animait, depuis Dardanos.

Sans renier sa « science épicurienne », Virgile la transfigure et l'insère dans une vision mystique, à laquelle ses convictions providentialistes récemment acquises ne répugnent pas. Ce sacrifice à Junon (en réalité à la Terre maternelle) symbolise le mariage qui va bientôt unir Enée, en la personne de Lavinia, à la race de Latinus, issu lui-même de Faunus et de la nymphe Marica, comme le rappelle le poète au début de sa « Nouvelle *Iliade* ». Faunus était fils de Picus, à moitié dieu, à moitié oiseau, l'un des êtres sortis de l'antique forêt latine. Marica, de son côté, apparaît comme une nymphe des bois. Ces êtres de légende sont encore voisins de cette création des dieux issus de la terre, et proches parents des hommes qui étaient nés au printemps du monde. Si bien que le mariage d'Enée va unir dans sa descendance deux rameaux sortis de la terre italienne : celui qui avait produit Dardanos et celui dont Picus, Faunus, Latinus étaient les fruits. Alliance à la fois réelle, physiologique, et mystique : le sacrifice de la truie créait, et annonçait, la légitimité du pouvoir confié à Enée et à ses descendants. Et l'on comprend les raisons qui ont déterminé les décorateurs chargés de composer les reliefs de l'Autel de la Paix à le faire figurer en bonne place. Il symbolisait l'union indissoluble des Enéades avec la « terre de Saturne ».

Enée, donc, était absent tandis que les armées rassemblées contre lui par Turnus, en défi à la volonté des dieux et aux destins qui étaient en train d'être scellés par le sacrifice de la truie blanche, attaquaient le camp troyen. Ce qui soulevait une difficulté de composition : les véritables combats ne pouvaient s'engager sans la présence d'Enée, qui devait y prendre part, puisque la défaite de Turnus et des contingents italiens qui soutenaient celui-ci ne pouvait être que la victoire d'Enée. Il fallait donc gagner du temps, permettre à Enée de parvenir à Pallantée, d'y être l'hôte d'Evandre, d'obtenir un contingent d'alliés et aussi, au poète, de présenter, d'une manière indirecte, implicite, l'avenir de la Ville qui devait un jour remplacer Pallantée. Ce fut, nous l'avons dit, l'objet du huitième chant, qui se termine par la description du bouclier : Vénus a obtenu pour son fils que Vulcain forge des armes, miroir où se reflète la longue perspective du futur et dont l'origine divine garantit la victoire à qui les porte.

Cependant, les Troyens attendent le retour de leur chef. Ils sont assiégés. Comment exprimer cette attente anxieuse? Comment la « meubler »? Virgile a recouru pour le faire à l'un des artifices favoris des « nouveaux poètes », et qu'il utilisait lui-même lorsqu'il s'agit de combler, au livre IV des *Géorgiques,* le vide laissé par la suppression de l'éloge consacré à Gallus. Dans les *Géorgiques,* la légende d'Orphée et, au livre IX de l'*Enéide,* l'épisode de Nisus et Euryale permirent de résoudre le problème.

L'ensemble du chant est construit avec plusieurs souvenirs de l'*Iliade.* Les Troyens y sont dans la situation qui, à Ilion, était celle des Grecs. Ce sont eux qui doivent défendre leurs navires, tirés sur la grève, et, comme dans l'*Iliade,* l'ennemi, ici Turnus, s'en approche pour y mettre le feu. Mais le parallèle est trompeur : jamais les Grecs n'avaient eu le dessein de s'installer en Troade. Les Troyens, au contraire, veulent demeurer en Latium, et le présage est ambigu : ils n'ont plus besoin de leur flotte, maintenant qu'ils sont arrivés dans la terre promise. L'intention de Turnus ne fait qu'aller dans le sens de leur décision. De plus, un prodige survient. Turnus a beau approcher le feu des navires, ceux-ci refusent de s'enflammer, et voici qu'une voix désincarnée retentit et invite les navires à rompre leurs chaînes. Alors les coques, d'elles-mêmes, se mettent en mouvement, glissent vers l'eau, plongent dans le fleuve et reparaissent, au large, sous la forme de jeunes filles. La voix à laquelle ont obéi les navires était celle de Cybèle, la grande Mère des dieux, protectrice des forêts de Phrygie où avaient poussé les arbres dont les bateaux avaient été faits. La même Cybèle, pendant la nuit tragique où Troie avait péri, avait pris Créüse, la femme d'Enée, sous sa protection et l'avait intégrée dans son cortège.

Turnus aurait dû comprendre le sens du prodige qui venait de se produire sous ses yeux et reconnaître la main d'une divinité dans cette extraordinaire métamorphose. Mais il s'entête et affirme, contre tout bon sens, que la disparition miraculeuse des navires est le signe que les Troyens, isolés sur cette terre, y ont été envoyés par les dieux pour leur perte, qu'ils sont voués à la défaite et à l'extermination. Il était arrivé, ainsi, qu'un général romain, avant une bataille, ait méprisé les signes envoyés par les dieux; cela s'était produit dans les eaux de Sicile, pendant la première guerre punique et, pendant la seconde, sur les bords du lac Trasimène. Turnus préfigure le sort de ces impies, que les dieux ont aveuglés.

Enée, avant de partir pour Pallantée, avait donné l'ordre aux Troyens de rester derrière les murailles de leur camp et d'attendre son retour pour tenter une action en rase campagne, et il est obéi. Le siège commence. Les portes sont renforcées, on vérifie les défenses, on poste des sentinelles. Deux jeunes Troyens gardent une porte, Nisus, le plus âgé des deux et Euryale, un adolescent, qui n'avait pas encore coupé sa première barbe. Une affection mutuelle les unit, et tous deux sont également intrépides. Nisus, devant le spectacle que lui offre le camp de l'ennemi, les hommes endormis, les feux établis sans ordre et qui achèvent de se consumer, aucune précaution, ni veilleur ni garde, un vrai camp de barbares, Nisus pense qu'une occasion se présente à lui de jouer les Rutules. Bien des fois, au cours des siècles, les légions romaines se trouveront ainsi en face de barbares présomptueux, Germains, Gaulois ou autres, qui ont été vaincus par la discipline sans relâche des armées romaines. Nisus conçoit le projet de traverser le camp ennemi, si mal gardé et de porter un message à Enée pour l'informer de la situation. Il connaît le chemin de Pallantée, car il a aperçu la ville, de loin, au cours de ses chasses à travers la forêt. Il sait que les chefs troyens souhaitent alerter Enée, et lui-même aspire à la gloire d'en accomplir l'exploit. Il confie son intention à Euryale; mais celui-ci réclame de partager les périls et la gloire et, finalement, il réussit à persuader Nisus. Tous deux, félicités et encouragés par le conseil des chefs, sortent du camp et commencent à faire un grand carnage des ennemis; ils n'ont pas la sagesse de s'arrêter à temps ni de renoncer à faire du butin. Lorsque enfin ils s'éloignent, une avant-garde de cavaliers arrivait au camp, porter un message à Turnus. Un rayon de lune frappe le casque d'Euryale et révèle sa présence. Les cavaliers cernent le bois. Nisus réussit à franchir le barrage, mais Euryale, alourdi par le butin qu'il porte, tombe entre leurs mains. Nisus, se voyant seul, revient sur ses pas, et attaque les ennemis qui ont Euryale en leur possession. Il en tue quelques-uns, profitant de la surprise, mais Euryale est tué et lui-même périt, en donnant la mort au Rutule Volcens, le chef du détachement.

Tout cet épisode est imprégné d'une pitié tendre que Virgile éprouve pour le courage et le destin des deux jeunes gens. Ce qui est en question ici, c'est le sentiment que l'on éprouve en face de ceux qui périssent au combat : les plaindra-t-on, comme des victimes d'un sort injuste? Détestera-t-on la guerre elle-même, pour être la cause de telles horreurs? Virgile conclut au contraire par des mots qui surprennent des lecteurs de notre siècle, où la mort violente nous est proche, et l'a été, affreusement, il n'y a pas encore si longtemps. Il s'écrie : " *Heureuse est leur destinée à tous deux ! Si mes chants ont quelque pouvoir, aucun jour ne mettra, au cours des âges, fin à votre souvenir, aussi longtemps que la maison d'Enée se dressera sur le rocher immobile du Capitole et que le père de Rome maintiendra l'Empire* " (IX, v. 446-449).

Vers le même temps, Horace, dans les *Odes civiques,* proclamait qu'il est « beau, qu'il est doux » de mourir pour la patrie. On peut entendre, chez lui comme chez Virgile, un écho de ce grand désir de gloire qui est l'idéal le plus profond du siècle d'Auguste, ce désir qui, nous l'avons dit, animait aussi bien Auguste que Mécène et ses amis. Cicéron, méditant sur la mort, dans les *Tusculanes,* considérait qu'une telle aspiration à la gloire reposait sur la croyance à une forme d'immortalité pour chacun de nous. Ici, peut-être s'agit-il moins de la promesse d'une immortalité personnelle que dans la foi en l'immortalité de Rome, l'assurance que ce pour quoi l'on est mort vivra de votre vie, que le sacrifice n'aura pas été inutile : pensée « douce » et consolante, estimaient les Anciens, qui suffisait à apaiser l'âme en ses derniers instants. Du moins est-ce la manière dont Virgile décrit la mort de Nisus, une fois qu'il a vengé son ami : " *Alors il se jeta sur le corps de son ami inanimé, blessé à mort, et enfin, là, trouva le repos d'une mort qui lui apportait la paix* " (IX, v. 444-445).

Enée ne reviendra au camp troyen que quelques heures plus tard. Il ignore tout de ce qui s'est passé en son absence, mais les navires transformés en nymphes vont se charger de le lui apprendre. Elles vont à sa rencontre et le rejoignent vers minuit, alors qu'il redescendait le fleuve, veillant à la manœuvre, tandis que l'équipage dormait. L'une d'elles saisit la poupe du navire et dit au héros : " *Es-tu éveillé, enfant des dieux, Enée? Sois éveillé et lâche leurs écoutes aux voiles* " (X, v. 228-229). Servius a bien vu que ces mots de la nymphe appartiennent au rituel de Mars. Lorsqu'un chef militaire se préparait à entrer en campagne avec son armée, il se rendait au sanctuaire de Mars et agitait les boucliers sacrés (les *anciles*), dont l'un était tombé du ciel, et les autres fabriqués à sa ressemblance, et qui étaient conservés en cet endroit, puis il faisait de même avec la lance de la statue cultuelle, et disait : " *Mars, sois éveillé.* " Les mêmes mots, dit-on, étaient adressés par les Vestales au roi des sacrifices (les prêtres successeurs des rois dans leurs fonctions sacerdotales). Ces allusions au rituel romain, suggérées par les vers que Virgile a prêtés à la nymphe, ne laissent aucun doute sur le rôle qu'il attribue à Enée : il est le roi-prêtre, on voudrait dire le roi-sorcier, que l'on entrevoit aux origines de Rome, dans la tradition livienne. Au moment où commence la guerre, il devient Mars lui-même, il incarne le dieu, et, comme celui-ci, il sera possédé par le *furor*.

Mais Virgile se trouve ici en face d'une difficulté; sans doute le monde de la guerre implique d'autres façons d'agir, opposées à celles qui sont exigées par le monde de la paix, mais Enée, que le poète n'a, jusque-là montré que *pius,* sensible aux valeurs de l'*humanitas,* peut difficilement se révéler, soudain, cruel, sanguinaire, impitoyable. Même si cette métamorphose est conforme à la conception romaine du *bellum iustum,* il n'en reste pas moins une impression de malaise et, selon nos habitudes de pensée (et celles des contemporains de Virgile, assez éloignés des férocités premières) une contradiction qui frise l'invraisemblance. Aussi Virgile a-t-il imaginé une situation qui pouvait expliquer, en l'âme d'Enée, cette brusque résurgence de temps à demi oubliés. L'un des premiers morts de cette guerre sera le jeune Pallas, fils d'Evandre et chef des cavaliers venus renforcer l'armée des Troyens. Pallas est tué par Turnus lui-même, lors des premiers engagements, et cela crée entre Turnus et Enée une haine personnelle. L'acharnement que mettra Enée à poursuivre le jeune homme, qui lui fera refuser, finalement, d'écouter sa propre pitié, qui le porterait à l'épargner, tout cela vient de sa *pietas* envers Pallas, allié des Troyens et qui par conséquent, doit être vengé, à tout prix. Nous sommes ici en un point où les conduites antiques, seulement à demi comprises, doivent être expliquées et justifiées. Il se passe, pour l'épopée virgilienne, quelque chose d'analogue à l'évolution qui, au Ve siècle avant notre ère, avait transformé la tragédie grecque, introduisant dans les vieilles légendes des motivations plus modernes, lorsque Prométhée, par exemple, n'est plus, simplement, la victime de Zeus, mais un martyr qui souffre pour un idéal dont les temps les plus anciens semblent bien n'avoir eu aucune idée, et qui sera un jour libéré de ses chaînes.

Virgile, au moment où va commencer la guerre (au début

du dixième chant), a placé un conseil des dieux. Réunis dans l'Olympe, autour de Jupiter, ils entendent deux discours, l'un, de Vénus, qui se plaint des interventions de Junon, l'autre de celle-ci, qui attaque violemment Enée et plaide en faveur des Italiens, qui, dit-elle, ont le bon droit pour eux. On peut s'étonner de cette étrange séance du Sénat divin, y voir le désir du poète se transporter jusque dans l'Olympe des coutumes romaines, et, en même temps, d'instituer l'un de ces débats, où l'on plaide le pour et contre, qui étaient chers aux maîtres de rhétorique. On ajoutera que ces conseils des divinités appartenaient à une tradition de l'épopée latine, qui l'avait reçue des poèmes homériques. Homère, dans l'*Iliade,* lorsqu'il s'agissait de savoir qui devait l'emporter, d'Achille ou d'Hector, faisait peser les destins. De la même manière, ici, Jupiter renvoie les deux déesses dos à dos : il eût été possible de régler pacifiquement les rapports entre les Troyens et les Latins; toutes les conditions pour cela étaient réunies. C'est Junon qui, en déchaînant la Furie Allecto, est à l'origine de cette guerre. Mais les destins sauront " *trouver leur chemin* ", dit le dieu. Ils le trouveront, en dépit des erreurs et des actions imprudentes qui ont amené la situation présente, et chacun, Rutule ou Troyen, aura le sort entraîné par ce qu'il a tenté. Comme souvent, nous trouvons ici une conception complexe de la causalité : tout en haut, il y a le Destin, que seul connaît le dieu suprême, ici Jupiter; puis, à mi-chemin entre ce Destin et les hommes, se trouvent les dieux, qui s'agitent, aident celui-ci, combattent celui-là, dissimulent Enée derrière un nuage, entraînent Turnus loin de la bataille. Leur action n'est pas infaillible, car elle ne relève pas du Destin, mais de forces brouillonnes, dont l'ensemble appartient à la Fortune, au domaine du contingent. Tout en bas de l'échelle, enfin, se trouvent les hommes, dont la liberté demeure; agissant à leur guise, ils devront supporter les conséquences de leurs actions. De toute manière, le résultat final sera le même. Les Troyens sont assiégés dans le camp, constate Jupiter : la raison en est, peut-être, que les Destins veulent la perte des Italiens; peut-être est-ce le résultat d'une erreur des Troyens, " *entraînés par des présages de malheur* ". Quoi qu'il en soit, le résultat sera le même, et Jupiter le sait : les

Rutules seront vaincus, et les Troyens s'installeront en Latium; à cela, rien ne peut être changé. Ce qui soulève, et, en un sens, se propose de résoudre le problème de la liberté humaine, à l'intérieur d'un *Fatum,* qui la domine et, peut-on croire, la limite. Toutes les philosophies, depuis des siècles, s'étaient préoccupées de ce problème, les unes déniant aux hommes toute liberté, les autres refusant l'existence d'un destin contraignant, d'autres enfin essayant de concilier destin et liberté. La solution suggérée par Virgile rappelle l'opinion de Carnéade, qui distinguait deux sortes, au moins, de causes, les unes principales et extérieures, les autres secondaires et intérieures à chaque esprit humain. Les premières entraînaient des conséquences générales, créaient, si l'on préfère, des conditions fatales, à l'intérieur desquelles les volontés particulières pouvaient s'exercer. Nous dirions, d'une comparaison qui ne figure pas chez les philosophes antiques qui ont traité du destin, que chacun de nous est semblable à un poisson accroché à un hameçon que tire le pêcheur; il pourra s'agiter, aller à gauche ou à droite, mais il n'en sera pas moins entraîné vers la rive.

Cette distinction est utilisée, en un sens très voisin, par Lucain, qui abandonne aux dieux particuliers (ceux de la religion des cités et des poètes) ce qui relève de la Fortune, c'est-à-dire les accidents imprévisibles, mais attribue au dieu suprême (que les stoïciens appellent Jupiter) et à sa Raison, qui est la loi ultime de l'Univers, le soin de conduire celui-ci selon celle-ci. Lucain pourra, de cette manière nous rappeler que Caton, à Utique, refuse d'accepter la victoire de César qu'il considère comme un « accident de Fortune » et non pas une décision de la Providence. Celle-ci voulait, peut-être, que Rome devînt une monarchie; Pompée, aussi bien que son adversaire, auraient pu y devenir rois. Si la Fortune avait favorisé Pompée, Caton ne se serait pas tué, non qu'il pensât que Pompée dût être un meilleur roi, mais parce que son propre engagement l'avait jeté dans son parti, et qu'il n'en voulait pas démordre. C'est ainsi qu'un sage pouvait obéir aux dieux, sans revenir sur un jugement qu'il avait une fois porté.

Enée est donc « mandaté » par le Destin pour fonder Rome, mais cela n'entraîne pas qu'il ne doive lutter pour réaliser ce décret du *Fatum.* Certains philosophes avaient imaginé, pour résoudre le problème, ce que l'on appelait l'argument paresseux, qui disait : si c'est votre destin de mourir de la maladie dont vous êtes atteint, rien ne sert de faire venir le médecin; si votre destin est de guérir, cela est moins utile encore. Ni les stoïciens ni Virgile n'acceptent ce fatalisme, qui répugnait à l'esprit des Romains, dans la mesure où il tendait à conseiller l'inaction. Déjà, dans les *Géorgiques,* il avait montré que le travail, acharné, douloureux, était la condition du bonheur, que les labours, les sarclages, etc., étaient des conditions indispensables sans lesquelles il n'y aurait pas de vendanges ni de fêtes. Il en va de même pour fonder Rome : dès les premiers vers du poème la chose est claire : " *Muse,* dit Virgile, *apprends-moi les causes, quelle offense faite à une divinité, quel ressentiment éprouvé par la reine des dieux la poussa à entraîner un héros célèbre pour sa piété dans un tel tourbillon d'infortunes et à affronter tant de travaux. Les âmes célestes ont-elles de si grandes colères?* " (I, v. 8-11).

La réponse à cette question que posait Virgile au début de son poème, et dont il savait, bien sûr, quelle elle serait, c'est Jupiter qui la donne, au conseil des dieux, au début du chant X. Les divinités, comme Vénus ou Junon, appartiennent à la religion des poètes, mais aux yeux des philosophes, elles ne sont que des symboles; loin d'être toutes-puissantes, elles éprouvent toutes les limites impliquées par leur engagement dans les affaires humaines. Elles gardent en elles comme une pesanteur charnelle. Et l'on pense, parallèlement, à des mots mystérieux que prononce Anchise lors de sa révélation à son fils, aux Enfers " *chacun de nous,* dit-il, *subi ses mânes* " (VI, v. 743). Anchise sait que, dans la mort, subsiste l'être, tel qu'il s'est façonné lui-même au cours de sa vie; il en garde les imperfections, les souillures, qui se sont profondément incrustées dans la substance de l'âme. Les mânes, c'est ce qui reste de notre chair, les passions inscrites dans les moelles de ces ossements que deviennent les morts. De la même façon, les divinités sont conçues par Virgile comme des « démons », des êtres intermédiaires, plus « subtils » que nous, mais non encore totalement dégagés de la matière.

Une telle conception se retrouve chez les platoniciens, et chez certains stoïciens; à Rome, on voit qu'elle se greffe sur les croyances traditionnelles relatives aux défunts – celles-là mêmes qui animaient Anchise devant le tombeau de son père. Lorsque Virgile raille, comme il le fait au début de l'*Enéide,* la « théologie » traditionnelle, qui attribue aux divinités des passions trop humaines, il reprend, d'abord, les critiques que les épicuriens adressaient aux poètes, qui rendaient les divinités criminelles ou simplement ridicules. Ce n'était pas là, disait Epicure, avoir à leur égard des « pensées pieuses », et c'était pour les âmes une cause de trouble et de malheur. Mais Virgile ne s'arrête plus à la doctrine d'Epicure, bien qu'il en accepte, au fond de lui-même, les intuitions essentielles (importance reconnue à la sérénité de l'âme, vitalisme profond, valeurs « naturelles », mépris des richesses – l'épisode d'Evandre, ce roi « pauvre » en est témoin). Il a découvert la présence, dans l'Univers, d'une Providence, qui n'est pas le *Fatum* des épicuriens, ce mécanisme atomique, auquel Epicure n'a pu lui-même échapper qu'en imaginant, pour les atomes, la possibilité de dévier, sans cause, de la trajectoire que leur auraient imposée les lois de la cinétique. Il admet la primauté de l'âme sur le corps. Anchise le dit expressément : " *Pour commencer, le ciel et la terre, et les plaines liquides, le globe luisant de la lune, et les astres de Titan sont nourris par un souffle intérieur, la masse entière est mise en branle par l'Esprit, qui se répand dans ce corps immense* " (VI, v. 724-727).

Cette vision du monde est-elle stoïcienne, est-elle platonicienne? La question n'a plus guère de sens, au temps de Virgile, alors que platonisme et stoïcisme sont intimement mêlés, depuis la fin du IIe siècle avant notre ère. Cet « esprit » qui anime la matière est un souffle, matériel lui aussi; chaque âme humaine en est une parcelle, venue s'incarner, c'est-à-dire pénétrer dans une matière plus lourde, dont le poids la retient sur la terre. Lorsque, au moment de la mort, l'âme essaie de retourner à sa source, elle conserve encore des souillures, dont elle devra se purifier *matériellement* avant de retrouver sa véritable nature, dans sa pureté originelle.

Le grand souffle de l'Esprit, dont proviennent les âmes individuelles, n'est autre que l'âme du monde, et celui-ci est un « corps immense », semblable à tous les êtres vivants, et composé comme eux de matière grossière et d'une matière plus subtile, c'est-à-dire d'un corps et d'une âme.

On comprend que Virgile, tandis qu'il écrivait son épopée, ait pu déclarer à Auguste qu'il devait, avant d'entreprendre une rédaction définitive, se livrer à des études « beaucoup plus urgentes ». Il lui fallait en effet élaborer, pour lui-même, à partir des doctrines des philosophes, un système du monde dans lequel s'intégreraient non seulement une physique, mais une théologie, une morale, et qui rendrait compte, en même temps, de l'histoire, des rites, des croyances de Rome. Œuvre immense, qui consistait à repenser l'univers. Virgile réalisait son vieux rêve. Enée, combattant dans la plaine du Latium, en face de Turnus, était le point central autour duquel tout allait s'organiser. Guerrier solitaire, en dépit de la foule des alliés et des ennemis qui se pressent, c'est de lui que vient le dénouement. Aux derniers vers du poème, il abat Turnus, après avoir, un bref instant, éprouvé la tentation d'avoir pitié. Mais ses états d'âme, que ce soit pitié ou colère, lorsqu'il aperçoit sur son ennemi le baudrier de Pallas, ne sont que des mouvements qui n'agitent que la surface des choses. Le véritable maître du jeu est Jupiter, qui lui-même obéit aux Destins.

EPILOGUE

Virgile, entièrement occupé, possédé par la rédaction de l'*Enéide,* avait atteint l'âge de cinquante-deux ans et il ne se satisfaisait pas de ce qu'il avait écrit. Un point surtout le tourmentait : une partie des navigations d'Enée se déroulait dans les mers grecques, en Grèce même et en Asie. Soucieux de ne rien dire qu'il n'ait pu vérifier par lui-même, il avait l'intention de consacrer trois ans à ce voyage avant de terminer le poème. Une ode d'Horace, assez obscure, semble indiquer que Virgile s'était déjà rendu en Grèce, peut-être vers l'année 25, mais c'est le seul témoignage, assez incertain, que nous ayons sur ce voyage : Virgile peut avoir eu l'intention de s'embarquer, et Horace aurait alors adressé aux dieux la prière contenue dans cette ode (la troisième du premier livre), mais, pour quelque raison, le voyage lui-même aurait été remis, ou bien l'ode, composée seulement en 19, lors du départ de Virgile, aurait été introduite dans une seconde édition des *Odes* (la première datant de 23). Il est plus prudent de penser que le voyage de Virgile, entrepris en 19, est le seul qu'il ait fait hors de l'Italie.

Cette année-là, Auguste se trouvait en Orient; parti de Rome en septembre 22, il s'arrêta quelque temps en Sicile, puis se rendit en Grèce, où il régla diverses questions, honorant les Spartiates mais punissant les Athéniens, qui avaient suivi la cause d'Antoine. Après avoir passé l'hiver à Samos, il alla en Bithynie, distribuant, dans les cités, récompenses et châtiments. En Syrie, il reçut une ambassade des

Parthes, qui lui rendirent les aigles des légions capturées lors de la défaite de Crassus, vingt-trois ans plus tôt. Cependant, à Rome, Julia, devenue l'épouse d'Agrippa, mettait au monde un fils, Gaius César. La « dynastie », durement frappée en 23 par la mort de Marcellus, renaissait, en même temps que s'accumulaient les succès pour Auguste; une ambassade venait depuis l'Inde, lui rendre hommage et lui apporter des présents, parmi lesquels des tigres. Ces ambassadeurs le trouvèrent à Athènes, où il était revenu après avoir passé une nouvelle fois l'hiver à Samos. Un vieux sage indien, qui accompagnait l'ambassade, se fit brûler vif, mais non sans avoir pris la précaution de se faire initier aux mystères d'Eleusis (avec Auguste lui-même), qui promettaient le salut dans l'au-delà.

C'est à ce moment que Virgile arriva à Athènes, et qu'il y rejoignit Auguste. Les nouvelles venues de Rome étaient inquiétantes. La désignation des consuls pour l'année suivante avait provoqué des troubles. Il y avait eu mort d'hommes. Une délégation s'était rendue à Athènes pour en informer Auguste. Dans le même temps les Cantabres en Espagne (vieux souci du Prince) étaient entrés en rébellion. La présence d'Auguste était plus nécessaire que jamais dans la Ville, où les discordes et les violences recommençaient. Auguste décida de rentrer, renonçant peut-être à un projet de voyage en Orient, en compagnie de Virgile. Celui-ci décida de le suivre. On était en plein été (sans doute au mois d'août, les élections consulaires ayant lieu chaque année, en principe, au mois de juillet). La chaleur était forte. Malgré cela, Virgile, avant de quitter la Grèce, voulut visiter la petite ville de Mégara, autrefois célèbre et patrie de nombreux artistes. Au cours de cette excursion, il eut un malaise et, dit la *Vie de Virgile,* tomba en langueur. Cet état s'aggrava pendant le retour en Italie, et il mourut à Brindes, peu de jours après avoir débarqué.

Cela se passa le onzième jour avant les calendes d'octobre, sous le consulat de Cn. Sentius et de Q. Lucretius – soit le 21 septembre de l'année 19 av. J.-C. Ses restes furent transportés à Naples, et placés dans un monument situé à deux milles en dehors des portes de la ville, sur la route de Pouzzoles, non loin, par conséquent, de ce Pausilype où il avait fait, en des temps troublés, l'expérience de la sérénité épicurienne. Un distique, œuvre de l'un de ses amis, fut gravé sur cette tombe. Il disait (le poète semblant parler lui-même, comme on le voit si souvent sur les inscriptions funéraires) :

" *Mantoue m'a engendré, la Calabre m'a emporté, Parthénopée maintenant me retient. J'ai chanté les pâturages, les campagnes, les héros.* "

Avant de quitter l'Italie, Virgile avait demandé à Varius que, s'il ne revenait pas, on brûlât son *Enéide,* inachevée et, à son avis trop imparfaite. Auguste qui, peut-être, assista son ami à ses derniers instants (nous savons qu'il ne regagna Rome que le 12 octobre) refusa que l'on détruisît cette œuvre, qu'il avait tant attendue, et dont il sentait qu'elle était nécessaire à l'Empire. Il en confia l'édition à deux amis du poète, autrefois hôtes, comme lui, de la villa de Siron, L. Varius et Plotius Tucca. Il fixa comme condition qu'ils ne devaient apporter que les retouches absolument indispensables et, surtout ne rien ajouter. Ce qui fut fait, et c'est pourquoi l'*Énéide* compte des vers incomplets.

Ainsi, grâce à Auguste et à la piété des amis de Virgile, l'œuvre de celui-ci apparut bientôt dans toute son ampleur, et avec toute sa signification pour Rome, et, au-delà, pour tous les peuples alliés et sujets. Les trois grands poèmes, les *Bucoliques,* les *Géorgiques* et l'*Enéide* formaient un ensemble pareil à l'un de ces monuments que l'on construisait alors, immense, équilibré et structuré de telle sorte que l'on ne peut en retirer ni y ajouter aucune pierre. Monument exemplaire, capable d'agir sur les esprits et peut-être d'exorciser les forces mauvaises qui continuaient de se manifester dans l'Etat.

La poésie, avant Virgile, venait aux « jeunes poètes » du monde grec, et l'esprit romain n'y avait qu'une part secondaire. Les Alexandrins (et comme eux Catulle, dans ses plus longs poèmes) *racontaient.* Virgile imagina une poésie qui n'était plus narrative, mais qui jaillissait des choses mêmes. Elle commençait avec les pâturages de Cisalpine, se poursuivait dans les « hautes villes » de l'Italie et s'épanouissait dans le passé légendaire et les sites de la Rome contemporaine. Grâce à lui, les Romains de ce temps, et des générations successives, purent penser leur patrie dans sa réalité à la fois matérielle et spirituelle, la comprendre et l'aimer.

Virgile a beaucoup contribué, par chacune de ses trois grandes œuvres, à créer l'idée d'une Italie éternelle, unie dans la cité romaine, une Italie sereine, pure et forte, naturellement heureuse aussi longtemps qu'elle resterait fidèle à ses vocations. L'image n'était sans doute pas totalement exacte, en son caractère idyllique (mais Virgile n'était-il pas le poète de l'idylle?), mais elle était un mythe exaltant, grâce auquel Octave, Mécène, Agrippa pourraient reconstruire, sur les ruines créées par les guerres civiles. Virgile, dès les *Bucoliques* et, à plus forte raison, avec les deux œuvres suivantes, fut un inventeur, dans le domaine de la politique aussi bien que dans celui de l'esprit et de la poésie. Et cela ne fut point ignoré par les responsables de cette reconstruction de Rome. Nous en trouverons la preuve objective dans un monument élevé par Auguste quelques années après la mort du poète : l'Autel de la Paix Auguste, dont la construction fut décidée en 13 av. J.-C., lorsque Auguste revenait de Gaule, après y avoir rétabli la paix. Nous avons déjà évoqué et, espérons-nous, justifié la présence, sur cet autel, d'un relief où l'on voit le sacrifice de la truie blanche. Mais l'on y voit un autre tableau, un relief symétrique, représentant une femme assise, maternelle, entourée d'enfants, d'oiseaux, de sources, de troupeaux, et, assez curieusement, d'un monstre marin. Une discussion a opposé les archéologues, dont les uns nommaient cette figure *Tellus* (la Terre) et les autres l'appelaient *Italia.* Il nous semble que ces derniers ont raison, et qu'il s'agit de l'Italie telle que la voit Virgile, la terre féconde en troupeaux, qui s'étend, sous le ciel, de Mantoue à Tarente :

" *Si tu as plutôt le désir d'entretenir du gros bétail et des veaux, ou le fruit des brebis ou des chèvres, qui brûlent les cultures, alors gagne les alpages et le pays lointain de la grasse Tarente, ou une plaine pareille à celle qu'a perdue la malheureuse Mantoue, qui nourrit dans son fleuve herbeux des cygnes neigeux; ni les sources claires ne manqueront à tes troupeaux, ni l'herbe; autant ils en auront brouté dans la journée, autant une rosée fraîche en fera pousser pendant le court espace d'une nuit* " (*Géorgiques,* II, v. 195-203).

Sur le relief de l'Autel de la Paix, on retrouve tous les éléments qui figurent dans ce texte. C'est bien Mantoue qu'il faut reconnaître, à gauche, avec ses cygnes et ses marais; il n'y manque pas non plus les sources. A droite, le « monstre marin » n'est autre qu'un dauphin (représenté ici avec des dents, ce qui n'est pas sans exemple), symbole de Tarente. Pourquoi, pour représenter l'Italie pacifiée et plantureuse, avoir choisi ce passage de Virgile? Sans doute pour rappeler, d'abord, que le nom de l'Italie lui a été donné à cause des nombreux troupeaux qu'elle nourrissait, les *vituli,* les veaux dont parle le poète. Mais il est très significatif que l'artiste chargé d'exprimer, par un symbole, la paix et l'abondance retrouvées, l'ait fait en suivant, avec une exactitude extrême, les vers qu'il lisait au second chant des *Géorgiques.* Tant il était vrai que, désormais, Rome ne pouvait se penser sans recourir à Virgile.

On comprend les raisons qui poussèrent Auguste à sauver l'*Enéide :* après le triple triomphe de 29, exalté par Virgile, les difficultés s'étaient accumulées pour le Prince. Plusieurs tentatives pour perpétuer le miracle et assurer la concorde s'étaient révélées infructueuses; des deuils, des trahisons, des complots, la maladie avaient retardé la célébration des Jeux séculaires. En 19, lorsque mourut Virgile, le ciel paraissait plus serein. La prédiction de l'*Eglogue* IV allait-elle se réaliser? Le petit Gaius, fils de Julie et d'Agrippa, serait-il le témoin du « nouvel âge d'or »? Il était important, pour cela, que l'*Enéide* survécût, même inachevée. Elle seule pouvait, après *Bucoliques* et *Géorgiques,* donner leur pleine signification, leur dimension séculaire aux rites de la Rome qui commençait d'apparaître : arrivée des Troyens en Italie, des Enéades à Rome, luttes autour de Lavinium et d'Ostie, prédestination des Julii, victoire sur Carthage, de la raison d'Etat sur la passion, et cette continuité qui, depuis les temps légendaires, aboutissait à ce que chacun voyait : la longue ligne des triomphateurs sur le forum d'Auguste, autour de Mars Vengeur. Tout serait plus évident, plus facile, si l'on découvrait, grâce à Virgile, que le Destin avait préparé, de longue date, la Rome d'Auguste. L'*Enéide* fut sauvée, non seulement parce qu'elle était belle, mais parce qu'elle importait au salut du monde.

Mais peut-être dira-t-on que nous faisons la part trop belle au poète dans cette invention de l'Empire et cette seconde naissance de Rome; on nous rappellera qu'après tout un poète est un amuseur public. Certes, il peut en être ainsi lorsque les sociétés sont fortes, sûres d'elles-mêmes, ou au contraire fragiles, insoucieuses de toute foi. Dans la France monarchique et chrétienne, un poète pouvait n'être rien de plus qu'un habile joueur de quilles. A Rome, où l'on était sérieux, et où l'on aimait posséder des certitudes, un poète était fort important. C'est pourquoi Virgile venu de Mantoue, apportant aux Romains de la Ville les certitudes et la sérénité de la vie rustique (qui n'étaient plus, pour eux, qu'un mythe à demi oublié), vivifiant les thèses des philosophes, les mettant à l'épreuve et les intégrant en un véritable système, restaurant enfin les traditions les plus vénérables de la cité, pour les puissances qu'elles enfermaient encore, fut indispensable à Auguste et devint l'un de ceux à qui Rome doit d'avoir duré encore plusieurs siècles et, en esprit, survécu jusqu'à nous.

NOTES

1. Sur Asclépiade de Pruse, voir J. PIGEAUD, *La Maladie de l'âme,* Paris, 1981, pp. 171-186.

2. La situation juridique créée pour Tityre après son affranchissement, selon que le domaine qu'il exploite pour son maître est conservé ou enlevé à celui-ci, a été bien définie par Paul VEYNE, *« L'Histoire agraire et la biographie de Virgile dans les Bucoliques I et IX »,* in Revue de philologie, LIV, 1980, pp. 239 et suiv. Mais il n'est guère possible de penser, avec l'auteur, que Tityre soit un esclave d'Octave.

3. J. PIGEAUD, *La Métamorphose de Scylla (Ciris 490-507),* Les Etudes classiques, LI, 2, 1983, pp. 125-132.

4. P. GRIMAL, « *La Ve Eglogue et le culte de César,* in Mélanges Ch. Picard », Revue archéologique, 1949, pp. 406-419.

5. Voir J.-P. BOUCHER, *Gaius, Cornelius, Gallus,* Paris, 1966.

6. J.-M. ANDRÉ, *Mécène. Essai de biographie spirituelle,* Paris, 1967.

7. E. de SAINT-DENIS, Préface à son édition des *Géorgiques,* 2e éd., Paris, 1960, p. XX.

8. L. ALFONSI, *« L'avventura di Lucrezio nel mondo antico... e oltre »,* in Entretiens sur l'Antiquité classique, t. XXIV, Genève, 1978, p. 285.

9. Thèse soutenue par J.-P. BOUCHER, *op. cit.*

10. Idée mise en lumière par J.-P. BOUCHER, *ibid.*

11. W. A. SCHRÖDER, *M. Porcius Cato, erste Buch des Origines,* Meisenheim am Glan, 1971. V. G. DORY-MOGAERT, *Enée et Lavinium,* Bruxelles, 1981, pp. 84 et suiv.

12. J. CARCOPINO, *Les Etapes de l'impérialisme romain,* Paris, 1961. La royauté de César, pp. 118 et suiv.

13. R. LESUEUR, *Recherches sur la composition rythmique de l'Enéide,* Lille, 1974, pp. 75 et suiv.

14. J. BAYET, « *Les cendres d'Anchise : dieu, ombre ou serpent* (Virgile, *Enéide,* V, 42-103) », in Croyances et rites de la Rome antique, Paris, 1971, pp. 366-381.

INDEX

Cet index des noms propres ne comporte pas l'indication de ceux qui reviennent trop souvent comme Virgile, Italie, Grèce, Romains...

DU MÊME AUTEUR

Les jardins romains. Essai sur le naturalisme romain, Paris, De Boccard, 1944, 3ᵉ éd., Paris, Fayard 1984.
FRONTIN, *De aquae ductu Vrbis Romae,* édition, traduction et commentaire, Paris, Belles-Lettres, 1944.
Sénèque, 2ᵉ éd., Paris, PUF, 1966, coll. « Sup ».
Dictionnaire de la mythologie grecque et romaine, Paris, PUF, 1951, 5ᵉ éd., 1976.
La mythologie grecque, Paris, PUF, 9ᵉ éd., 1978, coll. « Que sais-je? », nº 582.
Le siècle des Scipions, Rome et l'hellénisme au temps des guerres puniques, Paris, Aubier, 2ᵉ éd., 1975.
Les intentions de Properce et la composition du livre IV des Elégies, vol. XII, Bruxelles, 1953, coll. « Latomus ».
SÉNÈQUE, *De Constantia Sapientis,* Commentaire, Paris, Belles-Lettres, 1953.
L'art des jardins, Paris, PUF, 1954, 3ᵉ éd., 1974, coll. « Que sais-je? », nº 618.
Les villes romaines, Paris, PUF, 1955, 5ᵉ éd., 1977, coll. « Que sais-je? », nº 657.
Dans les pas des Césars, Paris, Hachette, 1955.
Les romans grecs et latins, introduction et traduction, Paris, NRF, 1958.
Horace, Paris, Éditions du Seuil, 1958.
SÉNÈQUE, *De Breuitate Vitae,* édition et commentaire, Paris, PUF, 1959, coll. « Erasme ».
– *Phaedra,* édition et commentaire, Paris, PUF, 1965, coll. « Erasme ».
Plaute et Térence. Œuvres complètes, introduction et traduction, Paris, NRF, 1971.
Italie retrouvée, Paris, PUF, 1979.
Nous partons pour Rome, Paris, PUF, 3ᵉ éd., 1977.
L'amour à Rome, Paris, Belles-Lettres, 2ᵉ éd., 1979.
Mythologies, 2 vol., Paris, Larousse, 1964.
APULÉE, *Le conte d'Amour et Psyché,* édition et commentaire, Paris, PUF, coll. « Erasme », 1963.
CICÉRON, *In Pisonem,* édition et traduction, Paris, Belles-Lettres, 1967.
– *Pro Plancio, Pro Scauro,* édition et traduction, Paris, Belles-Lettres, 1976.
Etudes de chronologie cicéronienne, Paris, Belles-Lettres, 1967.
Essai sur l'art poétique d'Horace, Paris, SEDES, 1968.
SÉNÈQUE, *De uita beata,* édition et commentaire, Paris, PUF, 1969, coll. « Erasme ».
Les mémoires de T. Pomponius Atticus, Paris, Belles-Lettres, 1976.
Le guide de l'étudiant latiniste, Paris, PUF, 1971.
« La guerre civile » de Pétrone dans ses rapports avec la Pharsale, Paris, Belles-Lettres, 1977.

Le lyrisme à Rome, Paris, PUF, 1978.
Sénèque ou la conscience de l'Empire, Paris, Belles-Lettres, 1978.
Le théâtre antique, Paris, PUF, 1978, coll. « Que sais-je? », n° 1732.
Le Quercy de Pierre Grimal, Paris, Arthaud, 1978.
Le siècle d'Auguste, Paris, PUF, 1965, coll. « Que sais-je? », n° 676.
La littérature latine, Paris, PUF, 1965, coll. « Que sais-je? », n° 327.
La vie à Rome dans l'Antiquité, Paris, PUF, 1967, coll. « Que sais-je? », n° 596.
Fischer Weltgeschichte, vol. V et VI, Francfort, 1965-1966.
Histoire mondiale de la femme, 4 vol., Paris, Nouvelle Librairie de France, 1965.
Jérôme Carcopino, un historien au service de l'humanisme, Paris, Belles-Lettres, 1981 (en collaboration avec Cl. CARCOPINO et P. OURLIAC).
Sénèque, Paris, PUF, 1981, coll. « Que sais-je? », n° 1950.
Rome, les siècles et les jours, Paris, Arthaud, 1982.
Cicéron, Paris, PUF, 1984, coll. « Que sais-je? », n° 2199.

TABLE DES MATIERES

Cet ouvrage a été composé et achevé d'imprimer
le 9 avril 1985 par l'Imprimerie Floch à Mayenne.
N° d'édition : 1695. N° d'impression : 22236
Dépôt légal : avril 1985
Imprimé en France